JN077788

震災に臨む

被災地での〈哲学対話〉の記録

はじめに ── 被災の場所に、立つ

「震災に臨む ── 被災地での〈哲学対話〉の記録」、本書のタイトルをそのように据えてみた。自分でも、随分と大風呂敷を広げたものだと恥ずかしくなる。そして、これがある種の哲学書と呼びうるものなのかどうかも正直おぼつかない。ただ、少なくとも本書では、「現場」のただなかで立ち上がり、またそこでの具体的なやりとりのなかで不断に更新されていく「臨床哲学」のすがただけでもあきらかにできるのではないか、そういった淡い期待だけはある。哲学は、なにも「哲学者と真理との対談」だけで編みあげられるものではない。

「臨床哲学」は、「ひとびとの『苦しみの場所』に哲学的思考を差し込み」、「その場所で哲学になにが可能か、それをまさにその現場で問うてゆく」ところにこそその試みの比重をおく。そこには、そもそも「哲学的思考」は「臨床（klinikos）」すなわち「ひとが生きるその場所で、生きながら考える営み」でなければならないといった、哲学本来の「みずみずしい志」を呼び覚まそうとする思いがつよく働いている。

「哲学的思考」は「その現場から、ある問いを、ある概念を、ある思想を紡ぎ出してゆく」。「その現場が哲学に問いをつきつける。哲学があらかじめ獲得していた知見を、揺さぶり、修正をうながし、編み直してゆく」。だからこそ「臨床哲学」はその試みの最初から「現場」という存在をとくに気にかけることになる。「臨床哲学」は「そうした苦しみの場所に置かれているひと、そしてその場所にともにいあわせているひとと語らうことから」、より具体的に言えば「看護や介護の現場、教育の現場、家庭という場所、被災の場所、そし

i

てこころがもだえ、悩んでいるその場所に、まず立つというところからはじめられる」のでなければならない。[1]

　ただ、わたしに関していえば、その「はじまり」は予期せぬかたちで、しかも、なかば強制的なかたちで訪れることになる。2009年、ながらく過ごした大阪を離れ、仙台にある大学に異動し、当初から考えていた自分なりの「臨床哲学」のすがたを新たな地で模索しようと乗り出しはじめていたその矢先、あの「未曾有の災害」とまで言われた東日本大震災に巻き込まれる。経験したこともないような轟音とともに大地が激しく揺さぶられる。もちろん、揺さぶられたのは地面や家屋、海だけではない。そこでは、これまでのわれわれの価値観や思想さえもが激しく揺さぶられ、打ち砕かれていく。わたしは、一気に「被災の場所」に投げ出され、多くの者の「こころがもだえ、悩んでいるその場所に」立たされた。より厳密に言うなら、発災後しばらくは、目の前にひろがる過酷な状況がまったくのみ込めず、日々呆然とするばかりで、一被災者として「被災の場所」にながらく立ち竦んでいた。

　しかしながら、しばらくするとわたしは、その場所、その〈出来事〉のうちに単なる被災者として立たされ、翻弄されるだけではなく、目の前で起きている〈出来事〉の意味を捉えかえし、思考し、「そうした苦しみの場所に置かれているひと、そしてその場所にともにいあわせているひとと語らうこと」をとおして、あらためてみずからの足で立たなければならない、とつよく感じはじめる。わたしは、そのときになってはじめて「臨床哲学」の目指すところの一端を理解したような気がした。

　自分も含め、そこで悶え苦しんでいる者たちとの粘り強い対話を

1）　大阪大学文学部倫理学研究室・臨床哲学研究会「臨床哲学事始め」、臨床哲学ニュースレター 1 号（1997 年 3 月）より引用。http://www.let.osaka-u.ac.jp/clph/pdf/newsletter1.pdf

とおしてその場に立つ。そこには、これまで経験したことのないような、言葉にもならないようなつらさやしんどさがあった。なにより、被災した方々の声や言葉、さらには、いつまでも自身にとって手応えのある言葉にたどり着けない苛立ちや諦め、そして、ときには言い淀みや声の震えに触れることが本当に怖かった。この怖さは、それ以降、被災地においておびただしい数の声に触れてきたいまでも、けっして消え去ることはない。それどころか、あのとき以来、いまも疼き続けるこの怖さやしんどさこそが、むしろ後代にしっかりと伝えられるべきもののようにさえ思われる。

　本書は、2011 年 3 月 11 日に発生した東日本大震災という未曾有の災害に臨むなかで、仙台市にある「せんだいメディアテーク」を中心に、これまで 70 回以上にわたって行なってきた被災地での哲学対話実践の活動をとおして透かし見えてくる、「震災に臨む哲学」の可能性を手繰り寄せることを目的として編まれた。別の視点からみれば、本書は、わたし自身が、さまざまなものに足もとをとられながらも、哲学対話をとおして立ち上がってくる数々の問いに翻弄され、他の被災者たちとともに「被災の場所」になんとか立とうともがき苦しんできたその痕跡の記録とも言える。

　本書で扱う哲学対話の多くは、じっさいには初期のものばかりではあるが、被災地での「てつがくカフェ」参加者による対話の様子をもとに、ファシリテーターを務めてきた著者本人の視点から、そこで交わされてきた対話のライブ感や当時の状況などを可能な限り再現してみたい。そしてそれと同時に、その場に巻き込まれ、「こころがもだえ、悩んでいるその場所に」立たされた身として感じた怖さや戸惑い、ときには滑稽さや格好の悪さも書き添えることができればと思う。

　もちろん、これはあくまで一つの出来事の記録であり、震災直後から、自分たちの前に立ちはだかる問題や課題を哲学的に捉えよう

と集まった参加者たちとの対話の痕跡であって、それ自体が、今後、災害に臨む際に絶対に欠かすことのできない有効な思考のプロセスとして、すべての読者に妥当するような範型の役目を果たすとは微塵も考えていない。とはいえ、この記録は、本書を読み、その感触から、読者それぞれが震災に関する自身の関心や問い、そして思考を新たにかたちづくり、また逞しくしていくためのきっかけ程度のものは生み出すのではないか。そう考えると、この本が、今後、不意なかたちで「被災の場に投げ出された人」が自分なりの仕方で「その場に立つ」ことができるよう手助けする、そんなちょっとした道案内のようなものとしてそばに置いてもらえるのであればこれ以上のしあわせはない。

目　次

第1章　言葉をあてがう

第2章　〈負い目〉という桎梏

「考えるテーブル　てつがくカフェ」テーマ一覧

医学部付属病院・当時〉〉

2015年度

2016年度

※せんだいメディアテークでの「てつがくカフェ」は、かたちを変えながらも、現在も継続中。2021年12月11日現在までで、延べ78回を数える。

被災地支援に赴いた医療専門職たちとの哲学対話

石巻赤十字病院で開催した「てつがくカフェ」のテーマ

緩和ケアクリニック・穂波の郷クリニックで開催した「てつがくカフェ」のテーマ

「てつがくカフェ」の会場の様子
（提供：せんだいメディアテーク）

（提供：せんだいメディアテーク）

（提供：せんだいメディアテーク）

第1章　言葉をあてがう

震災を語るための言葉の不在

　「哲学は、過ぎ去った不幸や未来の不幸には容易く打ち勝つが、いままさに生じている災いに対してはなんの役にも立たない」[1]。

　古典モラリストの代表として位置づけられ、〈箴言〉という形式に鋭利な心理分析とペシミスティックな人間観察を盛り込んだラ・ロシュフコーは、彫琢されたアフォリズム表現で綴られた『箴言と省察』という著書の中でこのように書き記している。思い返せば、2011年3月11日の東日本大震災の本震発生から1ヶ月のあいだ、まともな食べ物にありつけず、風呂にも入れず、ただただ〈被災者〉として生きていた自分自身をずっと捉えて離さなかったのは、まさにこのラ・ロシュフコーの言葉だったような気がする。ラ・ロシュフコーの箴言のとおりだとするならば、東日本大震災という「いままさに生じている災い」に対して哲学は「何の役にも立たない」ものにまで成り下がってしまう。そういった意味からすれば、哲学は、いままさに震災によって試されていると言えるのではないか。

　2011年3月11日、14時46分、三陸沖、深さ24kmを震源とするモーメントマグニチュードMw9.0の東北地方太平洋沖地震（東日本大震災）が発生した（宮城県北部では震度7を記録）。津波の被害も大きく、岩手県陸前高田市民体育館では15.8m（推定）、宮城県の女

---

1)　La Rochefoucauld, *Réflexions ou sentences et maximes morales suivi de Réflexions diverses. Et des Maximes de Madame de Sablé* / ed. présentée, établie et annotée par Jean Lafon.［Paris］: Gallimard: 47, 1976

川漁港でも最大 14.8m の津波を記録したと報告されている。遡上高となると、岩手の宮古（姉吉地区）が 38.9m、田老地区が 37.9m と、驚異的な数値を記録している。

2012 年 6 月 20 日付の警視庁緊急災害警備本部「広報資料」によれば、当時、この震災による人的な被害は、死亡 15,863 名、行方不明者は 2,949 名にまでのぼり、建物被害も全壊 130,435 戸、半壊 262,917 戸、道路損壊 4,200 ヶ所、橋梁被害 116 ヶ所という状況にあった。また、今回の震災の影響で、爆発やベントなどによって東京電力福島第一原発から日本各地（とくに東北・関東全域及び太平洋側の海洋・河川・土壌）に拡散した放射性物質の総量もこれまでにない数値を記録し、拡散した地域の農畜水産物にいまも甚大な影響を及ぼし続けている。事実、福島県の一部地域では、原木シイタケなど「野生のもの」に対して、「原子力災害対策特別措置法」に基づく出荷制限や摂取制限が依然として指示され続けている。[2]

こうしてあらためて被害状況をみてみると、2011 年の東日本大震災では数値の大きさがとくに目につく。しかしながら、これらの数値をいくら詳細に書き連ねても、いまなお続いている震災という〈出来事〉を捉え切ることなど到底できそうにない。だからといって逆方向に振り切れて、「愛」や「絆」や「思いやり」「団結」などといった手垢のついた大きな言葉を呪文のように投げかけ続けることで事態を強引にまとめ上げようと試みても、余計に目の前で起こっている〈出来事〉から遠ざかっていくような気もする。

「茫然自失」。2011 年 3 月 11 日に発生した東日本大震災による未曾有の被害状況を前に、被災地である宮城県石巻市出身の作家・辺見庸は、NHK の某テレビ番組のなかでそのように言い放っていた。

---

2) 詳細は、厚生労働省の「出荷制限等の品目・区域の設定」に関するサイトを参照のこと。https://www.mhlw.go.jp/stf/kinkyu/2r9852000001dd6u.html（2022 年 8 月 23 日確認）

震災の〈出来事〉を前に、わたしたちはただ「茫然自失するほかない」。そこには、「この破壊の大きさとあのダイナミズムを表す言葉を誰も持ち合わせていないことの寂しさ、それを数字でしか表現できないことの寂しさ、虚しさ」の他にはなにもない。

> 被災者のみなさんが待ち望んでいるのは水であり食糧であり、暖房であるかもしれない。そしてそれと同時に、胸の底に届く言葉のような気がした。それは通り一遍の「がんばれ」とか「復興」とか「団結」とかをスローガン的にいうことでは断じてない。遺された自分にできることは、このたびの出来事を深く考えて、想像して、それを言葉として打ち立てること以外にない。[3]

　震災という〈出来事〉に対する哲学それ自体の立ち位置の難しさに思い悩まされながらも、あえて「てつがくカフェ」を開催し、震災をテーマにした対話の場を設けるよう強力に後押ししてくれたものは、まさに辺見庸が指摘し、さらには被災地だけでなく日本中の多くの人々が震災直後からひしひしと感じとっていた「震災を語るための言葉の不在」という「虚しさ」への反動であったような気がする。

「考えるテーブル　てつがくカフェ」始動！

　2011年3月11日の本震後、しばらくしてから知人たちに声をかけ、震災に関する「てつがくカフェ」を開始した。震災という〈出来事〉についてともに考え、言葉によってそれを捉え返そうとする

---

3)　2011年4月22日にNHK教育テレビで放映された「こころの時代〜宗教・人生〜『瓦礫の中から言葉を　作家・辺見庸』」という番組内での発言。

写真1　せんだいメディアテーク
(提供：せんだいメディアテーク)

　この試みを後押ししてくれたのは、仙台市にある公共施設「せんだいメディアテーク」であった。

　「せんだいメディアテーク」とは、仙台市教育委員会生涯学習課所管から管理者の指定を受け、公益財団法人仙台市市民文化事業団が管理運営業務を行っている公共施設で、①最先端の知と文化を提供（サービス）、②端末（ターミナル）ではなく節点（ノード）へ、③健常者と障害者、利用者と運営者、言語や文化などとの狭間に横たわるあらゆる障壁（バリア）からの自由を基本理念とする美術や映像文化活動の拠点であり、すべての人々がさまざまなメディアを通じて自由に情報のやりとりを行い、使いこなせることを目的とした、

写真2　goban tube
（提供：せんだいメディアテーク）

幅広く市民に開かれた施設である。なかでも、この施設の第一の特徴は、市民が平等な資格で出会い、対話し、互いの考えを逞しくしていくための〈場〉としての「カフェ」の歴史的機能や文化（17世紀以降に誕生したロンドンのコーヒーハウスを起源とするカフェ文化）にいち早く着目し、それを積極的に市民活動の基盤に据え付けようとしてきたところにある。

　このような考え方は、2008年に「goban tube café」[4]という仮設のカフェスペース設置によって具体的なカタチとして実行に移される。そこでは、さまざまな関心や形態によるカフェが公募をとおして企画運営され、東日本大震災の発生直前まで「せんだいメディアテーク」の中心的な事業として市民交流の活性化に貢献してきた。ちなみに、このカフェの「goban tube」というネーミングは、カフェが、施設建物内に設置された13本のチューブの"5番目"チューブ付近に設けられたことに由来する。個々のチューブには館内のネットワークや空調などの設備配管・配線、エレベーターや階段などの垂直動

4)　http://prj.smt.jp/~gobantubecafe/?page_id=2（せんだいメディアテーク「goban tube café」のサイト）。

線が通されているだけでなく、屋上に設置された採光装置によって反射した太陽光を屋内に取り込む役目も担わされており、「せんだいメディアテーク」の建築を特徴づける重要な要素として捉えられている。[5]

　そして、2009年にわたし自身が仙台市内の大学に哲学系教員として赴任した際に新たに立ち上げた「てつがくカフェ＠せんだい（Café Philo de Sendai）」というグループ[6]も、この「goban tube café」の公募に採用され、2010年からこの活動を本格的に始動させることとなる。「goban tube café」では、「〈じぶん〉とは何か？」、「〈老いる〉ってよくないこと？」や、さらには「このカラダってわたしのもの？」、「他人のこころの痛みって理解できる？」などのさまざまなテーマを設定して「てつがくカフェ」を開催し、〈対話〉を通して他者の考えに耳を澄まし、またそれをもとに自分の考えを逞しくしていくことの難しさや楽しさを市民の方々と共有してきた。

　グループの名前を「てつがくカフェ＠せんだい」として、「てつがく」の部分をあえてひらがな表記にしたのには十分なワケがある。何をおいても、小難しくてとっつき難い印象のあるこれまでの「哲学」観から一刻もはやく距離を取り、小学生から高齢者まで、しかも哲学的な素養のまったくない方々にも親しみをもってもらえるような〈対話の場〉として「哲学」を色づけし直したかった。もちろん、そのネーミングの背景に童話作家である工藤直子さんの「少年詩集」『てつがくのライオン』[7]の影響があったことも大きな理由の一つと言える。[8]

---

5)　設計は、世界的な建築家である伊東豊雄氏による。

6)　http://tetsugaku.masa-mune.jp/index.html（てつがくカフェ＠せんだいHP）。https://www.facebook.com/pg/CafePhiloDeSendai/posts/（facebook）

7)　工藤直子『てつがくのライオン』、理論社、1982年。

8)　厳密に言えば、この「少年詩集」を次のように評している鷲田清一さんの言葉に影響を受けた。「工藤直子のこの詩集は、『てつがく』がひとのあいだにあり、

　そんな矢先、あの東北地方太平洋沖地震（東日本大震災）が発生する。津波によるおびただしい数の死者、行方不明者。避難所での先の見えない生活、そして、放射能の脅威。冒頭にも書いたように、震災直後は、これまでに経験したことのない被害を目の当たりにして、この未曾有の被害を前に「芸術や文学、哲学などほとんど無意味ではないのか」と真剣に悩みつつ、ただただ自分の大学の学生の安否確認の作業だけを黙々と行っていたような記憶がある。知り合いのアーティストの方々からも、震災直後は自分の表現活動を放棄し、具体的な〈支援〉活動として瓦礫撤去などの作業のために津波被災地に出かけて行ったと聞いていた。当時、芸術や文学、哲学や思想、さらには音楽活動をしている方々から、「自分たちのやっていること（芸術など）は被災者の方々には何の役にもたたないのではないか」[9] などといった、自身の専門性に因る〈負い目〉や〈戸惑い〉の声を耳にする機会も多かった。そこには、被災地（者）に対して物資を送ったり瓦礫の撤去を行ったりするような「実効性や即効性があり、しかも結果の見えやすい支援」以外は〈支援〉とはみなされないかのような、凝り固まった〈支援〉観が間違いなく蔓延っており、被災地にいる者の多くを戸惑わせていた。そして、同じくこのような戸惑いを感じていた「せんだいメディアテーク」主幹で企画・活動支援室の室長（当時）の甲斐賢治さんから相談があり、「こ

　　書斎でのモノローグではなく、ひとの出会いのなかでのダイアローグだということを教えてくれた。考え、論じるだけでなく、聴くことのたいせつさを教えてくれた。言葉とともに考え、話し、聴くことがわたしたちの生活のなかでどういう意味をもつのか、そのことをくりかえし問うなかではじめて、『てつがく』はひとりの人生の芯になりうる、と。」（鷲田清一『「哲学」と「てつがく」のあいだ　書論集』、みすず書房、2001 年、43 頁。）

9) 「東日本大震災以降」の「思想や文学の無効」という論調に率直に疑問を呈したものとしては、精神科医の斎藤環氏が『現代思想　7月臨時増刊号』（青土社、2011年）の総特集「震災以後を生きるための50冊」のために寄せた論考「傷から言葉へ、言葉から傷へ　パウル・ツェラン『パウル・ツェラン詩集』」（20-23 頁）が非常に興味深い。

ういった震災以降に生じている違和感を他者との〈対話〉のなかで問い直すことができる場は「てつがくカフェ」の他にはないのではないか、そういった被災地での問い直しの場を一緒につくらないか」といった趣旨の力強い後押しの言葉をもらい[10]、震災からちょうど100日目にあたる6月18日に「せんだいメディアテーク」との共同運営のもと、震災を問い直す哲学カフェとして「考えるテーブル てつがくカフェ」[11]という新たな企画を始動させることになる。あの凝り固まった〈支援〉観についても、「〈支援〉とはなにか?」というテーマ設定のもとに、2011年9月25日に開催した第3回「考えるテーブル てつがくカフェ」のなかで80名以上の参加者(被災者の方々も含む)とともにその問題性について語り合った[12]。

震災を〈語りなおす〉

発災後に「せんだいメディアテーク」が中心となって立ち上げたこの「考えるテーブル」[13]という企画は、美術家の奈良美智などとのプロジェクトでも知られるアーティストの豊嶋秀樹(gm projects)[14]

10) このあたりの経緯については、「artscape 2012年03月15号」に掲載された記事「震災、文化装置、当事者性をめぐって—『3がつ11にちをわすれないためにセンター』の設立過程と未来像を開く 甲斐賢治/竹久侑」で詳しく述べられている。http://artscape.jp/focus/10024379_1638.html

11) http://table.smt.jp/?p=4097(せんだいメディアテーク「考えるテーブル てつがくカフェ」のサイト)現在は以下のサイトに移動している。https://www.smt.jp/projects/cafephilo/

12) この回の哲学対話の様子については本書「第3章〈支援〉とはなにか」で触れている。

13) http://www.smt.jp/thinkingtable2012/

14) 豊嶋秀樹氏は、2006年に奈良美智が青森県弘前市にある古い煉瓦倉庫(吉井酒蔵煉瓦倉庫)などで行った「A to Z Yoshitomo Nara+graf」というプロジェクトを行っている。ちなみにこのプロジェクトは2005年9月から12月に行われた横浜での展覧会や、台湾、そして韓国など世界6カ国22カ所を巡回する大きなプロ

によってデザイン・制作された机や黒板を囲みながら、「震災復興や地域社会、表現活動について考えていく場」として設けられたものである。企画発足当初は、被災地である宮城県名取市北釜に住み込み、震災後の表現活動について問い直しながら活動を行っておられた写真家の志賀理江子さん[15] のレクチャーや、石巻などの津波被災地で瓦礫撤去作業に参加するボランティアなどを募集し、その模様を撮影した映像記録などをとおして被災地の現状報告や情報の交換を行っていたアーティストのタノタイガさんによるプロジェクト（「タノンティア」）など、いくつもの魅力的な活動が並行して展開されていた。わたしたちの「てつがくカフェ＠せんだい」もこの企画に参加し、他のプロジェクトと連携しながら、震災を問い直すいくつものプロジェクトを運営した。

　当時、「考えるテーブル　てつがくカフェ」を主催していたわたしたちの主な活動メンバーは、仙台市の職員、震災直後から石巻にボランティアとして通い続けていた看護師、自身の高校が放射能汚染に関連した避難所になりその対応に追われ続けていた福島の高校教師、自分の家が津波の被害で全壊して避難所生活を余儀なくされていた大学生などである。メンバーたちは、単に「被災者」という立ち位置に居座り続けてこの不便な状況のなかを漠然と生きるのではなく、震災という〈出来事〉を幅広く他者との〈対話〉のなかで捉え返し、「それを言葉として打ち立て」[16] ようとする試みそれ自体のうちに何かのきっかけを見出そうとしていたように思われる。毎回

ジェクトであった。

15)　1980年愛知県生まれ。2006年にせんだいメディアテークで開催された企画展を機に、宮城県の北釜に移り住み、そこを拠点に制作活動を行っている。ロンドン大学チェルシーカレッジ・オブ・アート卒業。2008年に写真集『CANARY』（2007年、赤々舎）、『Lilly』（2007年、アートビートパブリッシャーズ）で第33回木村伊兵衛写真賞を受賞。

16)　辺見庸「震災緊急特別寄稿」、北日本新聞、朝刊、2011年3月16日。

「てつがくカフェ」に参加していた多くの市民の方々（被災者の方々）も、おそらくそうであったに違いない。目の前に広がるこの悲惨な〈出来事〉に臨むためには、それを上手に読み解くための切れ味の良い哲学用語や思想ではなく、むしろ自分たちの迂々しい言葉遣いを頼りに語り始めること、またそこでの〈対話〉をとおして震災という〈出来事〉の根っこを粘り強く探り当てようとする忍耐強さこそが求められていると直感的に感じとっていたのではないか。このことについては、震災後すぐに仙台に来て震災に関する講演などをされていた鷲田清一さんの次のような言葉が印象深い。

> 被災地ではいま、多くの人が〈語りなおし〉を迫られている。自分という存在、自分たちという存在の、語りなおしである。理不尽な事実、納得しがたい事実をまぎれもないこととして受け容れるためには、自分をこれまで編んできた物語を別なかたちで語りなおさなければならない。人生においては、そういう語りなおしが幾度も強いられる。そこでは過去の記憶ですら、語りなおされざるをえない。その意味で、これまでのわたしから別のわたしへの移行は、文字どおり命懸けである。このたびの震災で、親や子をなくし、家や職を失った人びとは、こうした語りのゼロ点に、否応もなく差し戻された。[17]

　震災以降、多くの人の死や別れを経験し、死生観も含め、これまでわたしたちが安寧のうちにぬくぬくと育て上げてきた〈愛〉や〈誠実さ〉、〈やさしさ〉や〈忠誠心〉、〈公平性〉などといったさまざまな価値観の問い直しを迫られている震災直後の状況のなかでは、「てつがくカフェ」のような他者との〈対話〉をとおして自らの考えを

---

17)　鷲田清一「『隔たり』は増幅するばかり」、朝日新聞、朝刊、2011年6月10日。

逞しくしていく場こそが求められていたのではないか。

震災はわたしたちを試す？

　震災はわたしたちを試している。わたしたちは被災地である仙台で、「てつがくカフェ」という〈対話の場〉をとおしていま目の前で起きている震災という〈出来事〉に向き合っていかなければならない。それらの試練と格闘した痕跡のなかにしか復興への道筋は見出せないとすら感じている。試されているのだから、応えないわけにはいかない。

　これらの試練は、さまざまな考えるべきテーマ（課題）としてわたしたちの前に立ちはだかってくる。これまで「考えるテーブル てつがくカフェ」は70回以上、10年近くにわたって開催しているが、とくに混沌としていた震災後1、2年のあいだで取り上げてきたテーマは、以下のとおりである。

　第1回目（2011年6月11日開催）テーマ：「震災と文学 ── 『死者にことばをあてがう』ということ」。第2回目（2011年8月7日開催）テーマ：「震災を語ることへの〈負い目〉？」。第3回（2011年9月25日開催）テーマ：「〈支援〉とはなにか？」。第4回目（2011年10月23日開催）テーマ：「震災の〈当事者〉とは誰か？」。第5回目（2011年11月27日開催）テーマ：「切実な〈私〉と〈公〉、どちらを選ぶべきか？」。第6回目（2011年12月24日開催）テーマ：「被災者の痛みを理解することは可能か？」。第7回目（2012年1月22日開催）テーマ：「〈ふるさと〉を失う？～〈復興〉を問い直すために」。第8回目（2012年2月10日開催）テーマ：「復興が／で取り戻すべきものは何か？」。そして、2012年3月18日に開催した第9回目の「てつがくカフェ」では、ニコラウス・ゲイハルター監督・

撮影の映画『プリピャチ』[18] を鑑賞後、チョルノービリ（チェルノブイリ）原子力発電所から4kmに位置する「立入制限区域内（ゾーン）」で生きる人々の抱える問題について、「原発と折り合いをつけて生きること」や「ゾーン（立入禁止区域）」と〈名付ける〉ことの政治性などといったさまざまな観点から、福島の原発の問題などについてもゆっくりと〈対話の場〉を拵えてきた。

　続く第10回目（2012年4月29日開催）のカフェは「震災と美徳」をテーマに掲げ、避難時に余計な足枷となってわたしたちを苦しめた、自身の職務や家族への「忠誠心」などといった「美徳」の「厄介さ」について取り上げた。第11回目（2012年5月20日）では、震災後に仙台市街で行われた「脱原発市民ウォーク」というデモ活動に関するドキュメンタリー映像『声の届き方（制作：伊藤照手)』を鑑賞した後に、「脱原発」を主張するにせよ「親原発」を唱えるにせよ、他者に対して自らの主張（声）を挙げることの困難さや、またそれが相手に歪んだかたちで届いてしまうというコミュニケーションの危うさなどについて考えた。そのほか、仙台と並行して盛岡や福島、山形などの被災地でも震災に関連した哲学カフェを行っている。2011年12月10日に盛岡で開催した哲学カフェ（第1回「てつがくカフェ＠いわて」[19]）では、被災地に無反省に投げかけられる「善意」をテーマとして取り上げ、そこに潜む問題性について参加者とともに問い直した。どのテーマも、まさにこの度の震災があらゆる観点からわたしたちを試し続けてきたことを裏付けるものばかりと言える。（詳細については、「てつがくカフェ」テーマ一覧を参照）

　とくに、自身のなかでことさら感慨深いのは、やはり、震災後の混沌としたなかで「言葉」を切り口としておそるおそる開催した、

18）　映画『プリピャチ』公式サイト（UPLINK）https://www.uplink.co.jp/pripyat/
19）　「てつがくカフェ＠いわて」は、当時、岩手大学人文社会科学部教員であった池田成一先生を中心に行われてきた。

第1回目の「てつがくカフェ」であろう。テーマは「震災と文学
──『死者にことばをあてがう』ということ」。あのときに味わっ
た緊張感と恐怖を、10年以上経ったいまでもけっして忘れることが
できない。

人の言葉を聴くことの怖さ

　人の言葉を聴くということが、これほどまでに怖いと感じたこと
はなかった。3月11日の発災後から、6月18日の第1回目の「てつ
がくカフェ」開催までの100日のあいだ、参加者の方々が〈被災〉
のなかをどう生き、またさまざまな割り切れなさのなかをどうやり
過ごしてきたか、そのつらさやしんどさが、集まった方々の居住ま
い佇まいのうちからすでに嫌というほど滲み出ていた。厳密に言え
ば、そこには、あまりの哀しみや怒りにそれをぶつける宛先すら見
定めかねている者たちが晒す、完全に表情を奪われた剥き出しの顔
や眼ざし、そして体が差し出されていた。それらの体はどれも硬く、
内側へと強張り、どことなしか最初から他者とのコミュニケーショ
ンの回路そのものを閉ざしているかのようにさえ思われた。そして、
その強張りが容易にはほぐせない、極めて厄介な類のものであるこ
とも同時に見てとれた。
　津波の酷かった沿岸地域での瓦礫撤去作業からの帰りだろうか、
土砂によって汚れに汚れた靴や、使い込まれたリュックを担いだ参
加者の姿も数名見受けられた。おそらくこの中には、今回の震災で
ご家族を亡くしたり、家屋の全壊に見舞われたりした方々もいるに
違いない。もしかしたら、いまも家族の帰りを信じて待っている方
もいるのではないか。そう考えただけでも、表情なく差し出される
参加者の顔や体を前に、震災という〈出来事〉を他者との対話をと

おしてあらためて捉え返そうと試みる「てつがくカフェ」のファシリテーターとして自身の身を晒すこと自体に相当の戸惑いがあった。あまりの怖さからか、参加者の言葉や思いに触れるだけの資質や能力はいまの自分にはない、と率直に感じもした。

　しかし、いま思えば、あのときの自分に欠けていたのはある種の覚悟のようなものではなかったか。傷つくことを厭わず、参加者（被災者）の経験に自身を挿入してゆこうとする強い気構えではなかったか。なぜなら、あのとき心の底から怖いと感じていたものは、哀しみや諦め、そして行き場のない怒りに苛まれた被災者の眼ざしやおびただしい言葉の群に触れることにではなく、むしろ、震災以降を生きる人々の放つ〈被災〉の経験や言葉を自身のなかに迎え入れることによってこれまでまとめ上げてきた自分自身のあり方（同一性）そのものにも大きな変容を強いられることになる、という危機感にこそ潜んでいたからである。

　わたしには、覚悟がなかった。自分を差し出す、勇気がなかった。しかし、この覚悟こそが他者による〈被災〉の言葉を聴くという営みを可能にする極めて重要な契機となることを、わたしは、被災地において、被災者とともに哲学的な対話を重ねてゆくにつれて嫌というほど思い知らされた。他者の〈被災〉の言葉や経験に触れることをとおして、「じぶんがじぶんに対してよそよそしいものへと転化」[20] してしまうことへの覚悟。それぞれの〈被災〉の経験を「聴く」という営みは、まさにそういった自己を手放し、他者へと自分自身を譲り渡してしまうようなある種の覚悟をその営みの最初から

---

20) 鷲田清一『「聴く」ことの力』、阪急コミュニケーションズ、1999年、137頁。「他者の経験をまるでわがことのように受容し理解すること（他者の同化＝Aneignung des Fremden）というのは、同時に、じぶんが自己自身にとってよそよそしいものに転化すること（自己の他者＝Fremdwerden des Eigenen）でもあるのでなければ、おそらく「歓待」の名にあたいしないだろう。」

強く求めるものなのである[21]。そして、このような状況に身を置いて
こそはじめて、〈臨床〉という場もまた拓かれてくる。[22]

言葉というものの真のはたらき

「アウシュヴィッツ以降、詩を書くことは野蛮である」[23]。ドイツの
ユダヤ系哲学者であるテオドール・アドルノは、1949 年に執筆した
「文化批判と社会」というエッセイのなかでこのように書き記してい
る。「震災を語るための言葉の不在」を嘆いた石巻出身の作家・辺見
庸は、アドルノのこの言葉を受けて、「3・11 以降に詩を書くこと」
の意味あるいは震災以降の「言葉というものの真のはたらき」[24] につ
いてあらためて問い直している。

　辺見は、『瓦礫の中から言葉を　わたしの〈死者〉へ』という著書
のなかで、「ペラペラに乾いた記号と数値でしか出来事を語れなく
なってしまった、その異様な（と同時に、異様を異様とも感じるこ
とができなくなった）」「底なしの酷薄さ」や「透明な残忍性」[25] とを

21）「こうした（魂の）譲渡、自己から他者への移動は、近代の思考があれほどまで
　　に高い価値を与えてきた、あの自己の人格的自律性を中心とした同一化の系図を
　　たえず断ち切る」。ルネ・シェレール（安川慶治訳）『歓待のユートピア　歓待神
　　礼賛』、現代企画室、1996 年、47 頁。
22）「〈臨床〉とは、ある他者の前に身を置くことによって、そのホスピタブルな関
　　係のなかでじぶん自身もまた変えられるような経験の場面というふうに、いまや
　　わたしたちは〈臨床〉の規定をさらにつけくわえることができる」。鷲田清一『「聴
　　く」ことの力』、阪急コミュニケーションズ、1999 年、139 頁。
23）　テオドール・W・アドルノ（渡辺祐邦／三原弟平訳）『プリズメン　文化批判と
　　社会』、ちくま学芸文庫、1996 年、36 頁。本エッセイは、レオポルト・フォン・
　　ヴィーゼの 75 歳記念論文集『われわれの時代の社会学研究』（1951 年）のために
　　執筆されたものである。
24）　辺見庸『瓦礫の中から言葉を　わたしの〈死者〉へ』、NHK 出版、2012 年、21
　　頁。
25）　同上、116-117 頁。

震災以降の言葉遣いのうちに感じ取り、それらに徹底して抗うべく、あえて、戦中戦後の人間の極限状態を描き出そうと試みてきた原民喜[26]や石原吉郎[27]、そして堀田善衛[28]などによる「言語的挑戦」を対峙させながら、震災以降の言葉の「真のはたらき」をあぶり出そうと試みる。

　彼のこの問題意識は、2011年4月25日にNHKで放映された番組「『瓦礫』のなかから〈ことば〉を」や、震災後に書き下ろした詩編「眼の海　わたしの死者たちに」(『文学界』2011年6月号)のうちにすでに読みとることができる。そして、第1回目の「てつがくカフェ」――テーマは「震災と文学～『死者にことばをあてがう』ということ」――でも、震災以降の辺見庸の文学的な関心およびその試みを導きの糸としながら、まさにこの震災と〈言葉〉のありようをテーマに「てつがくカフェ」を開催することになる(2011年6月11日開催)。

　発災から3ヶ月あまりというこの時期、被災地では依然として混沌とした状況が続き、津波被害の大きかった沿岸地域への具体的な支援はもちろんのこと、早急に対処しなければならない新たな問題がさまざまな文脈のもとで増幅し続けていた[29]。そういった状況のな

---

26)　1905年(明治38年)、広島県広島市生まれ。過酷な被爆体験を記した詩「原爆小景」や小説『夏の花』で知られる。

27)　1915年(大正4年)、静岡県生まれ。詩人、エッセイスト、歌人、俳人。1945年8月、29歳のときにハルビンで日本の敗戦を迎える。エッセイ集『望郷と海』など、シベリア抑留の経験を文学的テーマに昇華した、戦後詩の代表的詩人として知られる。

28)　1918年(大正7年)、富山県高岡市生まれ。第二次世界大戦末期の1945年3月に国際文化振興会が中国に置いていた上海資料室に赴任。そこでの経験をもとにした作品で作家としてデビューする。1952年、『広場の孤独』で第26回芥川賞受賞。

29)　作家の高橋源一郎がこの時期に発言し始めた、さまざまな領域における「分断線」という問題意識もその一つであろう。『『あの日』から僕が考えている「正しさ」について』、河出書房新社、2012年、128-135頁。ちなみに2013年1月27日に開催した第18回「てつがくカフェ」においても、この「分断線」について参加

かにあって、第 1 回目の「てつがくカフェ」のテーマをあえて〈文学〉や〈言葉〉という、一見すると後ろ向きにも捉えられそうな切り口に据えた背景には、むしろ〈言葉〉という営みの特性およびその「真のはたらき」を問い直す試みこそが、具体的で即効性のある目先の対策ばかりを求めようとするわたしたちの近すぎる視界をなんとか押し拡げ、この混沌とした状況だからこそ逆に見え難くなっている震災という〈出来事〉の相貌を理解するための適度な〈距離〉をわたしたちにひらいてくれるのではないか、と期待してのことである。わたしは、まさに第 1 回目の「てつがくカフェ」開催の挨拶を、おそるおそる、つぎのような言葉からはじめた。

　　この度の震災に限らず、〈当事者〉の視点からだけでは見えてこないもの、見えにくいものがあります。起きている出来事から少しばかり〈距離〉をとることでしか見えないことがあります。わたしたちは震災の〈当事者〉として ── もちろん、ここで言う震災の〈当事者〉とはそもそも誰のことを指すのかといった問題も今後考えてゆかなければならないわけですが ── あまりにその只中に居過ぎ、逆にその全体像が見え難い状況に置かれているように感じます。対象に眼差しを近づけ過ぎてはそれが何であるのかさえ把握できないのと同様に、わたしたちはいま震災という〈出来事〉からあまりに近いところに身を置き過ぎており、〈出来事〉を対象化できないでいる。だからこそいまは、むしろこの〈出来事〉から少しでも身を引き離し、目の前の〈出来事〉を見定められるように〈距離〉をとる必要があるのではないか。そしてそのためには、何にもまして〈言葉〉のありようを問い直すことが必要だと考えます。なぜなら、〈言

者とともに考えた。（テーマ：「『分断線（高橋源一郎）』から〈震災以降〉を問う」）

葉〉を用いてそれを語り直し、他者とともに問い直すという営みこそが、まさにわたしたちと近すぎて見えない〈出来事〉との間に〈距離〉をひらき、震災という〈出来事〉を考えるために必要な適度の隙間を拵えてくれるような気がするからです。つまり、〈言葉〉による語り直し（問い直し）は、わたしたちがそこから少しだけ身を引き離すこと（対象化）を手助けしてくれる重要なきっかけを与えてくれるものなのではないか。良い意味でも悪い意味でも、このような〈出来事〉との適度な距離感への関心が、震災以降、この混沌とした状況においては極めて重要なことのようにさえ思われるのです。そして、今日から皆さんとともに長い年月を費やして取り組むことになる震災に関するこの「てつがくカフェ」は、まさにそこにこそ「哲学の現場性」を見定め、〈言葉〉をとおして粘り強く震災に臨んでゆかなければなりません。

　問題は、震災という「出来事と己との関係」、すなわち〈出来事〉における「自分の位置、居場所」の不確かさにこそある、と辺見は言う。「3・11以降、都市機能、社会機能といったインフラやハードウェアだけでなく、言葉もまた、とても深刻な機能不全」に陥った。「地震と津波による破壊の規模、奪われた人命の多さ、深く巨大な悲しみ、原発炉心溶融の驚愕と恐怖、不安というものに対して、それらにみあう言葉、それを照らしだす言葉があまりにも少ない」。そういった「言葉の不在」という状況に置かれれば、当然のことながら「わたしたちがいまどういう性質の危機にあるのか、その危機の深さ、位置」、また「それが歴史の連続性のなかでどこに所在するのかが」不明となる。「どうかすると、自分とはいったいなにものかさえあいまいになってくる」。だからこそ被災した人々は「必要な生活状況」や「現状の回復」のつぎに、何よりもこの悲惨な「事態の深み

に迫ろうとする得心のいく、胸の底にとどく、とどけようとする言葉」を待ち望んでいるのではないか。もちろん、それが「おおむね3・11の前と変わらない語彙と修辞とシンタックス（構文）」をもとにまとめられた言葉では到底賄い切れない類のものであることは言うまでもない。重要なのは「いま語りうる言葉をなぞり、くりかえし、みんなで唱和することではなく、いま語りえない言葉を、混沌と苦悩のなかから掬い、それらの言葉に息を吹きかけて命をあたえて、他者の沈黙にむけて送りとどけること」のうちにこそある[30]。だからこそ、震災後のいま、〈言葉〉のやりとりにおいてもっとも必要とされるのは、震災という「出来事と己との関係」、震災という〈出来事〉における「自分の位置、居場所」を明確にしてくれるような、それぞれにとって手応えのある〈言葉〉をそれぞれのうちに、場合によっては特定の他者もしくは死者のために探り当て、あてがおうと試みる気構えに他ならないのではないか。辺見は、同書の中で、このことについて次のように書き記している。

　　大震災後の言葉に名状しがたい気味悪さを覚えるのは、言葉の多くが、生身の個のものではなく、いきなり集団化したからではないでしょうか。ファシズムには、じつはこれと決まった定義はないのですが、言葉が集団化して、生身の個の主語を失い、「われわれ化」してしまう共通性はあるように思われます。スターリン主義には言葉の「われわれ化」（主体喪失）にくわえて「すべき化」（当為強要）があります。どちらの言葉も、戦争や大災害時に勢いづくという特徴があります。それらは、助けあいや人としてのやさしさや連帯を訴えていても、訴える主体

---

30)　辺見庸『瓦礫の中から言葉を　わたしの〈死者〉へ』、NHK 出版、2012 年、21-23 頁。

（個）がはっきりしないぶん、底意が沼のように怪しいのです。[31]

　宮城県出身の作家で、仙台市で被災した佐伯一麦もまた、2012年2月3日に東京大学本郷キャンパスにて行った公開講義「震災と文学」（朝日講座　知の冒険）において、辺見庸と同じく、「震災から1年近く経ち、『絆』であるとか『頑張ろうニッポン』とか、いろいろな言葉が出ているが、文学というのは、共同体というものを強めるものにはならないのではないか」、「頑張る云々ということと文学というのは、僕はちょっと違うものではないかという思いがある」といった趣旨の発言をしていることは非常に興味深い[32]。「言葉というものの真のはたらき」は、何よりも「生身の個」にこそその照準が絞られなければならない、ということなのであろうか。そして、被災地における「てつがくカフェ」もまた、その当初からこの「生身の個」に、言い換えれば「だれかある特定の他者に向かってという単独性ないしは特異性（シンギュラリティ）の感覚」をもっとも重視するものでなければならない、と感じていた。なぜなら、ここで言う「てつがく」とは、まさに「普遍的な読者に対してではなく」、対話をとおして「個別のひとに向かってする哲学（臨床哲学）」[33]を想定しているからである。このとき、自分自身のなかでは、まさに文学という営みと哲学とが間違いなく交叉していた。

言葉の厄介さ

　未曾有の災害によってほつれてしまった「生身の個」は、自身の

31）　同上、171-172頁。
32）　佐伯一麦『震災と言葉』、岩波書店、2012年、38頁。
33）　鷲田清一『「聴く」ことの力』、阪急コミュニケーションズ、1999年、108頁。

言葉によってのみ繕われうる。震災という「出来事と己との関係」、震災という〈出来事〉における「自分の位置、居場所」を照らし出してくれるものもまた言葉をおいて他にはない。なぜなら言葉は、自分自身のいまの心のありよう（感情）を撚り合わせていく際にけっして欠かすことのできない、「心の繊維」[34] に他ならないからである。「感情というのは確かに言葉で編まれていて、言葉がなかったら、感情はすべて不定形で区別がつかない。言葉を覚えることで、じぶんがいまいったいどういう感情でいるかを知っていく。語りがきめ細やかになって、より正確なものになるためには、言葉をより繊細に使い分けていかなければならない」[35]。震災による喪失体験などの深刻な感情の揺れ動きには、まずもって「じぶんの言葉」による「人生の語りなおし」という営みが求められるのもそのためである。

　しかしながら、その一方で、言葉のもつ厄介さにも十分配慮しておく必要がある。未曾有の災害を前にすると、わたしたちは、なによりもまず言葉にならない漠然とした思いを当て所もなく捏ねくりまわす時間を過ごす。そういった状況のなかで、そもそも自分にとって手応えのある言葉（「じぶんの言葉」）を探り当てようとすることなどそうそうできるものではない。なぜなら、言葉は自分の心（感情）のありようを撚り合わせる重要な役目を担わされたものであるがゆえに、逆に、その言葉の選び方やタイミング次第では、当の言葉が、ながらく自分のなかで燻っていた固有の思いや悩みを不本意なかたちで強引にまとめ上げ、自分のいま現在の心のありようをまったく別のものへと仕立て上げてしまう可能性もあるからである。言葉には、そういった厄介さがつねに付きまとう。だからこそ、自分にとって手応えのある言葉（「じぶんの言葉」）が零れ落ちるまでの

---

34)　鷲田清一『語りきれないこと ── 危機と傷みの哲学』、角川学芸出版、2012年、85-86 頁。
35)　同上。

時間をしっかりと待つ、という忍耐強さがとくに求められる。このことについて、作家の高橋源一郎は、『非常時のことば　震災の後で』という書物のなかでつぎのように書き記している。

　「ことばを失う」のは、あることにぴったりすることばがわからなくなる、ということだ。なにかをしゃべろうと思う。あるいは、なにかについて書こうと思う。でも、うまく、しゃべれない。うまく、書けない。そういう時、人は、絶句する。筆が止まる。キイボードの前で両手が固まる。でも、あなたたちだって、「絶句」ぐらいは、したことがあるだろう。突然、頭の中が「真っ白」になって、なにも、ことばが出て来なくなる。これは、たぶん一時的なことだ。パニックがおさまれば、またすぐに、ことばは出て来るようになる。けれど、時々、ぼくは、こんなことを考える。あの、頭の中が「真っ白」になって、なにもことばが考えられない時のことを、大切にするべきではないだろうか。そもそも、「すぐにことばが出る」というのは、異様な状態ではないのだろうか。[36]

　言葉は自分のいまの心のありよう（感情）を撚り合わせていく「繊維」であると同時に、時と場合によってはわれわれの思考を一つの型に嵌め込み、揺れ動く思いや思考を一気に閉じさせてしまう強固な鋳型の役目を果たす。さらにたちが悪いことに、「なにもことばが考えられない時」に怯えられなくなると、わたしたちは往々にして他者の気の利いた言葉に縋りつく。とくに、慌てて跳びついたその

---

36)　高橋源一郎『非常時のことば　震災の後で』、朝日文庫、2016年、16頁。そのほか、震災後の言葉の状況を問題にした興味深い書物として、高橋自身が、震災後からの自身のツイッター上でのつぶやきをまとめた『『あの日』からぼくが考えている「正しさ」について』河出書房新社（2012年）、という書物もある。

言葉が、思想家などによる「冴えたことば」[37] である場合にはいっそう厄介さが増す。なぜなら、思想家の「冴えたことば」に縋りつくということは、同時に、その言葉をもとに当の思想家が展開した問題意識や思考のプロセスそのものにまでそのまま乗っかり、なぞり、あたかもそれを自分自身で考えたかのような錯覚に陥って満足してしまう可能性があるからである。

　言葉の扱いに巧みなぶん、思想家や文学者などが差し出す言葉は魅力的である。そればかりか、それらの「冴えたことば」は目の前で生じている事態やその問題点を探り出し、言い当て、またそれをわたしたちの前に見えやすいかたちで浮き彫りにしてみせることにも長けている。そのような力強い「冴えたことば」に搦めとられれば、それぞれの「生身の個」をかたちづくる際に絶対に欠かせない個々人の小さな言葉遣いや語り、関心、そして戸惑いまでもが一気にそれらに引き寄せられ、挙句の果てにはその思想家の言葉遣いや問題意識へと丸ごと回収されてしまう。そう考えてみると、じっさいに他者の「冴えたことば」に搦めとられることなく、またそれらを完全に忌避することもなく適度な距離をとりながら、「すべて自分の頭で考える」[38] ということがいかに厄介で難儀な作業であるかが見てとれるのではないか。

それぞれにふさわしい、それぞれの言葉をあてがう

　そもそも、第 1 回目の「てつがくカフェ」を開催した 2011 年 6 月当初は、被災地では未だに震災という〈出来事〉を自分たちの言葉でしっかりと対象化できるような状況にはなかった。福島に住む知

---

37)　同上、16 頁。
38)　同上、26-39 頁参照。

人も、震災による福島第一原発放射能漏洩事故が今後どのような〈出来事〉として自分たちの前に立ち現われてくるのか、それを適切な問題や課題として捉えることなど到底できる状況にはない、と話してくれた。おそらくそこには、目の前の〈出来事〉を自分にとって手応えのある適切な言葉として見出せないことにくわえて、むしろそれを適当な言葉で言い換えることによって、さらには「冴えたことば」で事態を一気に言いあててしまうことによって、依然として自身のなかで揺れ動き続けるさまざまな思いや思考を安易に閉じさせてしまうことへの強い忌避感があったからではないか。わたしたちは、震災に関連した哲学的な対話を始めると同時に、当然のことながらこの言葉への距離感という難題に悩まされることになる。とはいえ、あらゆる言葉遣いを恐れて、何の障りもない無難な言葉だけで対話を進めたとしても、この混沌とした〈出来事〉の複雑さに迫ることなど到底できそうもない。とくに、「非常時」においては無難な「防災服をことばに着せる」わけにはいかないとして、作家の高橋源一郎も、その危機感をつぎのような独特の表現をもとに露わにしている。

　　前代未聞の経験をしている時、想像を絶するような光景を目の前にした時、たいていの人間は、まず呆然とする。（「ことばの魔術師」と言われた）ジュネだって、当たり前のように、呆然としただろう。その後、人はどのように行動するだろうか。実は、多くの人は、抑制された行動をとるのである。どうしていいか、わからなければわからないほど、人は不安になり、なにかに頼ろうとする。みんながするようなことをしようとする。こうすれば他人から後ろ指を指されないだろう、というようなことを、とりあえずする。それが「防災服」を着る、ということの意味だ。そして、それは、「防災服」を着ることを考えるほ

どの余裕がある、という意味でもある。

　　ジュネは違った。もっとも無残な死者を前にして、美しいことばの布を織りだした。「防災服」？　それが、どれほど死者を愚弄した行いであるかを、ジュネは、本能で知っていたのだ。[39]

　他人から後ろ指を指されることを恐れて、自身の言葉に「防災服」を着せて無難な発言を繰り返してみたところで、哲学的な対話は成立しない。そして、まさに第1回目の「てつがくカフェ」においても、このような問題意識が下地になり、震災という〈出来事〉を前に「個別の言葉」をもつこと、またそれを自分のなかで丁寧に育み、それぞれの「生身の個」にふさわしい言葉としてあてがうことの重要性について対話が繰り広げられた。ある参加者は、未だに続いている過酷な津波被害のなかで苦しむ沿岸地域の被災者をよそに、こうして仙台において震災について語る（語ることができる状態にいる）ということそれ自体に強い〈負い目〉を感じながらも、いま私たちのやるべきことは、何よりも自分の手に負えない大きな〈被災〉についてではなく、「生き残ってしまったこの私の被災について、まずは自分のことから語りはじめる他にないのではないか」と苦しげな表情で発言してくれた。

　　今日ここに来られているみなさんは、語弊があるかと思いますが、被災者でありながら一番ひどい被害を受けた方ではない方が多いのではないかと思います。わたし自身も仙台に住んでいるので多少の被災はしましたが、沿岸部の人に比べれば大変じゃない。自分より大変な人がたくさんいるって思いをすごく抱えていて、そういうときに自分が何を言っても無力に感じたり陳

---

39)　同上、48-49 頁参照。

腐に感じたり、これは偽善なのではないかとか独りよがりでは
ないかとか感じたり、自分の被災の体験をつらかったと語るこ
とへの〈罪の意識〉を感じたんです。でも、地震の影響をまっ
たく受けなかったかと言ったらそうではなくて、被災の〈当事
者〉として語るべきこともあるはずだって思って。他の被災し
た方々との比較で被害の大きさを見てしまうと、自分から言葉
を発することに対して無力感や偽善なんじゃないかという気持
ちを持つんですが、〈わたしの被災〉について語るべきであっ
て、口を開くのをためらうべきではないし、まずは自分のこと
から語るべきだと考えています。[40]

「まずは自分のことから」、まさにこの発言が起点となり、震災に
関する哲学対話がゆっくりと動き始める。上記の発言に応えて、自
分自身で「一般的な言葉遣い」と「個別の言葉」とを対照的に整理
しつつ、震災直後からメディアのうちに溢れる「一般的な言葉遣い」
にどう対処していくべきか、自身のなかで何度も噛みしめながら問
い直している参加者もおられた。

〔一般参加者〕：言葉では到底表現することのできないようなこ
の度の震災を経験し、はたしてそれをどう表現するか。もちろ
んそこにある種の無力感や虚無感のようなものを感じてなにも
話せないということもあると思いますが、その一方で、すごく
饒舌なというか、震災以前の価値観をさらに上塗りすることで
この場をとり繕おうとする、わたしの表現で言えば「一般的な
言葉遣い」とでも呼べそうなものがあるように感じています。

40）「記録 考えるテーブル『第1回てつがくカフェ@せんだい』テーマ：震災と文
学 ──『死者にことばをあてがう』ということ」。せんだいメディアテーク編集
『今日のつくり方 ミルフイユ04』、赤々舎、2012年、185頁。

たとえば、いまもテレビで流れ続けている AC（公益社団法人
AC ジャパン）のテレビ CM のなかの言葉、「ひとつになろう、
日本」とか「優しさを大切にしよう」とか、「思いやりを大事に
しよう」とか、そういった震災以前から無批判に尊重され続け
てきた言葉やキャッチフレーズもそれに該当するように思いま
す。それらは、〈被災地〉、〈被災者〉のことを考えて発言してい
るかのように見えて、じっさいはただ単にこれまでの価値観を
強化するためだけに用いられているような気がしてなりません。
発災直後から、人の生死に関わるような事柄や、またその際の
人間のさまざまな感情の揺れ動きや振り切れた振る舞いに遭遇
してきたいま、もはやこれまでの一般的な言葉遣いではそれら
には到底太刀打ちできないようにすら思えます。それに臨んで
いくためには、自分の内側に感じられる確かな言葉、個別の言
葉、すなわち自分の手に負える言葉にまずは拠り所を見定める
必要がある。それぞれに異なる、それぞれの体験を個別的なも
のとして捉え、たとえそれがいままでの言葉では伝えきれない
としても、泥臭く、自分の言葉をとおしてそれを探っていくこ
との他に為すすべは無いように思います。

とはいえ、「一般的な言葉遣い」はメディアのなかだけにとどまる
ものではない。別の参加者は、そのような「一般的な言葉遣い」が、
被災におけるそれぞれの立ち位置の〈ずれ〉もまた消し去っていく
のではないか、だからこそその〈ずれ〉をなんらかのかたちで肯定
的に据え置いておけるような「それぞれにふさわしい言葉」が必要
なのではないか、と補足する。

　〔一般参加者〕：わたしは仙台で被災し、沿岸地域にいた親戚は
　津波に流され、亡くなりました。メディアのなかだけでなく、

そういった境遇に見舞われた者たちを巷では被災の〈当事者〉や〈被災者〉などと一括りにして語りがちです。わたしは、そもそもこのこと自体に大きな違和感を感じます。なんと言ったらよいのかわかりませんが、同じ災害に苦しめられた〈当事者〉といえども、やはり、それぞれ経験した内容や深刻度も異なっているはずですし、またそれを自分たちのなかでどう捉えるかもそれぞれに異なっているはずです。たとえば、じっさいにご家族を亡くされた方がおられたり、自宅家屋や職場が全壊もしくは半壊した方々、あるいは福島で原発事故による被曝の恐怖のなか、形振り構わず急いで自分の子どもたちを車に乗せて避難されたお母さん方もおられます。当然のことながら、それらのあいだには経験の内容はもちろんのこと、それに対する自分の立ち位置や感じ方にも大きな〈ずれ〉があります。

　〈被災者〉や〈当事者〉という言葉で大きく一括りにされても、あたりまえの話ですがそれぞれが同じ痛みや苦しみを共有しているわけでもないので、そこには微妙な〈ずれ〉があって、自分が被災したからとくにそう思うのかもしれませんが、そういった個々人のあいだの〈ずれ〉、違いも含めて、そのような境遇の人たちをどういった言葉で繊細に言い表していけばよいのか、本当に悩み続けています。ひとりひとりがまったく違う。あるいは、微妙に違う場合もある。本当に、それぞれの方の人生がそれぞれにあって、それをもとに被災という〈出来事〉にも個別性が際立ってくる。だからこそ、それらひとりひとりに見合う、まさにその人にふさわしい言葉を丁寧に探り出し、あてがっていくことが大事なんだと思うのです。おそらく作家の辺見庸さんもそのようなことがおっしゃりたかったのではないでしょうか。これまでの対話のなかで、どなたかが、大きな災害を前にわたしたちは無力であるという発言をされていました

が、その無力であるということに立ち返って、自分たちの生き方というか、考えを持っていくためには、それぞれにふさわしい言葉をもつだけでなく、それをしっかりと育んでいくことが非常に重要だと思うのです。同時に、それがとても難しい作業だとも感じています。

　〈被災者〉や〈当事者〉などといった大きな言葉遣いで一括りにされてしまうと、それぞれが異なった被災の経験や受け取り方をしているにもかかわらずそれがただ一つのあり方へと回収されてしまう。だからこそ、逆に個々人のあいだの〈ずれ〉を繊細に選り分けていくような「個別的な言葉遣い」がそれぞれにあてがわれるのでなければならない。先の発言者も触れていたように、当の作家の辺見庸も、自分自身の「言葉を回復する」という営みがそのまま「個的な実存」、さらには「腑に落ちる内面を拵える」ことにも繋がるのではないかと捉え、以下のように発言している。

　　わたしたちを見捨てた言葉を、われわれはもう一度回復するということが必要である。それは、壊された外部（廃墟）に対する新しい内部を掘り進め、新しい内面を拵える必要があるということである。新しい内部（内面）を穴繰り、掘らなければならない。それはいたずらに空しい物理的な復興だけではないし、どこか空しい集団的な鼓舞を語るのではない。日本人の精神というふうな言葉だけを振り回すのではない。もっとわたくしとして、わたくしという個的な実存、そこに見合う、腑に落ちる内面というものを自分に拵える。それが希望ではないかと思っている。[41]

41）　2011 年 4 月 22 日に NHK 教育テレビで放映された「こころの時代〜宗教・人生〜『瓦礫の中から言葉を　作家・辺見庸』」という番組内での発言。

もちろん、「言葉というものの真のはたらき」が、この「わたくし」の「腑に落ちる内面を自分に拵える」ためだけのものでないことはあらためて言うまでもない。それは、自分の「内面を拵える」と同時に、災後の個々の〈ずれ〉のなかを生きる被災者「ひとりびとり」に対して、あるいは、それぞれの苦しみのなか亡くなっていった死者「ひとりびとり」に対して、それぞれに「ふさわしいことば」を探り出し、それがそれぞれに「あてがわれる」まで格闘し続けようとする強い気概を内側に抱え込むものでもある。すなわちそこには、「ひとりびとり」に対してという、〈個別の他者〉への思いや関心がつねに漲っている。そういった意味からすれば、辺見庸が、震災直後に作製されたドキュメンタリー映像のなかで、早い段階から「言葉は単なる道具ではない。言葉とは人に対する関心の表れだと思う」[42]と発言していたことは極めて注目に値する。第1回目の「てつがくカフェ」では、参加者に以下の辺見庸の詩（新作詩「死者にことばをあてがえ」2011年4月18日脱稿）を配布した。被災地での「てつがくカフェ」は、まさにこの詩のうちに最後の「希望」のように託されている、言葉をとおしてのみ拓かれうる気の遠くなるような「人（もしくは死者）に対する関心」を支えに始まった。

　　死者にことばをあてがえ[43]

　　私の死者ひとりびとりの肺に
　　ことなる　それだけの歌をあてがえ
　　死者の唇ひとつひとつに
　　他とことなる　それだけしかないことばを吸わせよ

---

42)　同上。
43)　辺見庸「死者にことばをあてがえ」『眼の海』、毎日新聞社、2011年（2012年に高見順賞を受賞）。

類化しない　統べない　かれやかのじょだけのことばを
百年かけて
海とその影から掬え
砂いっぱいの死者にどうかことばをあてがえ
水いっぱいの死者はそれまでどうか眠りにおちるな
石いっぱいの死者はそれまでどうか語れ
夜ふけの浜辺にあおむいて
わたしの死者よ
どうかひとりでうたえ
浜菊はまだ咲くな
畔唐菜（アゼトウナ）はまだ悼むな
わたしの死者ひとりびとりの肺に
ことなる　それだけのふさわしいことばが
あてがわれるまで

第2章　〈負い目〉という桎梏

ぼくは、罰を受けたいわけじゃない

　「震災について語ることに〈負い目〉というか、〈罪悪感〉を感じてしまう」。

　発災後はじめて行った第1回目の「てつがくカフェ　震災と文学～『死者にことばをあてがう』ということ」（2011年6月18日開催）では、この回のテーマである「震災と言葉」に関する問題とあわせて、参加者の多くから、思いのほか〈負い目〉や〈罪悪感〉に関する発言が相次いだ。震災を語ること自体に〈負い目〉を感じてしまうという感覚は、もしかすると、今回の震災でじっさいに酷い被害に遭われた方々に比べて、被害の少なかった自分自身がそういった方々を差し置いて震災について云々することに対して抱く〈引け目〉の感情に由来するものなのかもしれない。あるいはそれは、被災地から遠く離れた地域に住む方々が、一方で、今回の震災で困難な生活を強いられている人たちがあるのを知りつつも、なにか直接的な支援ができずに（支援もせずに）、これまでどおりの普通の生活を享受し続けていることに対する〈後ろめたさ〉や〈罪悪感〉に因るものなのかもしれない。

　じっさい、被災地で哲学的な対話の場をひらいてみて一番に驚かされたのは、家屋や家族を喪った被災者の多くが、家族を助けられなかったこと、遺体を見つけたとしても火葬場が機能せず家族をきちんと葬れずにいたこと（やむをえず土葬を行った地域もある）、または自分だけが生き残ってしまったこと、さらには自分よりも被害

の大きい人すべてに対する〈罪悪感〉や〈負い目〉の感情を強く抱き続けている、という事実である。

　このような〈負い目〉の感覚は果たしてどこからくるのか。また、この種の〈負い目〉は震災の当事者も含め、多くの者が感じなければならない類のものなのかどうか。当然のことながら、それらの問いに対する明確な答えなどなく、自分自身で考え、他者との対話をとおして納得のいくように語り直していくほかない。また、それらの〈負い目〉の感覚を「サバイバーズ・ギルト」などといった専門用語に置き換えることで何かをわかったような気分になり、考えることそれ自体を止めてしまうような事態だけは絶対に避けなければならない。しかしながら、そもそもそれは「ギルト（罪）」とは異なる類のものなのではないか。

　「ぼくは、罰を受けたいわけじゃない」。第1回目の「てつがくカフェ」のまさに最後の最後で、ある参加者がこのような発言を突然繰り出し、〈罪〉という言葉そのものへの違和感を、そして、それを〈負い目〉の感覚と丁寧に区別しておく必要があるのではないかと述べられた。

　　〔一般参加者〕：東京から来ました。これまでの対話のなかでぼくがずっと気になっていたのは、〈罪悪感〉という言葉です。これまでの皆さんのご意見をお聞きしながら、ぼくも、〈罪悪感〉というか、そういう言葉で自分のいまの心持ちの不安定さや居心地の悪さを考えていたのですが、考えれば考えるほど、それはちょっと違うんじゃないか、と思いはじめています。簡単に言えば、それは〈罪悪感〉というよりも〈負い目〉というか、ある種の〈疚しさ〉の方が言葉としてしっくりくる。自分には何か決定的に体験していないものがある、何か欠いているものがあるといったいまの自分の気持ちのありように対しては、こ

の〈罪悪感〉という言葉はどうもそぐわないように感じるんです。なんと言ったらよいか、自分のいまの心持ちの不安定さに対して〈罪悪感〉という言葉を使ってしまうと、そこには、何か罰を受けたいというか、罰を受けなければその不安定さは解消できないといった感じがニュアンスとして含まれてくるように思うのです。

　でもぼくは、罰を受けたいわけじゃない。だから、ぼくの場合、これは〈罪悪感〉という言葉ではなく〈負い目〉なのではないかと思うんです。それは、何かを負っている、どこか責任を果たしていないのではないかという気持ちの裏返しなのではないか。そして、さらにそこで、その責任というものがはたして何に対する責任なのかさえ皆目見当もつかなくて苦しい、というところがその根本にあるのではないでしょうか。今日ぼくが思ったのは、責任というのは、もちろん共同体に対する責任というものはあるとは思いますが、個人個人が自分自身に対する責任というものをじつは果たしていないところがあるのではないか、ということです。そして、自分に対する責任とは何かというと、まさにそれが、この現状を自分の言葉で語る、ということだと思うんです。

　ある種の社会的な規範や法とみなされているものに叛き、あえてそこから逸脱するような行為を行うことを仮に罪と呼ぶならば、わたしたちは、確かに何らかの罪を犯したわけではない。さらに、その罪には相応の罰が与えられるべきであるとする想定も当然ありうるが、そもそもその罪を具体的には犯していない以上、それに見合う罰もありえない。そういった意味からすれば、やはり、被災地で開催してきた「てつがくカフェ」でのこの種の発言は、〈罪悪感〉ではなく〈負い目〉に関わる事柄であるように思われる。もちろん、

〈罪悪感〉と〈負い目〉との違いを語源的にも截然と区別することはなかなか困難である。しかしながらここでは、東日本大震災以降、被災地で行ってきた哲学的な対話実践のなかで導き出されたわたしたちなりの両者の区別を大切にしたい。なぜなら、当時、震災に関連した「てつがくカフェ」において参加者が用いる〈負い目〉という言葉遣いには、被災のなかを生き延びた自分自身が、この未曾有の状況を前になにか決定的に責任を果たしていないのではないかといった感覚、さらには自身に課せられている責任がどのようなものであるのかさえまったく見当もつかない状況にいることへの引け目や疚しさといった、当時の、あの場所での独特の〈気分〉が込められているからである。また当時は、震災に対して具体的に義務や責任を果たすべきといった倫理観や、さらにはじっさいになんらかの責任を果たしうる人間こそが人としてのあるべき姿なのだといった妙な理想像が据え付けられ、多くの人たちがその理想像からいま現在の自分のあり方や立ち位置を評価し続けようとする独特の〈息苦しさ〉があったことも忘れるわけにはいかない。これ以降、わたしたちの対話は、〈罪悪感〉と〈負い目〉との違いを繊細に区別しながら進められていくことになる。

　そして、なかでもわたしがとくに気にかけたのは、本章の冒頭で述べた、仙台で震災を経験し、震災の〈当事者〉とも言える者たちにおいてもなお、震災について語ることになにがしかの〈負い目〉を感じてしまうというあの発言である。震災を〈語れる〉ということは、つまるところ生き残って震災を〈語ることができる〉状態に自分自身がいま在るという、極めて複雑な心境へと裏返っていくのかもしれない。わたしたちは、震災後初のカフェで参加者の方々から数多く伝えられたこれらの〈負い目〉の感覚を重視し、第2回「考えるテーブル てつがくカフェ」（2011年8月7日開催）ではそれ自体をテーマ（「震災を語ることへの〈負い目〉？」）に掲げ、哲学的

な対話を進めてゆくことにした。そして、いざ対話を始めてみると、思いもよらないところにまでこの〈負い目〉の病巣は広がり、またさまざまなタイプの苦しみを生じさせていることが明らかになる。

被災した母を腫れ物のように扱う —— 被災の度合いからくる〈負い目〉

「津波で家族を喪い、こうして自分が生き残っていること自体がつらい。これも、〈負い目〉のようなものなのでしょうか」。ある参加者が「てつがくカフェ」終了後にこのように話しかけてこられた。その方は、じっさいの対話のなかでは一言も口を開かれず、終始無言のまま、他の参加者の声にずっと耳を傾けておられた。「自分が生き残っていること自体がつらい」というその言葉の背後には、大事な人を亡くしたという悔しさよりも、どことなしか、家族ではなくこのわたしが生き残ってしまったことへの戸惑いの感情が読み取れた。より厳密に言うならば、その方の話される声の調子には、他でもないこのわたしが生き延びたという事実を正当化してくれるような根拠を、これまで自分自身のうちで何度も問い直し続けてこられたことを存分に感じさせる、えも言われぬ疲労感が漂っていた。

「わたしたちは生き残った。生き残ってしまった。(大津波という)あの光景にあっては、生きていること自体が偶然であって、むしろ死することが当然、普遍なんだ」[1]。前章でも触れた作家の辺見庸は、震災後に放映された NHK の某番組の中でこのような趣旨の発言をしていた。「死することが当然」もしくは「普遍」といった大災害時下の「パラドキシカル」な状況のなかにあって、まさにこのわたし

---

1)　NHK 教育テレビ「こころの時代『瓦礫のなかから言葉をひろって 〜作家・辺見庸〜』(2011 年 4 月 21 日放映)。

が生き延びたことを正当化してくれるような根拠を探し求めること
など到底不可能な話である。また、おそらくこれはわたしの深読み
なのかもしれないが、もしかしたらこの方の発言のさらに奥には、
自分が、何か自分よりももっと生きるに値する者に取って代わって
生き続けることへの後ろめたさのようなものが疼いているように感
じられた。

　じっさい、わたしはこれに似た発言を、震災後の 2011 年 5 月 21
日に、福島で開催された「てつがくカフェ」(テーマは「いま、ふく
しまで〈哲学する〉とは？」)2) のなかで耳にしたことがある。

　「すごい能力を持っていたにも拘わらず亡くなった人もいる。その
中でこうして生き残り、生き残った自分が何をすればよいのか、わ
からない」。ある若い参加者が、対話の冒頭でこのような戸惑いの声
をあげた。その発言に対し、沿岸部と内陸部とのあいだで被害状況
に大きな差が生じた福島県の相馬市から参加した男性がつぎのよう
に応える。「なぜ私たちが生き残ったのか。生き残った人に『なぜ選
ばれたと思うか』と尋ねても、結論は出ない。それは、わたしたち
が個々に考えてゆく他ない」。

　発災から 2 ヶ月後という混沌とした状況のなかで行われた福島で
の哲学対話では、あまりに状況が錯綜していたためであろうか、あ
るいは、その現場からあまりに近すぎたからであろうか、逆に、震
災による福島第一原発放射能漏洩事故に関する発言がほとんど出て
こなかったこともとても印象に残っている。その回の福島での哲学
対話は、「なぜあの人が生き残って、私が死んでしまったのか」と
いった上記の発言に導かれるように、「生き残ったにも拘らずなんら

2)　2011 年 5 月 21 日に福島駅近くの多目的スペースにて開催。テーマは「いま、ふ
くしまで〈哲学する〉とは？」。当時の様子は、朝日新聞デジタル「震災語る哲学
カフェ　対話を重ね考え続ける場」(2011 年 6 月 11 日)にて確認することができ
る。http://www.asahi.com/special/10005/TKY201105310345.html

具体的な行動や活動もせず、こうして哲学をしていること自体への
負い目」や、逆に、「具体的な支援や生活の必需を満たすだけでは本
当には救われないのではないか」といった戸惑いの声、さらには、
「何かをしなければならないと社会から駆り立てられているかのよう
な現在の状況に多くの人は傷ついているのではないか」などといっ
た発言が徐々に付け加えられていった。

　ただ、「自分が生き残っていること自体がつらい」といったこの種
の〈負い目〉は、多くの場合、公の場で行われる哲学対話とは別の
ところで、ひっそりと、ある特定の誰かに向けて個人的に告げられ
てきたのではないかと感じている。そもそも、「自分が生き残ったこ
とがつらい」などと発せざるを得なくなるまでの過酷な人生を余儀
なくされる人間が、この世の中にどれだけいるというのか。それは
あまりにもつらく、それどころか、そういった感覚はまわりにいる
者に対して予期せぬほどの強烈な当事者性を放ってしまうがゆえに、
見知らぬ不特定の他者に幅広く投げかけられる言葉とは決定的に異
なる類のものとなることは間違いない。このような酷烈な言葉を投
げかけるには、あらかじめ受け取り手側の心の強さも十分に織り込
み済みでなければ許されないようにさえ思われる。そういった受け
手への余計な配慮が、このような〈負い目〉をずっと抱えてきた方々
に、公の哲学対話の場で発言することを躊躇させてきたのではない
だろうか。さらにそこには、じっさいに津波で家族を喪い、「自分
（だけ）が生き残った」という過酷な現実を生きることを余儀なくさ
せられた被災の〈当事者〉である自分が、このような〈負い目〉を
不特定の他者に向けて公言することで、逆に、震災の当事者と非当
事者との隔たりをいっそう際立たせ、震災について誰もが自分なり
の思いや考えを述べることを一気に押し黙らせてしまうのではない
かといった配慮すら窺える。そして、これらの躊躇や配慮の背後に
は、つねに、被災の直接的な経験を基点としてその当事者性の強度

や〈負い目〉の度合いを測ることができるといった、一見もっともらしい尺度が前提とされていることには注意が必要である。

　自分自身のいのちを落とす、家屋の倒壊や愛する家族を喪う。このような極めて直接的な被災に遭遇した者をまさにその当事者性の基点として据え付け、そこからグラデーション的にその当事者性の度合いを測ることができるとするこの種の発想は、極めてわかりやすい。またその被災の度合いから〈負い目〉の在りようや強度も同時に見定めることができる、とする展開もいっそう受け容れやすいのではないか。ただ、その受け容れやすさとは裏腹に、当事者性を尺度の基準に据えようとするこの発想には、意外な落とし穴が潜んでいることも事実である。というのも、そもそもこの〈当事者〉とはいったい誰／何のことを指すのか、またこの言葉に込められている意味内容を見定め、共有することなど到底不可能なことなのではないか。第2回目の「てつがくカフェ」での対話を推し進めてゆくにつれて、この当事者性の問題が対話の流れ全体に大きな障りを入れ始める。なぜなら、当事者性は単にその被害の有無や強度、直接性、さらには被災地からの近さや遠さといった観点からだけでは到底捉えきることができないようなものだからである。

　さらに、当事者性を基点として被災の度合いや〈負い目〉の強さを測ろうとするこの考え方は、その一方で、先ほどの「自分（だけ）が生き残ってつらい」といった当事者性の強い〈負い目〉とは真逆の、すなわち、まさに直接的な被害に翻弄されることを余儀なくされた被災者を気遣うどころか、逆に、その当事者性を放つ被災者との隔たりを強く感じ取り、挙げ句の果てにはその存在自体を疎ましく感じて突き放してしまう、直接的な被災を被らなかった非当事者特有の感覚を準備することになる。じっさい、第2回目の「てつがくカフェ」は、「自分の家族の中で唯一母だけが津波の被害に遭い、とても気まずい。まわりの家族が、直接被災した母親を腫れ物のよ

うに扱ってしまう」という、仙台市の 20 代女性（被災当時は学生）
によるこのような発言から始まっている。その発言には、上記にあ
げた、非当事者が直接的な被害を被った〈当事者〉に対して抱く、
あの独特の〈負い目〉のようなものが読み取れる。

〔一般参加者〕：仙台在住の者ですが、3 月 11 日の発災当日は、
わたしはまだ学生で、東京の方にいました。うちは 4 人家族な
のですが、地震が発生したとき、じっさいに仙台の家にいて酷
い目に遭ったのは母親だけでした。そして、その震災から 3 ヶ
月が経ったいま、その母だけに酷い目に遭わせてしまったとい
うか、母だけが酷い目に遭ったという事実がどうも家族のなか
で妙な隔たりを生んでいて、最初のうちは、母だけにつらい思
いをさせてしまったことへの後ろめたさや後悔の念だけが自分
のなかにあったのですが、こうして日が経つにつれて、自分の
仕事や生活、そして家族それぞれが人生の立て直しを始めたと
ころにきて、本当に言葉が悪くて自分でも情けなくもなるので
すが、母だけが、自分だけが酷い目に遭ったということを、す
なわちその〈当事者〉であるということをまわりの家族に対し
て振りかざしているかのように感じてしまって、正直、少し疎
ましく感じてしまうようなところがあります。そして、わたし
自身のなかで、それがだんだんと〈負い目〉のようになってな
かなか自分では解消できないというか、手に負えなくなってし
まって、今回、このような対話の場に参加させていただきまし
た。たしかに、頭では母が直接的につらい経験をした〈当事者〉
だということはわかってはいます。ですが、それをある一定の
期間を越えて誇示し続けるとなると、もちろん母自身にはそん
なつもりは毛頭ないのでしょうが、なぜだかそれが周りの人間
に対して別の意味を放つ厄介な代物になって覆い被さってきて、

なんだか毎日裁かれているような気がして。変な話、ここのところ、わたしだけじゃなく、まわりの家族も、直接被災した母親を腫れ物のように扱ってしまう。なんだか母親の経験したことや母親の存在自体を疎ましく感じてしまう自分がいて、そう感じてしまう自分に対する苛立ちなのでしょうか、この〈負い目〉って。

　ここには、〈負い目〉と時間との密接な関係が見てとれる。〈負い目〉が時間の経過とともにその面構えを変化させ、さらにたちの悪いものとなってわたしたちの生活の細部へと侵漸する。それは、時間の経過のなかで、また当事者性の強弱からだけで被災の状況を推し測ろうとする偏狭な尺度とも相まって、被災地に限らずさまざまの地域や問題関心のうちにいっそう複雑な立ち位置や微妙な心持ちの変化を生じさせ、なんとも言えない〈負い目〉の感情へとわたしたちを繋いでゆく。対話をとおして〈負い目〉の根っこを手繰り寄せようとすればするほど、当事者性という発想が思いのほか厄介なものであることが浮き彫りになる。

中途半端な被災者？

　直接的な被災の有無やその状況からだけで当事者性の強度を測ろうとすれば、当然のことながら当事者と非当事者との狭間で、どちらに振り切れることも許されずに自らの立ち位置を寄る辺なく漂わせ続ける、いわゆる「中途半端な被災者（当事者）」という存在が立ち上がってくる。強くもなく、弱くもない、近くもないが、遠くもない、まさに「中途半端」で、不安定な存在。「震災を語ることへの〈負い目〉」をテーマに掲げた第２回目の「てつがくカフェ」で

は、さらに、この被災の「中途半端さ」に由来した〈負い目〉に関する発言が多くの参加者からあった。

　このような事態の背景には、哲学対話の会場となった「せんだいメディアテーク」自体が、津波被害の大きかった沿岸地域にではなく、仙台市の中心部（内陸部）にあったということも少なからず影響しているのかもしれない[3]。つまり、津波の被害を直接的に受けたわけではない場所へと赴き、震災について何がしか自分の思いを語るという行為は、すでに触れたように、この甚大な被害のなかを生き延び、じっさいに大きな被害を被った方々を横目に見ながら、こうして震災についてあらためて語ることができる状況にいま自分は在るという、きわめて複雑な心境へと裏返る。そして、まさにこの心境こそが、自分は、沿岸部で津波被害に遭った人たちに比べて本当は〈被災者〉とは呼べない存在なのではないのか、〈被災者〉に値する存在ではないのではないか、といった極めて厄介な〈負い目〉

3）「考えるテーブル　てつがくカフェ」の会場のある「せんだいメディアテーク」は、仙台市の沿岸地域から15kmほど内陸に入った青葉区春日町にある。東日本大震災における仙台市内の主な被害状況を見てみると、やはりメディアテークなどのある内陸部に比べて沿岸地域が、とくに仙台平野にある若林区の荒浜や宮城野区の南蒲生地区などが甚大な津波被害を受けたことがわかる。ちなみに、仙台市の津波浸水面積は全市のうち52km²にわたるとされ、そのうちのほぼ半分を荒浜などのある若林区が占めている（仙台市全体の面積は786.30km²）。若林区では、住宅地・市街地面積のほぼ14％にあたる29km²が浸水被害に見舞われた。そのほか、宮城野区が20km²（住宅地・市街地面積の17％）、若林区の西隣に面する太白区でも3km²（住宅地・市街地面積の1％）が浸水したと言われている（「河北新報」調べ）。これは、津波が名取川をたどって遡上し、内陸の太白区にまで浸水してきたことに因る。そういった意味からすれば、「せんだいメディアテーク」自体も、地理的な観点からだけでみると「中途半端」なところにあったと言うこともできる。もちろん、それは地理的な面では「中途半端」であっても、じっさいには内陸部でも大きな震災被害があったことはあらためて言うまでもない。たとえば、震災前に「てつがくカフェ」の会場として使用していた「せんだいメディアテーク」の7階スタジオのエリアでは天井が落下し、1ヶ月以上にわたって使用できない状況となった。ちなみに、メディアテーク自体の被災状況の詳細については、せんだいメディアテーク「3月11日をわすれないためにセンター」の以下のサイトで確認することができる。https://recorder311.smt.jp/blog/35819/

の感覚を新たに招き入れる。当日の「てつがくカフェ」でも、対話の参加者からつぎのような発言があった。

〔一般参加者〕：わたしは、仙台市内から来ました。やはり、内陸部と沿岸部とでは被害の差があまりにも大き過ぎて、その被害の程度の差に気を取られ、いまは本当にいろいろと語り難い状況というか、目の前の震災について何かを語るということ自体に相当の〈負い目〉のようなものがあるのではないかと感じています。わたしの友人や親戚はみな内陸部に住んでいて、幸い、じっさいに津波の被害に遭ったという人はいなかったのですが、わたしの職場の同僚のひとりに、親戚が沿岸に住んでいたため津波に流されて亡くなったという方がおられました。震災の被害を語るにしても、こちら側の内陸部の方はガスなどのライフラインが一時止まっただけでしたが、津波の被害に遭った沿岸地域の方々は家も家族も親戚も亡くされており、その被害の差が余りにも膨大すぎて語るに語れない状況にある。そもそも精神的にも震災について語れるような状況にはおられないのではないでしょうか。そして、そういった人たちを差し置いて、比較的被災の度合いが軽かった内陸部の者たちが震災について何かを語るのには相当な〈負い目〉の感情が付きまとうものです。それは、はたして自分のことを「被災者」と言ってもよいものなのかどうかといった、根本的な自分自身の立ち位置に関わる〈負い目〉だと思っています。

　震災に関する「てつがくカフェ」を開始して最初の２年程度までは、このような得体の知れない気分に会場全体が覆われていたような気がする。そういった気分も影響してか、具体的な対話のなかでも、多くの場面で、自身のことを「中途半端」もしくは「プチ被災

者」などと称して、現実に過酷な被害を受けた被災当事者との微妙
な距離感や度合いの差を感じさせる言葉を無意識に選び出す参加者
が多かった。これらの「中途半端」や「プチ」という〈程度〉に関
わる言葉遣いには、まさにその微妙な度合いの差から生じてくる〈負
い目〉を自分なりに表現し、なんとか自身の置かれている「中途半
端さ」や不安定さから逃れ出たいといった強い思いが込められてい
たようにさえ思われる。裏を返せば、そこには、自分が被災者なの
か被災者ではないのか、支援される側の人なのか支援する側の人な
のか、さらには当事者なのか非当事者なのかといった、自身のいま
の立ち位置を両極端のいずれかの極へと振り切れるかたちでしか理
解することのできないわたしたちの思考の癖のようなものが垣間見
える。このような思考は、他者や出来事全体の理解においても同様
である。

　わたしたちは、思いのほか、「中途半端さ」や「曖昧さ」のなか
を、まさにそのままの状態で過ごすだけの逞しさを持ち合わせては
いない。自分のいまの立ち位置を確認するために、また他者に自身
の状況をわかってもらうために、わたしたちは、可能な限りその両
極端のいずれかの立場を「演じる」、もしくはその極のいずれかに属
するよう自分自身に、また場合によっては他者に強いてしまうよう
なところがある。こういった構えは、じっさいの参加者どうしの対
話のなかでも、どちらかいずれかの「輪に入る（いずれかの極に振
り切れるという意味）」という独特の表現を用いて何度も確認され続
けることになる。そして、ある参加者は、さらにそれが「いずれか
の輪に入らなければならない（属さなければならない）、もしくは入
るべきである（属するべきである）」といった妙な義務感や、後に触
れることになる「同調圧力」を生むことへと繋がり、震災以降のわ
たしたちの生活をいっそう凝り固まったものへと縛り上げ始めてい
るのではないか、とその息苦しさを吐露している。

〔一般参加者〕：わたしも被災者としては程度の軽い方だと思います。なんと言ったらよいのか、「中途半端な被災者」と言ったらおかしいですが、じっさいには、当然のことながら軽傷の被災者とか、ほとんど被災していない被災者だってあり得ると思います。でも、本当に面倒なことに、被災地外の方々からしてみれば仕方のないことだとは思うのですが、震災の折に被災地に居たという事実だけですべて一緒くたにされて、過剰に「被災者」として扱われ、わたし自身のような「中途半端な被災者」も、あまりに外から「被災者」と一括りにされてしまうので、なぜかその「被災者」といった〈輪〉の中に入らなければならないというか、変な話、その期待に応えなければならないといった妙な義務感が無意識に働いてしまって、結構煩わしくもありました。喩えとしておかしいのかもしれませんが、そこでは、みんなが「被災者」という立ち位置を演じて、「被災者」を支援したいと強く感じておられる被災地外の人たちからの期待に逆に応えようとしているかのような感じさえありました。そういった「被災者」を〈演じる〉という自分の偽りの在り方と、じっさいの被災地での「中途半端」な自分自身が置かれている現状とのあいだには大きな齟齬があり、そこには妙な〈負い目〉といったものが生まれてくる素地のようなものがあると感じています。被災地で生活していると、むしろ、いっそのこと「被災者」という立ち位置の方に振り切れたほうが、すなわち支援を受ける「被災者」という〈輪〉に入り込んだ方が対外的には過ごしやすい。しかし、それが内部に向けてとなると、その〈輪〉のなかに入ることを自分自身で素直に許すことができず、恐ろしいほどの〈負い目〉に苦しめられてしまう。なかなか、つらい状況に置かれています。

　しかし、残念ながら「中途半端な被災者」のつらさはこれに留まらない。なぜなら、いったん「被災者」という役割を演じ、「被災者」という〈輪〉のなかに自身の立ち位置を置こうものなら、その〈輪〉から出ようと思っても、なかなかその「被災者」、もしくは震災の「当事者」から降りることができなくなる、という新たな息苦しさを呼び込むからである。まさにこのことについて、東松島から来たという参加者のつぎのような発言が強く記憶に残っている。

　〔一般参加者〕：当事者性の度合いから生じてくるその〈負い目〉の感覚は、一概に被災度の強さ／弱さに関連しているとは言えないのかもしれません。わたしは東松島出身で、自宅は津波によって全壊しました。避難所での先の見えない長い生活のなかで、自分さえよければよいといったさまざまなエゴイズムにも出逢ってきました。しかし、これまでたくさんの方々から有難いご支援を頂き、ゆっくりとですが精神的にも経済的にも立ち直り、こうして仙台に来て皆さんと震災について対話を交わすことができるまでになりました。わたし自身は「もはや被災者ではない」といった感じでいるのですが、被災地以外の人からするとそうは見えていないようです。惜しみなく支援の手を差し伸べてくださるのはそれ自体とてもうれしいことであえて否定するつもりもないのですが、その背後で、どこまでもわたしたちを〈被災者〉として扱っておられる、どこまでもわたしたちを〈被災者〉として扱い続けたいといった妙な思いを感じたりして、少し複雑でした。避難所ではそういった感じを強く受けていたので、これもとても変な話ですが、「わたしにはもう支援は必要ありません、わたしは充分に頂いたので、どうぞ他の人に分けてください」とはなかなか言い出せなかった。被災地以外の方々の「支援したい」という思いが強すぎて、逆に、そ

の思いに応えるために自分が被災者であり続けなければならない、震災の〈当事者〉といった位置づけから降りられないという逆説的な状況が生まれて、そこに、言いようのない〈負い目〉のようなものを感じていました。このまま自分は〈被災者〉であり続けてよいものなのかどうかって。そういった意味からすれば、震災の〈当事者〉であるかどうかは津波で家が流されたりとか家族を亡くしたりとかいった、いわゆる被災状況の酷さ／軽さにはあまり関係がなくって、むしろ外部の人の思いや考えによって仕立てあげられていくもののような気がします。

　被災地以外の人々の「支援したい」という強い思いに応えるため、自分が、〈被災者〉もしくは震災の〈当事者〉から降りられないという逆説的な状況。そして、そこからくる〈負い目〉。この女性の発言は、いったん引き受けた〈被災者〉という役割が、単に自分の一方的な思いや心持ちからだけで簡単に断ち切られうるものではないということを的確に言い当てている[4]。これもまた、遠巻きに見れば、自分が被災者なのか被災者ではないのか、支援される側なのか支援する側なのか、さらには当事者なのか非当事者なのかといった、自身のいまの立ち位置を両極端のいずれかの極へと振り分けるかたちでしか理解することができないわたしたちの思考の癖に由来する厄

---

4)　確かに、震災の〈当事者〉であり続けるのか、またはそこから降りるかは、単なる自分自身の心持ち一つでどうにかなるものではない。しかしながら、その一方で、どこかで自分なりに踏ん切りをつけたくなる（そこから降りたくなる）気持ちもわからなくはない。個人的な経験から言うと、わたし自身は、いまも明確に憶えているが、発災直後から津波による冠水の影響でガスの供給を停止していた仙台市ガス局が、わたしの住んでいる地域にガスの供給を開始した4月11日に1ヶ月ぶりに風呂に入り、ライフラインがすべて復旧したことを受け、臨床哲学研究室のメーリングリスト上に、ずっと心配し続けてくれていた知人に向けて、「今日をもってぼくは被災者ではありません」という妙な宣言を盛り込んだメールをわざわざ送信してもいる。これについては、本書の第4章「なぜ逃げなかったのか——震災の〈当事者〉をめぐって」のなかで紹介している。

介さと言える。

このような、震災の〈当事者〉、〈被災者〉から降りられないといった被災者個々人が抱く微妙な戸惑いや被災者間の「小さな差異」は、一見、問うに値しないナンセンスなもののようにも見受けられ、震災以降どのメディアや思想家たちも積極的に耳を傾けてはこなかった[5]。

しかしながら、第 1 章でも述べたように、「てつがくカフェ」はむしろこのような個々人の迷いや「小さな差異」を大切にしてきた。それらを極めて重要なものとして丁寧に聴き入れ、そこから導き出されてくる共通のテーマを見定め、それに粘り強く応え続けようとする場であることを目指してきた。事実、わたしたちは、この回で確認された震災の〈当事者〉に関する独特の戸惑いについても、第 4 回「考えるテーブル てつがくカフェ」（2011 年 10 月 23 日開催）において改めてテーマ（「震災の〈当事者〉とは誰か？」）として設定し、〈負い目〉の問題とも接続させながらじっくりと向き合う時間を設けた。その際の対話の内容については、本書第 4 章「なぜ逃げなかったのか —— 震災の〈当事者〉をめぐって」で触れる。

「同調」という圧力 —— あなたは、〈負い目〉を感じないのか

すでに述べたように、わたしたちは、思いのほか「中途半端さ」や「曖昧さ」のなかを生きるだけの逞しさを備えてはいない。自分

---

5) それどころか、発災から数ヶ月経つ頃から、「反原発」、「脱原発」、「親原発」などといった明確な立ち位置に力点を置いてから震災を問うような、党派的なアプローチが勢いを増しつつあった。〈賛成〉や〈反対〉といった二項対立的で硬直化した大きな問いかけ（切り口）は、それこそ事態への硬直化した答えや構えしか生み出さないのではないか。あらためていうまでもなくそのような「党派的な討論が虚しいのは、各個人がもつ微妙な襞を削りとってしまうから」に他ならない。

のいまの立ち位置を確認するために、また他者に自身の置かれている状況を理解してもらうために、わたしたちは可能な限りその両極のいずれかの立場を「演じる」、もしくはその「輪に入る」よう志向する。しかし、このような「何らかの輪に入らなければならない（属さなければならない）、もしくは入るべきである（属するべきである）」といった独特の感覚は、震災後、被災地内外を問わず、またさまざまな場面において「同調圧力」としてわたしたちの生活をくまなく覆い続けた。そして、挙げ句の果てにはその調子に与しないものを一気に裁くといった、なかば偏執狂的な〈視線〉へと巧みにその性格を変化させてゆく。たとえば、その〈視線〉は「自粛」といった姿で顕れてきた。東京からボランティアで被災地に入ったある参加者が、この「同調圧力」にまつわる〈負い目〉の存在について、発災直後から国内を覆っていた「自粛」という気運を切り口に、つぎのように発言している。

　〔一般参加者〕：わたしはもともと熊本の出身で、いまは東京に住んでいます。今回、被災地が東京から近いということで東北のほうにボランティアで来たのですが、熊本にいるときには、阪神淡路大震災や新潟中越地震などがあっても、当時まだ自分が中学生で、また距離的な問題もあってなかなか被災地にボランティアに行くことができずにいました。ですが、今回、やっと被災地に来ることができて、おかしな言い方ですが、少し、胸の痞えがとれた気がしています。そして、ボランティアを終えて熊本の実家に戻り、被災地の状況やそこでの活動などについて父親と話をしていると、やはり、どうしても残念なというか、すごく被災地からの距離感、温度差があるんだなって、あらためて気づかされました。発災後しばらく、メディアでは被災地の状況を克明に伝えるニュースばかりが流されていました

よね。父は、震災の情報ではなく、いい加減ほかのテレビ番組が観たいなどと言っていました。その頃、熊本は桜の時期だったので、「春のくまもとお城祭り」[6] などの市主催のイベントがいくつか予定されてはいたのですが、多くのものが「自粛」というかたちをとって中止を余儀なくされてしまって、わたし自身もそのことには少し違和感を感じてはいたのですが、もちろんこのような状況のなかでお祭りやお祝などをやっている場合ではない、むしろ不謹慎だと思う反面、別に、熊本でお祭りをやるくらいよいのではないか、とも思っていました。むしろ、義援金などを集めるぐらいの勢いでもいいから、変に「自粛」などせずにやってもらったほうがよい。だから、まずわたしが言いたいのは、そういったことからもわかるように、家屋が津波によって流されるなど直接的な被害を経験していなくとも、日本全国の多くの人たちがそれぞれに心を痛め、苦しみ、生活の変化を余儀なくされ、さらには自分自身の震災への関わり方を各々のうちで根本的に問い直すように試されていたのではないかとも思うので、そういった人も、ある意味においては〈被災者〉と呼んでもよいのではないかとさえ思うのです。ですから、先ほどから問題になっている当事者性を基準にした尺度、つまり直接的な被災に遭遇した者をまさにその当事者性の基点として据え付け、そこからグラデーション的にその被災の度合いを測ることができるとする発想からでは、やはり〈被災者〉やそれに関わる〈負い目〉の根っこを捉え切れないように感じ

---

6)　熊本の「くまもとお城まつり」は特別史跡熊本城跡で春と秋に継続して開催しているイベント。東日本大震災のあった 2011 年には 3 月 27 日まで開催が予定されていたが、このような大規模災害下のなかでお祭りなど「不謹慎」ということで、自粛された。くまもとお城祭り HP（https://kumamoto-guide.jp/oshiromatsuri/）より。そして熊本もまた、2016 年 4 月に発生した熊本地震において、熊本城自体が大きな被害を受けることになる。

るのです。もちろん、このような考えは、そもそも〈被災者〉もしくは震災の〈当事者〉とは誰のことをさすのかといった新たな、また根本的な問題にも繋がるものと言えるのではないでしょうか。

　さらに言い添えておきたいのは、わたしたちの思考の癖、つまり、可能な限りその両極のいずれかの立場を「演じる」、もしくはその「輪」のいずれかに振り分けるかたちで目の前の状況を把握しようとするこの偏りは、結局のところ、あなたは自粛するのかしないのか、被災者に同情するのかしないのかなどといった二項対立的な思考枠組みによって震災以降の人々の関わり方を篩に掛け、自粛や同情の構えを見せないものたちをさらに不謹慎だと見なして一気に裁きはじめる。それが自分のなかで自然に感じられているのならまだしも、そのような感覚がまだしっかりと自分のなかに落とし込めていない、または納得できていない状況において、外部から、しかも目には見えないかたちで強制的に迫られてくるとなると相当につらい。すなわち、「あなたは〈負い目〉を感じないのか」といった訊問ともとれそうな言葉遣いとともに、なんだか、さらなる人間性の吟味が始まっているようにさえ思うのです。先ほど、自分はまったく〈負い目〉を感じませんでしたという方がおられましたけれど、そういった人がなんだか悪い人間として捉えられてしまうような窮屈な雰囲気、「同調の圧力」といったようなものが間違いなく渦巻いているような気がします。その圧力に抗い、その「輪」の存在を無視するように振る舞うことは許されない。そして、仮にそこからあぶれようものなら、その「輪」のなかにいる者たちからの非難の視線に晒され、まさに咎められているかのような窮屈さも感じて、最終的には相当の〈負い目〉の感情に苛まれることにも繋がるのではないでしょうか。

　「これほどまでの未曾有の災害が起こったのだから、皆が同じ気持ちになり、被災地や被災者の苦しみに同調するのは当然である」。確かにこの時期、このような苦しみへの同調の「輪」のようなものが日本全体を覆っていたように記憶している。事実、日本各地では、開催予定であった多くの催事やイベントの「自粛」が相次ぐ。たとえば、プロ野球（日本野球機構）はオープン戦の 35 試合を中止し、セ・パ両リーグの開幕を 3 月 25 日から 4 月 12 日へと遅らせた[7]。サッカー J リーグも、震災翌日に予定されていた第 2 節から第 6 節までを中止し、第 7 節（4 月 23 日、24 日）からリーグ戦を再開している（中止分は 7 月に順延）。そのほか日本女子サッカーリーグ（なでしこリーグ）、日本プロバスケットリーグ（bj リーグ）、バレーボールのプレミアリーグ（V リーグ）なども長期にわたり「自粛」を決定する。またこの頃（4 月）は花見の時期を迎えつつあったということもあり、そのようなイベントを開催すること自体不謹慎なのではないのか、などの暗黙の圧力が人々の気持ちを一気に萎えさせ、自粛ムード一色へと囲い込む。ちなみに、このような過度の「自粛ムード」は、逆に国内全体の経済活動を停滞させ、ひいては被災地の産業などの復興も遅らせてしまうことになるとして、岩手県二戸市の酒造会社「南部美人」など 3 社が、動画投稿サイトの YouTube を使って、「被災地岩手から『お花見』のお願い」というタイトルの動画を配信し、東北の地酒を PR してもいる。[8]

　「自粛」という雰囲気に覆われたのはスポーツ界や催事のみではない。「異例の自粛ムード」は政治の世界にも暗い影を落とす。たとえ

---

7)　ちなみに、河北新報社によれば、このとき「セ・リーグは予定通りの開幕にこだわったが、電力不足に伴うナイター自粛要請などを受け、パと歩調を合わせた。節電策として東京・東北電力管内の 4 月中のナイター試合を自粛したほか、3 時間半を超えて新しい延長回に入らない特別ルールを制定」している。『東日本大震災全記録―被災地からの報告―』、河北新報社、2011 年、218 頁参照。

8)　朝日新聞、夕刊、2011 年 4 月 6 日。

ば、実施が目前に迫っていた第17回統一地方選（3月24日に12都道県知事選が告示され、投開票日は4月10日）では、投開票所として使用予定であった公共施設等が避難所として使用されていたことなどを理由に一部地域（福島、宮城、岩手など）で延期が決定されただけでなく[9]、この「異例の自粛ムード」で、告示日に党首級の議員が街頭で行う恒例の「第一声」も次々に取りやめられる。じっさい、当時政権を担っていた民主党は、震災対応に専念するために閣僚の選挙応援を見送る方針を打ち出し、自民党の谷垣禎一総裁（当時）も「第一声」を自粛、その代わりに党本部にて記者会見のみを開くにとどめている[10]。このような反応の背景には、当然のことながら、地震と津波の影響で発電所などの電力設備が被害を受けたことによる電力不足という直接的要因があったことは言うまでもないが、それ以上に、被災地の過酷な現状を前に選挙活動などをやっている場合ではないといった被災地の苦しみへの「同調」が働いていたことはあらためて言うまでもない。上記の発言に対して、別の参加者が「共感の輪」という切り口をもとに、つぎのように応えている。

　〔一般参加者〕：わたしは仙台在住ですが、これまでの皆さんのいろいろな意見に対して思ったのは、"日本"や"東北地方"という地理的な視点からだけの括りでその「輪」に入らなければいけないといった押し付けもあるような気がしています。なん

---

9)　この年の第17回統一地方選の当初の予定は、13都道県知事選にくわえ、44道府県議選、5政令市長選、16政令市議選が「前半戦」として4月10日投票、政令市以外の104市区長選、328市議選、133町村長選、400町村議選が「後半戦」として4月24日に投票されるはずであった。また、投開票所として使用予定であった公共施設等が避難所として使用されていた岩手県、宮城県、福島県では、行政が災害対応を優先する必要から、国が定めた特例法により最長6ヶ月選挙を延長させた（『東日本大震災全記録―被災地からの報告―』、河北新報社、2011年、219頁参照）。

10)　朝日新聞、夕刊、2011年3月24日。

というか、「東北がんばれ、日本がんばれ」といった感じで一括りにされてしまうといったつらさでしょうか。さまざまな括りがあるとは思うのですが、ただ日本にいるというだけで、あるいは東北という一地域にいるだけで、じっさいの震災被害の有無や程度の差、震災への自分の心持ちの度合いにはいっさい係わりなく、さらには共感する／されるいずれの立場においても、その共感の「輪」のなかに加わらなければならないといった閉塞感、もしくは窮屈さを感じています。先ほどの熊本のかたの発言もそうだと思うのですが、住んでいる地域によって被災地（者）に対して抱く想いにはそれぞれに〈距離〉というか〈強度〉に差があるのではないかと思います。ただ、今回の震災のような未曾有の災害の場合には、そういった距離感が個々人の感覚のうちで自由に判断もしくは決定することが許されず、〈同調〉という妙な空気感からだけで、なかば強制的にその「輪」のうちに入ることを義務付けられてしまっていることが問題だと思います。

　さらに、このことについてはいろいろと注意しなければならないところがある。今回の東北のような大きい地震が起こったとき、そこに、突如として「日本という枠組み」がわたしたちに覆い被さってきて、あなたはその「輪」のなかに入るのか入らないのか、共感するのかしないのかとすべての人を試しはじめる。それだけならまだしも、それがそのままあなたは支援ができるのかできないのかなどといった過酷な問いかけへとその意味を換え、わたしたちをいっそう苛むことになる。このあたりのことについては、すごく注視しておいたほうがよいのではないでしょうか。

　またその際、被害の重い軽いといった基準からだけでなく、自分自身を「輪」のなかの中心に据えるのか、またその端の方

に据えるのかで震災に関する関わり方も、あるいは被災地（者）に対する発言の幅にも、そしてそれを語ることへの〈負い目〉の強度にも相当の違いが生じてくる。まさにその「輪」のど真ん中に居る人、すなわち甚大な被害を直接的に受けた人にしか語れないことってやはりあると思うし、だからと言ってど真ん中に居すぎるからこそ語れないということもあると思う。やはり、そこで問題なのは、わたしたちがこれまで対話してきたこの「輪」の存在をどう捉えるか、また自分のなかでそれとの距離感をどう取ってゆくのかといったところに深く関わってくるような気がします。

　またある参加者は、このような「同調の輪」は、とくに「社会の約束事や価値観が綻ぶ」有事の際により強固なかたちで立ち上がってくるものなのではないかとして、自身の置かれている状況を踏まえながら、独自の考えを述べられた。

　〔一般参加者〕：せっかくの対話の流れを散らかしてしまうことを承知の上であえて発言させて頂きますが、わたしはこれまで、自分自身のことをいわゆる「マイノリティ」だと自認して過ごしてきました。その、ある一定の「輪」のなかに入らなくてはならないという義務感や圧力というものは、震災以前以後に関わらず、わたしに言わせれば目につきにくいもののこれまでも確固とした存在として、日々、痛いほど肌身に感じて生きてきました。それは、なんというかある種の道徳観と言えばよいのか規範と言えばよいのか、そういったものが〈場の空気〉みたいなものとしてわたしたちを常に取り巻いているのだと思います。そして、それがなぜ震災の後にいっそう目に見えるようになってきたのかというと、わたしの考えでは、たとえば有事

の際にはいろいろな社会の約束事や価値観、規範が綻んでしまいますよね、だからそれを取り繕うためにもそういった〈場の空気〉がより強くもたらされることになるのではないでしょうか。強い危機感に晒されることで、わたしたちはその危うさを急場凌ぎにでも早急に取り繕い、乗り越えてゆくために、さらに強固な連帯意識をもたなければならないという無言の〈圧力〉をとおして、これまで以上に「輪」の輪郭を強固にしようとするのではないかと個人的には考えています。

役に立つか、立たないか ── 能力主義的な基準

　自分だけが生き残ったことへの〈後ろめたさ〉。被災の「中途半端さ」に由来する奇妙な〈負い目〉。震災の当事者を逆に疎ましく感じてしまう自分自身に対する苛立ち、〈疚しさ〉。そして、物事をなんでも二極化のもとで理解しようとするわたしたちの思考の癖（限界）から生じる「同調の輪」の存在と、そこからあぶれてしまうことへの〈負い目〉。「てつがくカフェ」の参加者との対話を深めてゆくにつれて、上記のような、直接的な被害に遭遇した当事者を基点として被災の度合いを測ろうとする尺度の周辺で、それぞれの文脈で、またそれぞれの立ち位置に由来した〈負い目〉の存在が浮き彫りになってくる。わたしたちは、震災以降、どのような立場から、またどのような歩みを踏み出そうとも、このような〈負い目〉という足枷に何度もその自由を奪い取られ、あちこちでぎこちなく躓き続けることになる。そういった意味からすれば、〈負い目〉は、まさに震災以降のわたしたちの生活を不具合にする桎梏に他ならない。しかしながら、これらの桎梏は、これまで確認してきた当事者性を尺度とした基準とはまったく別の判断基準を、秘かに、しかもわたした

ちの生活の内奥へとさらに深く挿し込んでゆく。その基準とは、震災という〈出来事〉を前に、われわれの震災への関わり方の善し悪しが、「あなたには何か支援ができるのかできないのか、あなたのやっていること（専門的な仕事）は何かの役に立つのか立たないのか」といった、〈できる／できない、役に立つ／立たない〉を尺度にした能力主義的な判断基準である。〈負い目〉の根は、もはや容易には解きほぐせないまでに複雑に絡み合い、いよいよ、わたしたちの人間観にまでもその触手を伸ばしはじめることになる。

　2011年3月11日、避難所の玄関先で凍えながら過ごした夜のことをいまも忘れることができない。交通機関もすべて麻痺していたため、雪でぬかるんだ道に足元を取られながら、職場から自宅までの長い道のりを歩き続け、やっとの思いで自宅近くの避難所（小学校体育館）までたどり着いた。靴下も濡れ、いまにも凍りついてしまいそうな足元でさらに冷え切った体育館の床へと足を運ぶ。灯りのない体育館に歩みを進めると、すでに数え切れないほどの住民が、不安な面持ちとともに、もはや入り込む隙間もないほどに数個しかないストーブのまわりにぎっしりと身を寄せ合って座っていた。わたしは、体育館のなかにすら入ることができず、玄関先で、ただ何時間も茫然と立ち尽くしていた。いたずらに頭を働かせること以外、わたしにできることは何もなかった。厳密に言うならば、そのときわたしは、この信じ難い状況を受け容れられなかった（受け容れたくなかった）からか、ひとり、頭のなかで妄想にも似た考え（問いかけ）に耽り続けることになる。その考え（問いかけ）とは、目の前に広がる震災による被害のなかで（もちろんこのときには、この震災がこれほどまでの未曾有の被害を生むとは考えてもみなかった）、そもそも自分が専門としている「（臨床）哲学」に何かできることがあるのか、そして、できるとすればはたしてそれは何なのか、といった随分と大それたものであった。しかしながら、震災という〈出来

事〉に巻き込まれてからというもの、この問いは、わたしの頭の片隅にしつこく居座り続けることになる。前章（「第1章　言葉をあてがう」）の冒頭でも触れたように、震災直後から、「哲学は過ぎ去った不幸や未来の不幸には容易く打ち勝つが、今まさに生じている災いに対してはなんの役にも立たない」といったラ・ロシュフコーの言葉を自分のなかで呪文のように何度も唱え続けてきた背景には、まさにこのような経験があったからに他ならない。おそらく、眼前に拡がる未曾有の災害を前に、「哲学」にも何かできることがあるに違いない。しかしながら、その反面、ラ・ロシュフコーの言うように「哲学」は「なんの役にも立たない」という考えにも心当たりがなかったわけではない。その心当たりのなかに、わたしは、少しばかり「哲学」をやっていることへの〈負い目〉のようなものを感じ取っていた。

「震災の未曾有の被害を前に、哲学なんてなんの役にも立たない。哲学で津波に流された人々や家屋を失った被災者を救えるわけがない。哲学で誰かの空腹が満たされ、寝床が確保されるわけではない。そんな活動に意味は無い。悠長に震災という〈出来事〉を哲学的に問い直そうとすること自体がナンセンスだ」。震災をテーマにした「てつがくカフェ」を開催しようとしたとき、一部の被災者の方からこのような批判を受けたことがある。たしかに、「哲学」が被災者に対して直接的で即効性のある支援として貢献している姿をイメージするのは難しい。しかし、その一方で、そういった〈役に立つ／役に立たない〉といった一つの判断基準からだけで、震災への関わり方の良し悪しを判断しようとする窮屈さ、狭隘さに、多くの人がある種の苛立ちを覚えていたのも事実である。そして、「哲学」こそが、そのようなわたしたちの苛立ちと、その貧相な判断基準からくる〈負い目〉の根っこをゆっくりと時間をかけてほぐしていける視点と時間軸とを兼ね備えた重要な切り口となるのではないか、わた

しは、震災の被害が日々拡大するつらい時間を重ねてゆくとともに、そのような思いを確かなものとして意識するようになった。

　「未曾有の被害を前に、それが何かの役に立つのか」。このような、〈役に立つ／役に立たない〉といった凝り固まった判断基準からの問い直しを迫られたのは、もちろん「哲学」だけではない。当時、芸術や文学、思想、さらには音楽活動をしている方々から、「自分たちのやっていることは被災者の方々には何の役にもたたないのではないか。むしろ、自分がやっている表現活動をいったん放棄し、具体的な〈支援〉活動である瓦礫撤去などの作業のために津波被災地へと出かけて行くべきではないのか」として、自身の専門性に因る〈負い目〉や〈戸惑い〉の声を耳にする機会も多かった。このような思いの背後には、震災復興に関わる具体的で即効性のある支援に直結しないと見なされがちな震災に関する思索や表現活動に時間を割くこと自体憚られるとする、ある種の〈負い目〉や〈疚しさ〉といった感覚が存在していたことは疑いえない。事実、当時のメディアにおいても、芸術や芸能活動をしている人たちからとくにそのような〈負い目〉の感情にまつわる言葉を耳にした。

　たとえば、2011 年 5 月 29 日の NHK の番組「ETV 特集（「細野晴臣　音楽の軌跡～ミュージシャンが向き合った『3.11』～」）では、1970 年に結成された「はっぴいえんど」や「イエロー・マジック・オーケストラ（YMO）」（1978 年に坂本龍一、高橋幸宏らと結成）などでの活躍以降、国内外を問わず音楽シーンを牽引し続けてきた細野晴臣さんが、「震災後、ミュージシャンとしてどう生きていくか問われている」といった過酷な問いを自らに投げかけ、「音楽をやっていることの意味、無力感」、「なにか、傷を負っているという感覚」といった言葉とともに、このような未曾有の災害時下で音楽をやり続けることへの〈負い目〉のような感情を吐露していた。そして、その言葉に呼応するかのように、同番組のなかで、ロック・バンド

の「くるり（Quruli）」のリーダーである岸田繁さんも、「震災後に
音楽活動をすることの理由を自分のなかで問い直す作業をずっと行っ
ている」などと発言し、悲痛な想いを絞り出すような声で述べてい
たことがいまも忘れられない[11]。

　もちろん、「わたしたちには歌うことしかできません。だから歌で
被災地を応援します」といったスタンスで、最初から上記のような
戸惑いをいったん棚上げにし、逆に、「いま自分たちのできること」
を盾として積極的に被災地支援にコミットしてゆくという立場もあ
りうる。当時、このような構えを示したグループの一つに、AKB48[12]
があったように記憶している。

　AKB48 は、震災後の早い段階から、「いま自分たちにできること
をやる」を合言葉に、東日本大震災における被災地支援プロジェク
トとして「誰かのために～ What can I do for someone? ～」プロジェ
クトを発足させ、2011 年 5 月 22 日には、当時のメンバーである篠
田麻里子さんや大島優子さん、さらには指原莉乃さんの他に、松井
玲奈さん、山本彩さんなどが、第 1 回目のプロジェクトとして岩手
県の大槌町や山田町に被災地訪問に入っている。この活動は、宮城
県や福島県などの他の被災地にも広げられ、2019 年 11 月の段階で
延べ 76 回を数えるほどの息の長い活動になっている[13]。

　「自分たちのやっていることは何の役にも立たないのではないの

---

11)　細野さんは、『とまっていた時計がまたうごきはじめた』（平凡社、2014 年）とい
　　う、震災後に出版した本（聞き手・鈴木惣一郎）のなかでも、当時、細野さん
　　が震災と自身の音楽活動とのはざまでどう揺れ動いていたのかが述べられてもい
　　る。
12)　AKB48 は、放送作家および作詞家の秋元康のプロデュースにより、2005 年 12
　　月 8 日に東京・秋葉原を拠点として活動を開始した日本の女性アイドルグループ
　　である。東京の秋葉原に専用の劇場「AKB48 劇場」を構え、「会いに行けるアイ
　　ドル」をコンセプトに、ほぼ毎日公演を行っている。https://www.akb48.co.jp/
　　（AKB48 公式サイト）
13)　https://www.akb48.co.jp/darekanotameni/（AKB48「誰かのためにプロジェクト」公
　　式サイト）

か」という〈負い目〉にしても、「いま自分たちのできることをやる」といった振り切れた態度にしても、その背後にはいずれも〈できる／できない、役に立つ／立たない〉を尺度にした能力主義的な判断基準があることは間違いない。そして、わたしは、震災直後から、芸術家や芸能人たちのそのような揺れ動きの具合を肌で感じながらも、その一方で、ある一つの根本的な疑問に囚われてもいた。それは、自らの専門性に由来するそのような〈負い目〉を、そもそもアーティストなどの表現活動をしている人たちは本当に感じなくてはならないものなのか、といった疑問である。

　ミュージシャンにせよ芸術家にせよ、彼ら／彼女らが抱えるそのような〈負い目〉が何らかの具体的な罪を犯すといった明確な落ち度に拠るものでないことはあらためて言うまでもない。それは、〈役に立つ／役に立たない〉といったわたしたちのうちに潜む暗黙の能力主義的な評価基準[14]から生じてくる根拠のない感覚に他ならない。だからこそ、哲学対話が深まるにつれて、そのような恣意的な評価基準それ自体をほぐしてゆくことの必要性が当然のことながら吟味されはじめてくることになる。なぜなら、彼ら／彼女らの表現活動は即効性や実効性に乏しいだけであって、必ずしも〈役に立たない〉とまでは言い切れないからである。それどころか、未曾有の被災の

---

14)　芸術などの存在を「役にたつか役に立たないか」といった基準から判断しようとすることへの危機感は、当然のことながらいまにはじまった話ではない。たとえば、18世紀にゲーテとともにドイツ古典主義の詩人・劇作家・思想家として活躍したフリードリヒ・フォン・シラー（Friedrich von Schiler, 1759-1805）は、人間の美的教育について書かれたある文章のなかで、つぎのように言っている。「役立つことが、時代の大きな偶像で、すべて力あるものは、これをよろこび、すべて才能あるものは、これに仕えなければならなくなっています。この粗雑な秤の上では、芸術の精神的功績などは、なんの重みももちません。いっさいの激励も奪いとられ、芸術は世紀の騒がしい市場から姿を消していきます。哲学的な探究心までが、想像力の領分をしだいに剥ぎとられ、科学がその限界を広げるに従って、芸術の領域はいよいよ狭められていくばかりです」（フリードリヒ・フォン・シラー〔小栗孝則訳〕『人間の美的教育について』、法政大学出版局、2003年、32-33頁）。

只中でアーティストが取り組んできた表現活動が、この先数十年後あるいは数百年後に何らかの重要な意味を携え、より効力を備えた息の長い〈支援〉として立ち顕れてくることも十分にあり得る[15]。だからこそわたしたちは、この凝り固まった能力主義的な判断基準の根を丁寧に掘り起こし、余計な〈負い目〉の感覚を粘り強くほぐしてゆく必要がある。そして、わたしたちは、これは別の対話の場においてではあるが、そのような能力主義的な判断基準を早急にほぐすことを強く求めるものがさらに別のところにも存在していたことを、ある障害を抱えた参加者の発言から気づかされることになる。その方は、幾分申し訳なさそうな面持ちで、つぎのように短く発言された。

　〔一般参加者〕：わたしは、からだに障害を抱えています。震災直後は、誰もがそういった〈できる／できない〉といった基準からだけで一気に試されていたような気がします。ですが、自分はこんなからだなので、瓦礫撤去のボランティアどころか、被災地にすら行けなくて申し訳なく思っていました。そのような判断基準自体は、わたしにとってはとてもつらいものです。

　この発言からも十分読み取れるように、震災以降、直接性と即効性とを基軸とした能力主義的な判断基準は、予測ができないほどの拡がりのなかで多くの人を一気に試し、場合によっては目に見えぬところでそこから零れ落ちてしまう者たちをいたずらに傷つけ続けてきたのではないか。そういった一辺倒な基準のもとで余計な苦しみに晒されているひとたちがいるのなら、その凝り固まった基準そのものを一刻も早く問いの俎上へと担ぎ出し、哲学的な対話をもと

15)　もちろん、そもそもの最初からアートなどといった表現活動は社会に対して直接的に何らかの役に立たなくてもよい、という考え方もあるかもしれない。

にそこから生じる〈負い目〉の根っこを掘り起こしていかなければ
ならない。まさにそこにこそ、被災地においてこのような対話の場
（「てつがくカフェ」）を拓き続けることの決定的な意義を見定めるこ
とができる。

離れて観る、単純化して語る

　「震災を語ることへの〈負い目〉」をテーマに掲げた第2回目の「考
えるテーブル　てつがくカフェ」も、最後のあたりにまで対話が及
ぶと、〈負い目〉の根っこが、震災を言葉によって語る（言語化す
る）という営みそれ自体のうちにすでに存在しているのではないか、
といった視点にまで思考が深められてゆく。震災以降、神戸から石
巻に移住してボランティア活動をしているというある参加者が、「被
災した方々の苦しみを一般化して語り、理解しようとするメディア
を含めたわたしたち自身の不躾な語り口それ自体のうちにそもそも
の〈負い目〉や〈罪の意識〉がまとわりついているのではないか」
といった問題を新たに提起し、そのうえで、被災した方々の苦しみ
を語ることそれ自体の困難さや、またその苦しみを語る際にわたし
たちに求められる謙虚さについて自身の考えを述べた。

　　〔一般参加者〕：震災で受けた苦しみやつらさは人それぞれ固有
　　のものであって、そもそも一般化を許さないものなのではない
　　でしょうか。今回の震災（津波被害）では同じタイミングで大
　　勢の人が一気に亡くなったので、メディアは「大変な悲劇」と
　　してそれらをまとめて報じようとしているように感じます。で
　　すが、そこにある一つ一つの、つまりはひとりひとりの死の重
　　みの違いをまったく考慮せずに、あたかも一括りのものとして

それらを報じようとする大きな語り口についてはとても違和感を覚えます。わたしたちは、他者の死や遺されたご家族の方々の苦しみについて語ることそれ自体が困難な作業であることを十分に心得たところからわたしたちの〈語り〉を始めるべきなのではないでしょうか。

　それぞれに異なった強度や文脈のもとに立ち上がってくる震災という〈出来事〉を、一括りに「大きな悲劇」として「一般化」して伝えようとするわたしたちの語り口に対する違和感。そこにも、なんらかの〈負い目〉の存在がしっかりと嗅ぎつけられている。しかしながら、「ひとりひとりの死の重みの違いをまったく考慮せず、あたかも一括りのものとしてそれらを報じようとする大きな語り口」はなにもメディアに限られたことではない。それは、〈言語化〉という営みがそもそも備えている本質的な特性なのではないか。

　岩手県宮古市にある実家が津波で被災したというある参加者が、上記の発言に対して、〈言語化〉という営みそれ自体が孕む本質的な限界について、これまでの対話の流れを踏まえながらさらに深く切り込みを入れる。

　〔一般参加者〕：さまざまな地域に住んでいらっしゃる方たちが、被災のこと、そして〈負い目〉について対話をとおして丁寧に考えを深めてゆくこの場所に来られて、本当に嬉しく思います。これまでの対話の流れから感じたことを、わたしもいくつか簡単に述べさせていただきます。

　　わたしは、岩手県の宮古市で被災しました。そういった意味からすれば、わたしは震災の〈当事者〉ということにもなろうかと思いますが、震災を語るという点について言えば、やはり、直接的な被害を経験した〈当事者〉自身が語るということにも

すでに妙な〈負い目〉が付きまとうものです。発災から5ヶ月が経ったいま、〈当事者〉による震災についての直接的な語りを逆に難しくするような空気というか雰囲気がより広い範囲にわたって醸成されているように感じます。そう感じてしまう背景には、被災した直後の悲惨な状況から、ゆっくりとですが復興に向けて舵を切り、前に進んだそうとしているこの流れのなかで、家が流されたとか家族を喪ったなどといった直接的な被害に関する〈当事者〉による語りを続けることが、他の人に対して何か後ろ向きの発言のように捉えられてしまうのではないか、といった気懸りがあるからなのかもしれません。

　また、そういった〈当事者〉の語りとは逆に、直接的な被害を被ったわけではない人たち、先ほどどなたかがおっしゃっておられた表現を拝借すれば、「中途半端な被災者」と感じておられる方々が震災という事実について何事かを語ろうとする際に抱く〈負い目〉の感覚についても、わたしなりに思うところがあります。この場におられる方々の多くは、じっさいに津波の被害を経験したわたし自身よりも先に、その津波被害の様子をメディアでご覧になり、その凄まじさに圧倒されたのではないでしょうか。その際、映し出された映像を前に、現場ではきっとこのような状況なのではないのかといった想像力のようなものを働かされたに違いありません。現場から〈離れて観る〉ためには、そもそもの最初からそういった想像力の働きが不可欠です。そして、わたしは、ここにこそ非当事者の語りが本来的に負わざるを得ない〈負い目〉の根っこがあるのではないかと考えています。つまり、現場から離れたところから投げかけられるこの想像力こそが、逆に、その過程のなかで、混沌とした捉えがたい悲惨な現状を自分自身のなかで一つのまとまりとして落とし込めるように手助けしてくれる重要な契機に他ならな

いからです。離れているので、そこに至る過程で現場からの理解不能なノイズや雑音もすべてが加工され、場合によっては「希釈」され、理解可能なものへと繕われて届けられる。〈離れて観る〉という営みには、そういった加工や編集といった契機が前提とされます。だからこそ、〈離れて観る〉ことをその根底で支える想像力をもとに、事実を歪め、加工し、場合によっては強引にまとめ上げようとすることのうちに〈負い目〉の感覚が付きまとっても不思議なことではないのではないでしょうか。

　そして最後に、さらに抽象的な切り口になって申し訳ないのですが、〈語る〉という営みそのものと〈負い目〉の関係に関しても手短に意見を述べさせてください。〈語る〉という営みは〈言葉にする〉こと、つまりは〈言語化〉という契機を抜きにしてはあり得ません。さきほど発言された方が言葉による「一般化」という表現をされておられましたが、そもそも被災という個々人にとっての特異な経験を〈語る〉すなわち〈言語化〉するということは、本質的なところでその「一般化」や抽象化といった契機を孕んだ営みです。なぜなら、あらためて言うまでもなく、言語とはそもそもの最初から不特定の他者へと開かれてゆくものなのであって、「一般化」や抽象化という手続きをあらかじめ含み入れた営みに他ならないからです。だからこそ、震災を〈語る〉ということ、すなわち〈言語化〉というアプローチそれ自体が個々人の被災の特異性を削ぎ落とし、さらにはそれらを「一般化」もしくは抽象化してしまわざるを得ないといった不本意さへとわたしたちの気分を向かわせ、自身の逆説的な行為に対して強い〈負い目〉を感じることにもなるわけです。個々人の経験を、すべての人が共有している言葉遣いへと翻訳、変換するわけですから、その作業過程のうちにあらかじめ〈負い目〉の根があるのではないか、と考えます。

メディアなどを通して、被災の状況を〈離れて観る〉という営みが孕む根本的な〈負い目〉。上記のようなものとしてメディアの性格を捉えるなら、そもそもそれが加工や編集を経由して届けられる、「一般化」もしくは「抽象化」された報せであるといった受け取り方が必要になる。この参加者の発言は、そのように訴えかけている。確かに、震災直後、沿岸地域の家屋や車などに襲いかかる容赦ない津波の様子を、被災地以外の方々は自宅の茶の間で、まさに息を呑むように見届けていたのではないか。しかもその様子は、繰り返しテレビで放映され、ネット上でも、好きなときに、好きな場所で、さまざまな関心からアクセスし、観ることができる。言い方を換えれば、被災地よりもそれ以外の地域の方々のほうが、ある意味においてはしっかりと震災の様子を把握していたとも言える。メディア技術の効用はまさにこういった〈いま〉性（時間性）や〈ここ〉性（場所性）を無効化したところでこそ存分に発揮される。なぜなら、あらためて言うまでもなく、メディアとはもともと繋がっていない時間や異なった場所、そして離れた人々を繋ぎ、媒介（メディア）するものとして機能したときにはじめてその意味をもち得るものだからである。ちなみに作家の辺見庸も、メディアの報道は事実を「希釈している」として、メディアによる映像の加工や編集の問題性についても言及している。

　　（震災に関する）テレビの映像は凄いんだけれども、事態そのものは希釈されている、薄められているんだ。その絶大な風景を表す〈ことば〉がない。ただ泣き叫ぶしかない。[16]

　辺見に言わせれば、メディアの映像というものは、現場で見えて

16）　2011年4月22日にNHK教育テレビで放映された「こころの時代〜宗教・人生〜『瓦礫の中から言葉を　作家・辺見庸』」という番組内での発言。

いるものをそのまま伝えるというわけではなくて、たとえば死体の部分などはカットされ、編集されてしまう、そういうことも含めて、自分の目の前で起こっていることをメディアのなかではさまざまな〈ことば〉を使って表現しているけれど、その〈出来事〉の本質を言い当てるようなメディアや報道はない、それらはむしろ「希釈された」ものと考えるべきである、ということなのであろう。[17]

　映像などのメディア技術にくわえて、個々人の被災を言葉にするという営みもまた、それが言語化という契機を経由するものであるがゆえに「一般化」や「抽象化」といった側面から逃れ出ることはできない。なぜなら、言葉自体もまた、もともと繋がっていない時間や離れた場所、そして、それぞれに異なった者どうしを繋ぐためのメディア（媒介）に他ならないからである。だからこそ、言葉にすることで不特定の他者へと事実を伝える場合には、当然のことながら「一般化」や「抽象化」にくわえて事実の「単純化」といった契機が備わってこざるを得ない。わたしたちは、この度の震災という〈出来事〉に限らず、目の前に繰り広げられている錯綜する事実を他者へと伝えてゆこうとする場合には、できるだけ相手にそれが伝わりやすくなるように（理解されやすくなるように）と考えて、知らず知らずのうちに混沌とした事実を切り縮め、「単純化」という作業へと手を染めてしまうことになる。そのような事実の「単純化」は、歴史的に何度も繰り返されてきた。

　たとえば、1944 年にアウシュヴィッツの強制収容所に流刑され、翌年の 1945 年の 1 月にソ連軍によって解放されたプーリモ・レー

---

17)　このような問いかけを受けて、わたしたちは、2014 年 11 月 30 日に開催した第 39 回「考えるテーブル　てつがくカフェ」において、「震災とメディア技術」というテーマ設定のもと、〈震災以降〉を生きるわたしたちが、いま、上記のような特徴を備えた「メディア」にたいしてどのように臨むべきか、その可能性や問題性も含めて対話の場を設けてもいる。

ヴィ[18] もこの「単純化」の危うさについて触れている。レーヴィは、解放後に、すぐさま自身が収容所で経験した人間の極限状態を『これが人間か』(1947) のなかで克明に書き綴り、一躍イタリア現代文学を代表する作家のひとりとなった人物である。そのおよそ40年後（彼の死の1年前）、彼は、これまで一貫して問い続けてきたアウシュヴィッツという存在の意味と、その歴史的な事実を伝えるということの困難さを、「風化という危機感」をひしひしと背後に感じながら、『溺れるものと 救われるもの』(1986) という著書においてあらためて問い直している。この本の基調は、レーヴィ自身が「灰色の領域」という言葉に象徴的に託して浮き彫りにしようとした、物事のすべてに白黒をつけたがるような「ある種の極端な単純化」に抗おうとする頑なまでの姿勢である。彼は、まさに「灰色の領域」と題された本書の第2章をつぎのような言葉から書き始めている。

　　私たち生き残りは自分の経験を理解し、他人に理解させることができたのだろうか。私たちが普通「理解する」という言葉で了解していることは、「単純化する」という言葉と一致している。根本的な単純化なしには、私たちの世界は際限のない、不明確なもつれあいと見えるだろう。それは私たちの方向感覚や、行動を決める能力に立ち向かってくるだろう。要するに私たちは認知可能なことを図式化するよう強制されている。私たちが

---

18)　1919年、イタリアのトリノに生まれる。第二次世界大戦中、ナチスによるトリノ占領に対してレジスタンス活動を行う。1943年12月スイスとの国境沿いの山中で捕らえられ、1944年4月にアウシュヴィッツ強制収容所に流刑。1945年1月、ソ連軍によってアウシュヴィッツが解放され、同年10月に強制収容所よりイタリアに帰還。戦後は科学者として働きつつ、収容所での自らの体験をまとめ、イタリア現代文学を代表する作家のひとりとなる。1987年自死。おもな著書に『アウシュヴィッツは終わらない』（朝日選書）、『休戦』（朝日新聞社）、『周期律』（工作舎）、『今でなければ　いつ』（朝日新聞社）、『溺れるものと救われるもの』（朝日新聞社）などがある。

進化の過程で作り上げた、人間に特有の素晴らしい道具、つまり言葉と概念的思考はこの目的を目指している。〜略〜この単純化の「希望」は正当なものであるが、単純化自体は常にそうあるわけではない。それは作業過程であって、そうであると認められる限りは有益であるが、現実と混同されてはならない。大部分の自然現象、歴史的現象は単純ではない。あるいは私たちに好ましい単純さを備えたようなものではない。[19]

　ここには、そもそも事実を言葉にして伝えるという人間的な営みそれ自体が、必然的に事実の「単純化」を通してそれを歪めてしまうといった根本的な躓きが横たわっていることがしっかりと感じとられている。上記の言語化に関するレーヴィの見立てに従うならば、被災を言葉にするという営みもまた、本質的に事実を「単純化」し、それを「認知可能なもの」へと「図式化」するなかでそれを歪めてしまわざるを得ない。そこに何らかの〈負い目〉の感覚が生まれてくることは、ある意味において仕方のないことなのかもしれない。

後ろめたさという十字架

　このように、第 2 回目の「てつがくカフェ」でなされた対話の内容を確認するだけでも、震災以降、数え切れないほどの〈負い目〉の根っこが複雑に絡み合い、またさまざまな領域にまでその病巣をおし拡げている状況が確認できたのではないか。もちろん、〈負い目〉の根がこれまで触れたものだけに留まるはずはない。事実、〈負い目〉の問題は、他のテーマを掲げた別の回の「てつがくカフェ」

19)　プリーモ・レーヴィ〔竹山博英訳〕『溺れるもの と 救われるもの』、朝日出版社、2000 年、33-34 頁。

においても、その在り様を微妙に変えながら、さまざまな文脈の下で顔を覗かせた。たとえばそれは、2014年4月13日に開催した第32回「てつがくカフェ」で設定したテーマ「〈葬る〉ということ」に関しても言うことができる。

　東日本大震災では、多くの尊い命が一瞬にして奪われた。そのため、遺体を見つけたとしても、燃料不足なども重なって火葬場が稼働できない状態となり、一部では遺体の腐敗も始まってきたために、心の整理がつかぬまま土葬（仮埋葬）を選択せざるを得ない人々が続出した。このような状況をうけて、厚生労働省は2011年3月14日、速やかに土葬できる特例措置を決め、各県に通知している。通常、土葬や火葬には市町村長の許可証が必要だが、この特例措置では、死亡診断書があれば許可証なしでも土葬や火葬を認めている。そこには、身元を確認できる人がいない場合は写真や毛髪を残した上で、すなわち身元確認を待たずに土葬されるケースも出てきそうだという不安も当然あったのではないか[20]。当時、新聞記事においても、特例措置が認められた3月半ば以降、自分たちの家族をきちんと葬ってあげられなかった家族の悲痛な思いや〈負い目〉に関する記事が多くみられるようになったと記憶している。そしてさらに時間が経過すると、津波で流され、行方がわからぬまま何年も経過し続けていることをうけて、苦渋の決断で遺体がないまま家族の死亡認定に踏み切り、葬ったという遺族も大勢出てくる。「一刻も早く供養したい」、「普通の葬式をあげたい」。土葬などの仮埋葬や、遺体がないままに葬式を選択した遺族の戸惑いや〈負い目〉には計り知れないものがある。

　第2回目の「てつがくカフェ」では、〈負い目〉の感覚がいかに震災以降のわたしたちの生活を躓かせる存在（桎梏）となっていたか

20）「迅速な土葬認める通知」朝日新聞、朝刊、2011年3月15日。

があらためて浮き彫りになった。

「しかしながら、そもそもそれらは、ただ単にわたしたちの生活を
さまざまな文脈において不都合にする厄介な存在としてのみ係わっ
てくるものなのでしょうか」。ある参加者が、対話の最後の段階に
なってこのような素朴な問いを投げかける。そして、先に触れたわ
たしたちに余計な〈負い目〉の感覚を抱かせる要因の一つとして見
なされていた「同調という輪」の存在のうちに、人々の「共感力」
というあらたな意味を含み込ませながら〈負い目〉の存在に肯定的
な側面を読み込むことはできないか、と提案された。

〔一般参加者〕：これまでの対話では、なんというか、〈負い目〉
というものがマイナスの側面からだけで語られてきたように思
います。ですが、ある意味においてはそういった「同調の輪」
といった関わりがあるからこそ、逆に、それが多くの人に対し
てボランティアへの参加や義援金に対する関心を植え付けたと
いうプラスの側面へと繋がってゆく可能性もあるのではないか
と考えます。つまり、〈負い目〉は、状況によっては〈共感〉と
表裏一体なところがあるように思うのです。だから、自分のな
かで何らかの〈負い目〉のような感覚が生まれたとしても、そ
れをすぐさま否定しようとするのではなくて、それを、他者へ
の配慮を可能にする〈共感力〉の下地として肯定的に捉えられ
るように仕向けていく必要があるように感じます。

確かにわたしたちは、どことなしか最初から〈負い目〉を悪いも
のであるかのように捉えがちである。しかしながら、ここではその
〈負い目〉を何か肯定的な力を発揮するものとしてあらたに意味付け
し直そうとする独特の視線が働いている。〈負い目〉を疎ましいもの
として忌避するのではなく、むしろ自分自身のうちで深くその存在

の出処を自覚していくことでそれを〈共感〉という営みへと反転させ、逆に他者の苦しみへと自分自身をさらにひらいていくための重要な契機として捉え返す。この発言は、まさにそのことを指摘している。[21]

「後ろめたさという十字架」。震災からほぼ 1 年後の 2012 年 3 月、仙台市内の書店で震災後 1 年を区切りにまとめられたある雑誌[22] を立ち読みしていると、ふとこのような見出しが添えられた文章が目に留まった。

「後ろめたさ」を「私の十字架」として背負う。この言葉は、わたしたちの心を妙に騒つかせ、なんとも言えない居心地の悪さへとわたしたちを引き摺り込む。しかしながら、もしかすると上記の参加者が発言してくれた〈負い目〉の肯定的な側面と、この「私の十字架」という言葉に込められている意味とは密接に関わるものなのではないのか、その文章に触れたとき、わたしは直感的にそう感じ取った。雑誌に文章を寄せたのは、デビュー作の『凍える牙』で第 115 回（1996 年上半期）直木賞を受賞した作家、乃南アサさんであった。

乃南さんは、発災の当日、「たまたまその日に限って、しかも日帰りで仙台を訪れた」際に被災する。東京の実家には病人のご家族があり、「わずかな時も余震は収まらず、電気も通じず、一切の情報から遮断された世界」から、そして「永遠に続くのではないかと思う暗闇と、三月とも思えない寒さと、不眠と恐怖から」、「今ここにいる他、どうすることも出来ない人たちを残し」、「自分が逃げるのだと」いう「後ろめたさを抱えながら」仙台を後にする。しかしなが

21）　ちなみに、本書第 4 章「なぜ逃げなかったのか──震災の〈当事者〉をめぐって」のなかで、当事者性の問題と絡めながら、この〈共感〉の意義について触れてもいる。

22）　『文藝春秋』（2012 年 3 月臨時増刊号「完全保存版　この震災を忘れず、子どもたちに伝えるために 3.11 から一年 100 人の作家の言葉」）、文藝春秋、2012 年、120-121 頁。

ら、乃南さんは、時間がたつにつれて「被災地以外の人のすべての
人が、あの日から意識するとしないとに拘わらず」何らかの「後ろ
めたさ」を背負っているのではないかという思いを抱きはじめる。
じっさい、東京に戻り、自分が「仙台で被災したと言うと、相手の
表情は必ず一変」し、自分も東京で「どれほど必死であの日を乗り
越えたかを語り」、大変だったのはあなただけではないとでもいうか
のように「自分の話」をし始めることが多かった、と乃南さんは当
時を振り返る。そのような反応の背景には、被災地以外の者にとっ
て、「今もこうして無事でいること」、すなわち「あの被災地の惨状
を知るにつけ、自分たちの日常生活が失われていないこと」への「後
ろめたさ」があるように感じられる。「だからこそ、その大惨事は決
して他人事ではなかったと言いたい。自分だって身をもって体験し
ていると、周囲にも、また自分をも納得させたいに違いない」ので
はないのか。

　しかしながら、その一方で、テレビなどのメディアは、「気持ちが
暗くなるからか、または余計に傷つく人があるからか」、「ニュース
の時間でさえ滅多に被災地のことを取り上げず」、その「『後ろめた
さ』を（わたしたちから）吸い取り、この現実から目を逸らせよう
と」するところか、「そうしてすべてを過去に押し流しておいて、区
切りの日だけ『風化させてはなりません』と口先だけのことを言う
のだ」と乃南さんは危惧する。だからこそ、乃南さんはその「後ろ
めたさ」を被災地の悲惨な状況へと向かわせ続ける「十字架」とし
て自ら背負う必要があるのではないかと宣言する。なぜなら、先に
触れた参加者の発言と同様に、この「後ろめたさ」こそが「共感」
を、すなわち他者の苦しみへと自分自身をさらにひらいていくため
の重要な契機として機能するに違いないと捉えるからである。乃南
さんは、「後ろめたさという十字架」というタイトルを掲げたこの文
章の最後を、つぎのような言葉で締めくくっている。そこには、震

災以降、多くのものが何らかのかたちで抱え込まざるを得なくなっ
た、厄介な〈負い目〉に向き合うための重要なヒントが記されてい
るような気がする。

　　後ろめたさ。この重く苦々しい思いを、私たちはずっと抱え続
　　ける必要がある。現実から目を逸らさないために。あの日のこ
　　とを忘れず、被災地と、そこで生き続けなければならない人々
　　を思い続けるために。今そうしなければ、私たちの心はふわふ
　　わと実体のない煙のようなものになり、やがて風任せに消えて
　　いくだろう。そんなものが、なにをもって「絆」などと声高に
　　言えるものか。後ろめたさは、私の十字架になった。[23]

23）　同上、121頁。

第3章 〈支援〉とはなにか

貧相で、窮屈な〈支援〉観

　震災以降とくに苦しかったことは何ですか、と訊かれることがよくある。そういったときには、決まって「震災直後の貧相で窮屈な〈支援〉観」と答えてきた。

　震災直後から、被災地内外を問わず、震災という〈出来事〉を前に「あなたには何か支援ができるのか、できないのか」といった能力主義的な判断基準からだけで遺された者の多くが一気に試され、自分の立ち位置や能力についての問い直しを迫られ、裁かれ、それなりに傷つけられていることに対してあまりにも無頓着であるかのような感覚を強く抱いていた。それどころか、そういった無頓着さはすぐさま反転し、被災地（者）に対して物資を送ったり瓦礫の撤去を行ったりするような実効性や即効性があり、しかも結果の見えやすい支援以外は〈支援〉ではないといった、一つの凝り固まった〈支援〉観へと結晶化していくようで、怖かった。当時、巷でよく耳にした「いま自分にできることをやる」などといった呪文にも似たスローガン的な物言いは、震災という〈出来事〉へのわたしたちの係わり方が〈できる／できない〉といった切り口以外にはイメージすらできないことを皮肉にも物語っていたのではないか。そこでは、貧相な〈支援〉観、〈支援〉という営みに関する多様な観点を欠いた偏狭さ、さらには経済的・身体的などのさまざまな理由から、直接的で実効性のある〈支援〉ができずにいる者たちが申し訳ない気持ちで震災のなかを生きるという、いっそう厄介な事態が間違いなく

二次的に生じていた。それだからこそ、前章で見てきたような、震災の被害に対して直接的な支援の成果を見出しにくい芸術や文学、さらには哲学などの活動をしている多くの者たちから、あらためて自分の「できなさ」「役立たなさ」に〈負い目〉を感じてしまうという息苦しさが生まれていたのではなかったか。

　芸術や文学、哲学などといった活動は、震災の被害に対して何も支援することができない無意味なものなのであろうか。裏を返せば、瓦礫撤去や物資を送るなどといった直接的で実効性があり、しかもその成果が見えやすいものだけが〈支援〉と呼ばれうるものなのであろうか。そういった窮屈さを背景に、わたしたちは震災直後からずっと違和感を抱き続けてきたこの凝り固まった〈支援〉観についても、「〈支援〉とはなにか?」というテーマ設定のもと、2011 年 9 月 25 日に開催した第 3 回「考えるテーブル　てつがくカフェ」のなかで 80 名以上の参加者(被災者の方々も)とともに根本的に問い直すことになる。具体的には、震災直後から〈支援〉の意味について考え、また災害ボランティア・ナースとして被災地(石巻)に赴いて積極的に医療支援活動を行ってきた看護師の鳴海幸さん[1] をゲストに迎え、〈支援〉という営みを哲学的に捉え返す際の重要なキーワードを参加者どうしで共有、分類し、〈支援〉のうちにある隠された側面に一つ一つ丁寧に光をあて、そこに新たな意味を見出していく作業へと身を乗り出す。そして、そのプロセスのなかで個々の参加者の〈支援〉観の違いがゆっくりとあぶり出され、逆にそのことが〈支援〉について哲学的に考えていく際に欠かせないいくつもの多様な視点を新たに呼び込み、凝り固まった〈支援〉観を徐々にほぐしていくことへと繋がっていく。いま思えば、この時期にこのよ

---

[1]　鳴海幸さんは、当時、「全国訪問ボランティアナースの会キャンナス」仙台中央代表として、被害の大きかった宮城県石巻市を中心に支援活動を行っていた訪問看護師である。

うな問い直しのプロセスに立ち会えたことそれ自体が、被災地で哲学対話という場を拓き続けることもまた何らかの意味で〈支援〉となりうることの証左として、それ以降の活動をつねに力強く後押ししてくれていたように思われる。

時間をともにする

　もともと鳴海さんは「全国訪問ボランティアナースの会キャンナス」[2] に所属する「訪問看護」を専門とする看護師であったが、発災後の2011年4月5日から8月までの約5ヶ月間、石巻の沿岸地域を中心に医療支援に入られる。そして、長らく被災の場に身を投じるなかでさまざまな困難を経験され、あらためて〈支援〉のあり方について根本的な問い直しを迫られる。なかでも、〈支援〉を考えるうえで欠かせない重要な観点として、鳴海さんが、被災者とともにいる時間の共有と〈支援〉のあり方との関係性、さらには「ともにいること」の意味について指摘している点は極めて興味深い。鳴海さんは、哲学対話の冒頭で行った対談のなかで、これらのことについていくつもの興味深い発言をしている。対談の聴き手は、「てつがくカフェ@せんだい」のスタッフであると同時に、鳴海さんと同じく発災後すぐに石巻の沿岸地域に医療支援に入られた看護師（看護教員）の近田真美子さん[3] である。少しだけ、当日交わされたお二人

---

2)　https://nurse.jp/（「全国訪問ボランティアナースの会キャンナス」の公式HP）。
3)　近田真美子さんは、当時、仙台市にある東北福祉大学健康科学部保健看護学科で精神看護を担当する大学教員であり、震災直後から、東北大学病院精神科（精神医学教室）が中心となって立ち上げた「東北大学精神医学教室連合 こころのケアチーム」に参加し、石巻市を中心に災害医療支援活動を積極的に行っている。また、2010年より開始した「てつがくカフェ@せんだい」の初期スタッフとしても、これまで、被災地で行ってきた多くの哲学対話でグラフィックを担当してきた。現在は、福井県にある私立大学、福井医療大学保健医療学部看護学科の教員

の対話の流れを書き記しておきたい。ここでの発言のなかにすでに、〈支援〉について哲学的に問うための重要な切り口をいくつも読みとることができる。

　〔鳴海〕：医療専門職者としてわたしたちにはたして何ができるんだろうといったことについては、被災地支援に入った当初からずっと考え続けていました。しかし、被災地に入ってすぐの頃は、被災の度合いが大き過ぎてむしろ何もすることがなく、血圧が高い人や健康に不安を抱えている人たちの傍に行ってお話を聴いたり、血圧を測ったり、それ以外にも物資の調達とか、避難所の周りに住んでおられるご自宅に訪問して「ご飯を食べていますか」「衛生用品は大丈夫ですか」とかをただ確認して廻るといった程度の、広い、浅い関わり方でした。だからでしょうか、当初は避難所の方々との会話もどことなしかよそよそしく、なにか支援をしたという実感はまったくありませんでした。その後も、避難所に入って被災地の方とお話はよくしたのですが、1日2日だけの短期間の関わりだと、向こうももともと東北の人だからか、強い、気丈な振る舞いをなさる方が多かったように記憶しています。「わたしは大丈夫だから」といった言葉をよく耳にしたものです。

　ですが、1ヶ月以上の長期の支援ともなると、徐々に顔と名前が一致し始めて、互いに顔見知りになり、「自分はあそこらへんで小さい頃こういう事をして遊んだんだよ」とか、「自分の家は新築したばっかりだったんだけど津波ですべて流されちゃったんだよ」とか、そういう自分の生活史みたいなところから話をしてくださるようになってくる。と同時に、これまでは垣間

である。

見せることすらなかったつらい表情や言葉遣い、ときには怒り
をもおもてに出されはじめる。このとき、なんとなくですが、
・・・・・・・・・
わたしたちのなかで、ともに居合わせる時間の経過とともに〈支
援〉という営みがゆっくりと動きはじめたような気がします。

　さらに、今回の震災は津波に因るものが大きかったので、じっ
さいに津波で亡くなられているか、あるいはある程度の慢性的
な疾患を抱えながらも避難所で元気に過ごされているかの両極
端だったように感じています。だから、わたしたちが看護師の
医療チームとして現場に入っても、そこにはすぐに医療が必要
な避難者の方はあまりおられない。そして、ここがとても重要
だと思っていたのですが、避難所は、当たり前のことですが被
災者の方々にとっては医療を受ける場ではなく、紛れもなく居
住空間、すなわち生活の空間として機能しはじめていたという
点です。ですから、一つ一つの部屋に入るときには必ずノック
はするし、「いま伺ってもいいですか」というような感じでお部
屋に伺う。もうその方が在宅で生活しておられるという考え方
のもとでわたしたちも一緒に生活するというスタイルをとって
いたので、ここまで来るともう医療といったかたちの〈支援〉
とは違うのかなとも思っていました。むしろ、ただ一緒にいて
安心感を感じてもらうだけというか、看護師が同じ建物で暮ら
しているということで少しでも安心に繋がればと思っていたの
がじっさいのところでした。それは、あらためて何かを〈支援〉
するというよりも、どちらかと言うとその人のもとの生活に近
いようなかたちで何かを手伝う、一緒に居ることなのかなって、
いまでは思っています。

〔近田〕：なるほど、そこでの〈支援〉というのは何か特別なこ
とをしてあげるということではなくて、一緒にいて、もともと

あった生活に近いかたちで何かをともにするといったニュアンスのことだとおっしゃるのですね。一緒にご飯を食べたり、お茶を飲んだり、ともに時間を過ごすということ。ただ、被災地での〈支援〉というと、じっさいにその場に赴いて、それこそ身をおいてと言うか、物理的に一緒に居ないとダメみたいな感じに捉えられがちですが、そのあたりはどうお考えですか。じっさいに行かないと、つまりはその場に居合わせないと〈支援〉にならない、あるいは時間の共有にはなりえないのかどうかということです。

〔鳴海〕：じっさいに被災地に行かなかった人もキャンナスにはたくさんいて、行かなかった人からは応援メッセージをいただいたり、物資をずいぶん地元で集めて送ってくださったり、なんらかのかたちでともにいる〈支援〉というのはあったし、可能だと感じています。むしろ、わたしの方がそういった関わり方に〈支援〉されていたようなところすらありました。さらに、こうして石巻に長期にわたって〈支援〉に行けたのは、なによりも職場と家庭の理解があったからです。それがなかったら、多分、こんなにも長期間にわたって支援活動はできなかったと思うし、後は現地で仲間たちといろんな意見交換をしながら、ああやっていこう、こうやっていこうという意見交換をしながら、キャンナスってもともとこういった型にはまった活動をする団体ではなかったので、自分がボランティアで被災地支援に行ってはたして何ができるんだろうということを仲間にも一緒になって考えてもらった。被災者の皆さんに迷惑をかけないかたちでならある程度自分の感性でやっていくしかなかったので、そのあたりのさじ加減にとくに悩んでいたので、そういった仲間が一緒に考えてくれるというかたちでそばに居てくれ、それ

こそ時間も割いてくれたという点では、仲間には本当に〈支援〉されたと感じています。そういったことも、ある意味においては間接的に被災者への〈支援〉と言えるような気がします。

〔近田〕：周囲の人からの〈支援〉があって初めて自分が他の人の〈支援〉に行くことができた、ということですね。じっさいにそこに居合わせるというのではなく、遠くからでもその人のために時間を割くというのも〈支援〉の重要な要素の一つなのかもしれません。

　わたしにも似たような経験というか、逆に、被災地で支えられたと感じた経験があります。避難所となっていた石巻市役所のすべてのトイレに、「支えよう日本〜関西からできること」と書かれたチラシ（文章）が貼ってありました。チラシには、当時、大阪大学総長として活躍しておられた鷲田清一先生はじめ、劇作家の平田オリザさん、歌舞伎俳優の片岡仁左衛門さん、宗教学者の山折哲雄さん、哲学者の梅原猛さん、映画監督の大森一樹さん、落語家の桂三枝さん（当時）など、50名程度の関西の著名人の方々のお名前が被災地に宛てたメッセージとともに記されていて、各トイレにそれが貼られていました。それを見ながらこれはわたしの助けになっているとしみじみと感じていました。なぜそれがわたしのなかでは〈支援〉されたといった感じを与えたのかはわかりませんが、一つ言えることは、この人たちは、遠くからでもわたしたちのことに関心を向けてくださっているというか、気を遣ってくださっているんだなという感触、気持ちというのが凄く伝わったからなのではないかと思っています。直接関西から来ているわけではないんですが、そういうメッセージを目にすると、なんだか自分が気遣われているとか思われているというか、忘れてないよ、見捨ててないよと

　いう思いが逆に自分には支えられたなというところがあったと
思うんです。
　そして、先ほどの鳴海さんのご発言のなかでもう一つわたし
が気にかかったのは、被災地で医療専門職者として自分に何が
できるのかをずっと問い続けていた、という点です。わたし自
身も被災地に身を置くなかでそういった問い直しを何度もする
ことがあったのですが、何なんですかねそれって。いま自分に
何ができるかといった類の問いって、発災以降、被災地内外に
関わらず最近どこでも耳にしますよね。でも、ふだん自分に何
ができるかってあまり考えないというか、問わないと思うんで

写真3 鳴海さんをゲストに迎えての哲学対話の様子
（提供：せんだいメディアテーク）

すよ。ある意味、それってとても苦しいことなのかなって率直
に思っています。自分に何ができるかって問いは、自分もこの
状況のなかでは何かができなくてはならないといった感じで試
されているような気がして。それ自体がどうなのかなって思う
んですけれど、鳴海さんはそのあたりのことについてはどうお
考えですか。

〔鳴海〕：確かに、とくに医療者は専門職であるがゆえに余計に
自分にできることは何かと過度に問い過ぎるところがあるよう
に思います。ただ、わたしの場合は、最初は、被災地はいまど
うなっているんだろう、そこで、被災の只中におられる方々が
いまどう過ごされているんだろうという思いからだけで、また
他方では看護師として何か自分にできることはあるのかといっ
た不安も抱えながら、とりあえずは被災の場に足を踏み入れな
ければといった思いが強くありました。そして、じっさいに被
災地に行ってみて、医療的なニーズはさほどなかったけれど、
やっぱり、被災地でいろんな光景を目にし、被災された方たち

の日常生活を取り戻すために、そこで一緒になにか考えるお手伝いとか、時間をともにするなかで一緒に考えるってことだけでもできるんじゃないかなって思って、それで、「医療専門職者として」といった構えを脇に置きつつも、被災地にずっととどまっていたんだと思います。

〔近田〕：それも、先ほどから鳴海さんがおっしゃられる「時間をともにする」ことの重要さを裏付けるものの一つなのかもしれませんね。ただ、そのことの重要さに気づき、「医療専門職者として」といった構えを脇に置きつつとりあえずはそこにとどまり続けるというのは意外と難しいことなのかもしれません。というのも、以前、関西方面から来たという医療スタッフの方が石巻の避難所に入ってこられて、「ここじゃなくてもっと大変な場所にわたしを行かせてください」とおっしゃる方が結構いたんです。これはいったいどういうことなんだろうとずっと考えていたのですが、おそらくそういった方々の発言の背後には、ここよりひどい所に行ったらもっと自分が医療スタッフとして役に立てるんじゃないかといった先走った思いがあったのかもしれません。それって、けっきょく〈支援〉するって誰の為になっているのかなって議論に繋がっていくように思います。

〔鳴海〕：その感覚は、わからないでもないです。そもそもボランティアは行かなきゃいけないものでは全然なくて、本人が行きたいから行っている。それは、自己責任のもとで、ある意味で自分のやりたいことを実現しに行くような側面もあります。それは、考えようによっては自己満足、自己完結とも言えるのですが、ボランティアというかたちであれば、過度に役に立ちたいという思いが前面に出てしまうのもある意味仕方がないの

かもしれません。ただ、そのことが、逆に〈支援〉の本来的な営みをそぎ落とすまでになってしまっては元も子もありません。

何をあたえているのか —— 〈支援〉の要素を探る

「ただ一緒にいて安心感を感じてもらうだけというか、看護師が同じ建物で暮らしているということで少しでも安心に繋がればと思っていたのがじっさいのところでした。それは、あらためて何かを〈支援〉するというよりも、どちらかと言うとその人のもとの生活に近いようなかたちで何かを手伝う、一緒にいることなのかなって、いまでは思っています」。鳴海さんのお話のなかで、わたし自身がもっとも心を動かされたのがこの言葉である。

　時間を惜しむことなく被災された方々と「一緒にいること」。じっさいのところ、自分の時間を割いて苦しみの只中にいる人の傍にあり続けることなどそうそうできるものではない。しかも、これまでの自分自身の〈支援〉を確かなものとして支えてきてくれた「医療専門職者」といった立ち位置すらも脇に置き、なかば手探りに近い素の状態で被災地にとどまり続けるのだから、その際に感じる不安もまた計り知れないほど大きなものだったに違いない。しかし、鳴海さんのなかでは、〈支援〉という営みにはこの時間の共有を経たかたちでしかあたえることのできない安心感や信頼感の存在こそがきわめて重要である、といった独自の感触があったのではないか。わたしは、お二人の対話を傍で聴きながら、もともとお二方とも医療（看護）専門職者だからといった思い込みがわたしのなかにあったからか、〈支援〉に関する両者のやりとりの底の部分に、いわゆるケアという営みの根幹に "Be there（ともにあること）" という基本的な

構えを据えつけたシシリー・ソンダース[4] の存在を勝手に読み取ったりもしていた。

　そしてこの後、〈支援〉をテーマに掲げた第3回の「てつがくカフェ」は、上記二人の対話に応えて、ある参加者のつぎのような具体的な問題提起から対話が進められていくことになる。

　「支援物資や情報の提供、瓦礫撤去や医療支援などといった人的な支援、さらには、『ともにあること』をとおしてしかあたえることのできない信頼感や安心感など、その内容が何であれ、そこでは、〈支援〉をとおしてたしかに何かがあたえられ、やりとりされているのではないか」。この発言に導かれるように、当日の「てつがくカフェ」では、じっさいのところ〈支援〉という営みをとおして何があたえられているのかを可能な限り列挙・確認・整理し、そこから、それらを貫く〈支援〉の本質的な要素を探りあてる方向で粘り強い対話が深められている。そして対話のなかほどに差し掛かり、〈支援〉の特徴的な要素がある程度出尽くしたのちに、参加者のひとりがこれまでの議論を以下のように大まかにまとめてくれた。

　　〔一般参加者A〕：〈支援〉の要素を手繰り寄せようとするみなさんの対話をずっと聞いていて、なんとなくですが、わたしなりにさまざまな〈支援〉のあり方、とくに先ほどから議論の焦点

---

4)　シシリー・ソンダース（Cicely Saunders, 1918-2005）。1938年にオックスフォード大学に入学（政治学、哲学、経済学を専攻）するも、1940年11月に学業を一時中断し、ロンドンにあるナイチンゲール看護学校聖トマス校において戦時看護師となるが、1944年に持病のため看護師を免役され、再度オックスフォード大学に戻り、公衆社会管理学戦時学位を取得。アルモナー（現在のソーシャルワーカー）として聖トマス病院に勤務するとともに、ボランティアとしてベイズウォーターにある死にゆく人のためのホーム「聖ルカ」で働き、その後、1952年に医学部に入学し、39歳に医師免許を取得する。1967年夏に、聖クリストファー・ホスピスを開設し、以後18年にわたって医療部長を務める。

になっている、〈支援〉をとおしてあたえられているものとして
みなさんが列挙してこられたものを少し整理してみたいと思い
ます。とはいっても、ただ列挙するだけですが。

　まず考えられるのが、①それこそ「支援金」「義援金」などと
呼ばれるお金をあたえる側面。端的に言ってしまえば経済的な
〈支援〉。もちろん、経済的な〈支援〉は、何も被災者の方々を
直接的な宛先としてのみ為されるものではなくて、むしろ自分
自身が普通に生活を営むなかでさまざまのものを購入したりし
ながら、世の中の経済全体を回していくことが、最終的に被災
地の〈支援〉にも繋がっていくという側面もあり得ます。〈支
援〉の宛先が直接的に被災者そのものに向けられていないよう
な経済的な〈支援〉も大いにあり得る。そもそも、経済とはそ
ういうものなのではないでしょうか。

　つぎは、②瓦礫の撤去作業などといった人的な援助。これは、
見た目にもわかりやすい。具体的な労働力だけでなく、専門的
な技術および知識などをあたえるといった〈支援〉の側面もあ
るのではないでしょうか。もしかすると、被災地への医療支援
もとりあえずはこれに該当すると考えてよいのかもしれません。
そして、③生活を営むための住む場所や環境をあたえる、整え
るという〈支援〉もある。さらに、わたし自身がこれまでの対
話のなかで面白いなと感じていたのが、④上記のような個々の
具体的な〈支援〉をじっさいにより効果的に推し進めていける
ようにするためのシステムを〈支援〉する、という視点です。
このことについて発言しておられた方の言葉をそのまま拝借す
ると、それは「復興支援システムへの〈支援〉」と言えます。そ
の方も言っておられたように、いま、自治体はそれぞれの復興
計画を躍起になって作っているんだけれど、それを有識者など
の一部の人間に頼んでいるものだから、もともと地域に根ざし

てきた独自のノウハウなんかが全然生かされていない。そういった細やかなノウハウを丁寧に繋げてネットワークを構築し、システム化していけば相当実効性のある〈支援〉体制ができるんじゃないかという気がするんです。あちこちバラバラに、それぞれの人間の思いつきで支援していくのには限界がある。そういったシステムへの〈支援〉についての話が全然いま目立ってきていないような気がしています。人だけではなく、システムそのものに対する〈支援〉がほしいと強く感じます。ただ、その〈支援〉のためのシステムを構築すると言っても、それは最終的にみんなが自立できるように、人と人との繋がりを自分たちで作り上げていくのが重要だなと思います。つまり、〈支援〉を支えるシステムの構築は、外からあたえられるのではなく、内側から作り上げていくものなのではないでしょうか。

　あと、⑤被災された方々の心の問題に直接的に関わってくるような〈支援〉。たとえば、鳴海さんなどが問題にしておられた被災者に安心感をあたえるといったことにも繋がる、いわゆる精神的な〈支援〉というのもあるんじゃないかなと感じました。

　〈支援〉に関する哲学対話では、参加者によって整理された上記の五つの〈支援〉の要素を吟味しながら、他の参加者たちの発言によってさらにそれ以外の要素が次々に書き加えられていった。それぞれに重なる側面があることは十分予想され得るが、最終的に、〈支援〉の要素として10の要素が参加者からあげられ、共有されることになる。

　〔一般参加者B〕：いま「あたえる」という切り口から〈支援〉の要素を五つ挙げて整理してくださった方の発言を聞いていて、わたし自身も一つ思いついたのですが、もしかすると、これは

先ほど触れられた心の問題、すなわち精神的な〈支援〉にも関連するものなのでしょうが、⑥娯楽をあたえるというのも〈支援〉の要素のなかに含まれるべきではないかと思います。もちろんそれは直接的で即効性のあるようなものではないのかもしれませんし、沿岸地域の被災地ではまだまだそういった雰囲気ではないのでしょうが、しかしながら娯楽をあたえるといった〈支援〉のアプローチもいずれ効果を発揮するときがくるような気がします。

〔一般参加者C〕：このところ、被災地では、国内外にかぎらず世界中からさまざまなかたちの支援活動を行いたいという声をほんとうにたくさん耳にします。みなさんのなかにも同じような気持ちの方がおられるのではないかと思っているのですが、わたしとしては、じっさいに被災地に足を運ばれるような具体的な支援活動に繋がらなくても、そういった被災地へと向けられるたくさんの声を耳にするだけでなんだか応援されているような気がして、とてもパワーをもらったような気分になります。なんでしょう、先ほど近田さんもおっしゃっておられたような、避難所となっていた石巻市役所のすべてのトイレに貼られていた「支えよう日本　関西からできること」のチラシなどにも通じる、⑦応援（エール）という〈支援〉のようなものを強く感じます。それをさらに幅広い射程で言い換えれば、気をかけてもらっている感触というか、⑧関心を寄せる（寄せられている）といった〈支援〉の要素です。

　わたし自身は、この関心という要素を、じっさいのところすべての〈支援〉のありかたを下支えするもっとも重要な要素のように感じています。というのも、たとえば、わたしも発災直後はいろんな意味でつらかったのですが、こうして震災から6ヶ

91

月がたってもいまだにメディアでは震災に関連したさまざまな番組がつくられ、放映されたりしている。変な話ですが、少なくともわたしにとってはそれも一つの支えになっているような気がします。そこには、それが批判めいたものであれ好意的なものであれ、いずれにしても何らかの関心が持続している、関心が寄せられ続けているという確かな感触があります。

　そのほかに参加者から挙げられたものとしては、⑨いままさに眼の前に広がりつつある悲惨な現状から少しでも目を離し、顔を挙げ、前を向くことができるように被災者の方々に希望や展望、さらには「心の糧」をあたえるような〈支援〉も必要ではないのか、などの意見もあった。なかでも、個人的にとても興味深かったのが、⑩なんらかの役割をあたえる（担う）ということがその人の存在の確かさを支えることへと繋がるのではないかとして、震災後の自身のつらい経験に基づいた独自の〈支援〉観を披露してくれた参加者の発言である。その参加者は、そのような考えにいたった経緯を以下のように言い添えてくれた。

　〔一般参加者 D〕：震災からしばらくのあいだは、身の回りに広がる凄まじい状況にただ身をまかせるほか何もすることがありませんでした。そんなとき、知人が気分転換にでも育ててみたらってわたしに観葉植物をくれたので、毎日、何も考えずにただひたすらそれを育て続けていたのですが、なぜかそれがわたしにはとてもよかった。震災直後からずっと、一方的に支援を受けるだけの被災者として日々漫然と過ごしていたこのわたしが、たとえ観葉植物という小さな存在であったにせよ、お世話をするという、何かしっかりとした役割をあたえてもらったように感じられて、じぶんにはそれがものすごくプラスになった。

だから、そういった何らかの役割をあたえる、あたえられるということがその人の存在をしっかりと支えるきっかけになるのでは、とつよく感じています。

　何らかの役割をあたえる（担う）というこの視点は、〈支援〉という営みの本質を考えるうえでもとても重要な切り口になるように思われる。他者から何かを一方的にあたえられるだけでは、むしろ被災者支援からは遠ざかっていく。〈支援〉は何らかのものを一方的にあたえられるだけではなく、あたえられていたその当人が、逆に、今度はだれかに対して何かをあたえる存在へと反転する機会がつねに見込まれているような関係性のなかでこそ成立するものなのかもしれない。このことについて考えるとき、わたしはいつも、先天性四肢欠損という重い障害を抱え、電動椅子を使っての日々の自分自身の生活を率直に書き綴った『五体不満足』（講談社）の著者・乙武洋匡さんの発言を思い出す。乙武さんは、東日本大震災発災後に茨城県の常陸太田市から北茨城に入り、福島県の郡山市、宮城県の塩釜、石巻、女川、気仙沼へと徐々に北上しながら被災地支援に訪れ、そこでの経験を『希望　僕が被災地で考えたこと』（講談社）という一冊の本にまとめる。そして、その本のなかで乙武さんは、支援を受ける被災者の様子を丁寧に観察しながら、それをみずからの障害の問題に引き寄せつつ、つぎのような言葉をとおして〈支援〉の厄介な側面に触れている。

　　けれど、僕は知っている。一方的に浴びつづける善意は、やがてボディブローのように効いてくることを。相手に「してもらう」ことはありがたいことだが、その関係性があまりに一方的だと、いつしか自分を卑下するようになる。それは、物理的に「してもらう」ことが多かった僕が、小さな頃から闘ってきた葛

藤でもある。だからこそ——。フリースペースで楽器を演奏する。館内で配布される情報誌にイラストを寄せる。イベント時には写真を撮影する。こちらの方言でもある"おだがいさま"の精神で、「自分にも何かできることを」と探しはじめた人々の気持ちが、僕にはよく理解できた。[5]

"おだがいさま"の精神

　乙武さんの言うように、〈支援〉という営みを考える際には、この「"おだがいさま"の精神」の存在を忘れるわけにはいかない。なぜならそこでは、〈支援〉という営みが「ささえる」という一方向的なベクトルとは異なって、「おだがい」が「おだがい」を「ささえあう」という双方向的な関係性のもとで捉え返されているからである。たとえ過酷な状況を生きることを余儀なくされた被災の只中に置かれたとしても、そのだれもが、それぞれのレベルにおいてなんらかの「役割」をとおして、だれかの、何かの「ささえ」になる。そういった「"おだがいさま"の精神」を存分に感じさせる〈支援〉観もまた、発災直後の被災地において求められていたものだったのかもしれない。「たとえ観葉植物という小さな存在であったにせよ、お世話をするという、何かしっかりとした役割」が自分自身にあたえられて在るというこの感触こそが、一方向的な関係性のうちで「してもらう存在」へと貶められつつある自分自身の存在をすんでのところで掬いあげ、ささえてくれる最後の機会となっていたのではないか。ちなみに乙武さんは、この「役割」という言葉をそれぞれの「向き不向き」や「キャラ」から割り当てられる「担当制」といった言

5）　乙武洋匡『希望　僕が被災地で考えたこと』、講談社、2011 年、92 頁。

葉で言い換え、そのうえで、「はじめての著書『五体不満足』によって世間に知られることとなった」自分自身に割り当てられている「役割」が何であるのかを探りはじめる。そして、著書に対して読者から寄せられた声の多くが「勇気をもらいました」「その前向きさを見習います」というものであったことから、最終的に自分自身の「役割」として与えられているものが、大震災という困難な状況のなかにおいても「明るく」、そして「人々が前向きになれる言葉」を力強く発信し続けていくことなのではないか、との考えにまで思い至る。乙武さんはそのときの心の動きについて、『希望　僕が被災地で考えたこと』という著書のなかで次のように書き記している。

　　政府や東京電力に批判を浴びせる人、次世代エネルギーへの転換を声高に叫ぶ人、被災地への思いを切々とつづる人。ツイッター上には、じつにさまざまな意見が飛び交っていたが、それはどこか胸が苦しくなったり、思わず肩に力が入ったりしてしまうものが多かった。そんななかで、一時的にでも心がふわっと解放されたり、前向きになれたりするようなツイートをする人がいてもいいのではないか。そう思ったのだ。もちろん、こうした苦しい状況のなかで、冗談など聞きたくないという人だっているだろう。だが、逆に暗いニュースばかりが耳に入ってくるこの状況で、一瞬でも心が晴れるような情報を求めている人もいるのではないか。そうした人々にとって、少しでも癒しや活力を与えられる存在になれたら――。震災から二週間後、僕はツイッターのプロフィールを書き換えた。
　　【大震災によって、多くの方がつらい思いをしています。被災地以外の方々だって、これまでと変わらぬ生活を送ることに戸惑いや罪悪感を感じたり……。何が正解かは、わからない。それでも、僕なりに、みなさんの心がくつろげたり、前向きにな

れるようなメッセージを発信していきたいと思います。それを
不謹慎だと感じる方は、どうか非フォローを】[6]

　たしかに、「《誰からも、あるいは何ものからも必要とされていな
い人は、帰属感も持ち得ないし、あたかも風に吹かれる木の葉のよ
うに生きているのである。》わたしには他者から必要とされている
ことが必要であり、他者がわたしを必要としていることと、わたしに
とってそういう他者が必要であることとは密接に関係している」[7] こ
とは間違いない。しかしながら、その一方で、この自分自身の「役
割」をなんとか見つけ出そうとする前のめり具合は、それこそ本書
の「第2章　負い目という桎梏」で問題にした、〈できる／できな
い、役に立つ／立たない〉を尺度とする能力主義的な判断基準に基
づく〈負い目〉へとすぐさま反転してしまう可能性があることにも
十分気を配っておく必要がある。

わたしたちは似ていない者どうし

　ところで、この「"おだがいさま"」という双方向的な〈支援〉の
あり方をさらに深くまで読み解いていくと、そこには、これまでの
哲学対話のなかで確認してきたさまざまな〈支援〉の要素、さらに
はそのいくつものヴァリエーションを貫く原則らしきものが透けて
見えてくる。
　そもそも、この〈支援〉という営みが可能となるためには、先に
触れた「おだがい」という双方向的なものにせよ、〈支援するもの／

6)　同上、44-45頁。
7)　ミルトン・メイヤロフ（田村真・向野宣之訳）『ケアの本質　生きることの意
味』、ゆみる出版、1993年（第4刷発行）、144頁。

されるもの〉といった一方向的なものにせよ、まずは、文字通り〈互
い〉の置かれている状況や立ち位置の〈違い〉がしっかりと両者の
うちで共有されているのでなければならない。なぜなら、「（被災と
いう）事実に直面しそれを受け容れなければならないのはその人（当
事者）自身なのであって、他の人が代わってやることは決してでき
ない」[8] ことだからである。被災者（当事者）と支援をする者とでは、
直面している事実の内容において決定的な〈違い〉がある。にもか
かわらず、わたしたちは、とかく苦しみの渦中にある当事者（被災
者）を支えるためには何よりも被災の苦しみに深く共鳴・感情移入
し、自身と被災者との隔たりを可能な限り消し去ることでその「一
体感」[9] にまで漕ぎ着けようと躍起になる。ときには、当事者の苦し
みをまさに自分の苦しみとして引き受け、その身代わりになること
ができないかとさえ感じてしまう。しかしながら、両者の〈違い〉
を跨ぎ越し、同一視しようとするそのような大それた気構えこそが、
逆に、〈支援〉という営みそのものを完全に不可能なものへと貶めて
しまう。もし仮にそれが可能であったとしても、他者の苦しみを自
身の苦しみとして自らのうちに抱え込もうとする試みにどれほどの
精神的な労力が必要とされるか、考えただけでも気が遠くなりそう
な話である。あらためて言うまでもなく、その先には、被災者の苦
しみに思いを寄せ過ぎることで過度の精神的ストレスを感じてしま

8)　土屋貴志「『ささえる』とはどういうことか」、森岡正博（編著）『「ささえあい」
　の人間学』、法藏館、1994 年、50-51 頁。
9)　マックス・シェーラー（飯島宗享・小倉志祥・吉沢伝三郎編）『シェーラー著作
　集 8　同情の本質と諸形式』、白水社、2002 年、50 頁。ちなみにシェーラーは、も
　し「人間」がこの「一体感」にまで達するためには、「かれの身体および身体に
　とって重要な一切のものを越えて、『勇ましく』高揚しなければならない。また同
　時にかれの精神的個体性を『忘れ』、あるいはいわば『無視』せねばならない。す
　なわち、人間は、一体感に到達するために、おのれの精神的尊厳をみずから放棄
　し、おのれの衝動的『生命』の流れるままにまかせなければならない」とも言っ
　ている（同上、78 頁）。

う「共感疲労」が待ち構えている。そうならないためにも、それこそ他者への「同情・共感・共同感情」について深く哲学的な考察を展開したマックス・シェーラーの言葉——「他者の苦しみを汝自身の苦しみとみなしたり、それを除去するためにエネルギーを消耗するがごときのないようにくれぐれも注意せよ」[10]——を重要な戒めの言葉として自らの胸につよく刻み込んでおく必要がある。

　ちなみに、シェーラーもまた、相手の苦しみに寄り添うためには何にもまして両者における「純粋な本質的差異性」が「あらかじめ前提」[11]とされているのでなければならないと明言する。それどころか彼は、「この他人としての他人の苦しみを苦しむこと」としての「共苦」については、とくに「他人との、あるいは他人の苦しみとわたしの苦しみとの、なんらかの一体感や同一視は、どんな場合にも決して問題にならない」[12]とまで念押しするのである。たしかに、すでに述べたように被災者（当事者）と支援をする者とでは、直面している事実の内容において決定的な〈違い〉がある。それゆえ、〈支援〉したいという強い思いに背中を押され、過度に目の前にいる被災者に近づき過ぎてしまえば、「この他人」の存在の際がぼやけ、じっさいに被災者が置かれている個別具体的な状況やニーズにまでたどりつく道筋が閉ざされる。また逆に、被災の苦しみにおかれている人々を自分とはまったく隔たった存在と見なし、被災者を自身から大きく遠ざけ過ぎてしまっても、もはや個々の被災者が抱える苦しみの委細にまで思いが及ばず、単にそれを平板化して理解するだけの皮相な関わりしかもてなくなる。そう考えてみると、〈支援〉という営みには、いま目の前の「この他人（被災者）」がおかれてい

---

10)　同上、86頁。
11)　同上、128頁。
12)　同上、80頁。

る状況を正確に捉えるために欠かすことのできない「適切な距離」[13]
が常に求められている、と言える。近づきすぎても、離れすぎても
いけない。もちろん、この〈違い〉が両者を完全に切り離す〈断絶〉
となることもまたありえない。それどころか、むしろそれは〈支援〉
という営みをその根底で支えているもっとも重要な契機とすら言え
るのである。なぜなら、互いのうちに横たわるけっして乗り越えら
れないこの〈違い〉こそが、まさに〈支援〉という営みを可能にす
る〈関心〉や〈共感〉といった他者への働きかけを呼び込むものに
他ならないからである。そう考えてみると、〈支援〉という営みに
よって結ばれるこのお互いの関係を、それこそ死にゆく多くの人々
を支援し続けたシシリー・ソンダースにならって、「わたしたちは似
ていないものどうしによる共同体（a community of the unlike）であ
る」[14]として捉え返すこともまた可能なのではないか。

　それぞれに表現は異なるが、このような関係性を〈支援〉や〈ケ
ア〉の根幹に据え付けようとする考え方は意外に多い。たとえば、
「ケアの主要な要素」やその「特質」を丁寧に整理しつつ自身のケア
論を展開してみせた哲学者のミルトン・メイヤロフも、彼の主著で
ある『ケアの本質　生きることの意味』という著書のなかで、支援
やケアにおいてこの〈違い〉という差異性がいかに重要であるかを、
「差異のなかの同一性（Identity-in-Difference）」という独特の言い回
しをとおして言い当てようと試みている。

　　ケアにおいては、わたしたちは相手の人を、自分とは別個の対
　　象として捉えているのであるが、同時に、わたしたちと一体を
　　なしているとも捉えている。この関係は〝差異のなかの同一性〟

13）　同上、129 頁。
14）　Cicely Saunders, Hospice – a Meeting Place for Religion and Science, *Cicely Saunders Selected writings 1958-2004*, Oxford University Press: 227, 1989

ということができる。わたしたちは相手と一体である（同一性）
と感じると同時に、相手のもつかけがえのない独自性、または
自分自身のもつ独自性（差異）を、よりしっかりと意識するの
である。[15]

　メイヤロフは、「差異の中の同一性の関係こそがケアの根幹をな
す」とまで言い放つ。もちろん、ここで彼が述べている「同一性」
や「一体感」が、シェーラーによって何度も戒められていた、「お互
い各自が、自己としての自らの全人格的統一性を喪失してしまうよ
うな他者との共生関係」もしくは「寄生的関係で起こる合一」とは
決定的に異なるものであることは言うまでもない。ただここで、〈支
援〉という営みの本質的な要素を捉え返すうえであらためて気にか
けておきたいのが、自らを越え出て、目の前で苦しんでいる他者の
「独自性」に深く関わっていこうとする何らかの働きかけ（「思いや
り」）へとわたしたちを促すものは何なのか、という点である。すな
わち、「相手を自分とはかけ離れた存在、単に自分とは関係なく存在
するものとして捉えたときのような、同一性のない違和感」のうち
に留まり続けることをやめさせ、あえて「差異の中の同一性」を目
掛けて自らの思いを他者へと向かわせるものははたして何なのか。
メイヤロフにおいてそれは、「ケアすることにおいて、わたしたちは
ケアされるものの本質的な価値を直接感じとる」[16]からに他ならな
い、とされる。

　　わたしたちが他者に感じる価値は、あるがままの彼と、彼自身
　　の存在の権利において個別的である彼とに応答することと、わ

15）　ミルトン・メイヤロフ（田村真・向野宣之訳）『ケアの本質　生きることの意
　　味』、ゆみる出版、1993 年（第 4 刷発行）、186-187 頁。
16）　同上、188 頁。

かちがたく結びついている。これはわたしたちが他者に対し、思いやりの感情を抱いたときの状況とよく似ている。というのは、思いやりは、他者を独自の価値を有している人として応答することで、その人の価値を感得することになるからである。[17]

メイヤロフのケア論の根底には、このように「ケアされるものの本質的な価値を直接身に感じ取り」、「かけがえのないその人自身に応答」しようとする構えが通奏低音のように響きわたっている。たしかに、なによりも目の前にいる「その人自身」の「本質的な価値」を「感得する」という重要な契機があってこそ、すでに述べた、石巻の沿岸地域に災害医療に入られた鳴海さんのように、被災者に対して具体的に何をするというわけでもなく、また目に見えるようなはっきりとした成果も達成感も見込めない、単に被災した方々と「時間をともにする」という先の見えない〈支援〉が可能となるのではないか。

関心を寄せる —— 待機されているという感触

とはいえ、思想家の気の利いた言葉遣いを引用することで当日の哲学対話でなされた議論にお墨付きをあたえることが本書の目的ではない。じっさいの哲学対話で交わされた参加者どうしの生の声や思考の流れをあらためてたどりなおし、あのとき、被災地で〈支援〉に関するどのような考えが編み上げられていったのかを深く読み解いていく必要がある。

すでに述べたように、当日の哲学対話では、参加者のあいだで以

17) 同上、189頁。

下のような〈支援〉のヴァリエーションが導き出されていた。

① 義援金や支援金など、経済的な側面から被災者をささえる〈支援〉

② 瓦礫の撤去作業や医療支援などといった人的な側面から被災者をささえる〈支援〉

③ 生活を営むための場所・施設・環境などを整える〈支援〉

④ 個々の〈支援〉をより効果的に推し進めるためのシステムを構築する〈支援〉

⑤ 安心感などをあたえるといった精神的な側面から被災者をささえる〈支援〉

⑥ 娯楽をあたえるという〈支援〉

⑦ 応援（エール）という〈支援〉

⑧ 関心を寄せる（寄せられている）といった〈支援〉

⑨ 被災者に希望や展望、さらには「心の糧」をあたえるような未来志向型の〈支援〉

⑩ なんらかの役割をあたえる（担う）という〈支援〉

　もちろん、上記に挙げた〈支援〉の諸相にくわえて、この回の哲学対話の冒頭で看護師の鳴海さんがあげた「時間をともにする」という〈支援〉のあり方も、とりあえずは〈支援〉における⑪番目のヴァリエーションとして数え入れておかなければならない。

　言うまでもなく、これらの〈支援〉のヴァリエーションのうちには、それぞれに似通っているものや内容的に重複しているもの、さらには、たがいに強く関連し合っているものが多く見受けられる。ただ、ここで留意しておきたいのは、当日の哲学対話をとおして、〈支援〉という営みにはこれほどまでに多様なヴァリエーションが存在しているということ、またそれにともない、そこには直接的な効果を見込んでいるものもあれば間接的に被災者に関わろうとするもの、さらには時間的に即効性を目指すものもあれば中・長期的な視

野にたつものなど、それぞれに目指す到達点やスピード感が異なって存在しているということが参加者間で確認され、共有することができたという事実である。それどころか、当日の哲学対話では、さらに突っ込んで〈支援〉にはその営みの成果を評価しやすいものとそうでないものにおいても差異が存在するといった、〈支援〉の評価の問題にまで対話が及んでいる。そもそも、この回の哲学対話が、震災直後に被災地を覆っていたあの貧相で窮屈な〈支援〉観を問い直すことを目的として開催されたことを思えば、すでにこの時点で、それをほぐすことにある程度まで成功していたとも言えるのではないか。そしてこの後、対話は、さらに上記のヴァリエーションを貫いている〈支援〉の要素を大きくカテゴリー分けする作業へと舵を切り、またそれらがどのような関係性を結んでいるのかを確認する作業へと深められていく。

　対話の後半に差し掛かり、ある参加者が、これまでの対話の流れが記されたグラフィックを見返しながら、上記のヴァリエーションを貫いている〈支援〉の要素がなんなのかについて、自身の考えをつぎのように示した。

　〔一般参加者E〕：これまでわたしたちは、「あたえる」というキーワードを切り口にたくさんの〈支援〉のあり方について対話を重ねてきました。その作業だけでも十分だとは思うのですが、そういった多様な〈支援〉のあり方をいくつかのカテゴリーに分類し、さらに抽象度をあげて〈支援〉という営みの全体を貫く特徴的要素を浮き彫りにしてもよいように思います。わたしとしては、これまで挙げられてきた〈支援〉のヴァリエーションの根底には、大きく分けて4つの流れがあるように思っています。

　　まず、先のヴァリエーションの①から④に該当する、モノや

環境、さらには情報といったように、具体的な何かを「あたえる」という関わり方が一つ。つぎに、同じ「あたえる」でも、今回の対話の冒頭でお話になった看護師の鳴海さんや近田さんが被災地で行われてきた医療支援などのように、その人がもつなんらかの専門的な知識や技能を「あたえる」という関わり方です。おそらく、先のヴァリエーションでいえば、⑤と⑥に記されているような「安心感をあたえる」や「精神的な側面から被災者をささえる」、さらには「娯楽をあたえる」といった〈支援〉もまた、少なからずそういった専門的な知識や技能を必要としているように思います。そして三つ目は、むしろ上記のような一方から他方へとなにかをあたえる、あるいは〈お互い〉に何かをあたえ合うような関係性とは次元の異なる、「時間をともにする」、「ともに居続ける」といった、なにか具体的なやりとりのさらに深いところで、それこそ〈互い（違い）〉の存在そのものが共鳴しあっているような〈支援〉のあり方です。そして四つ目は、これは上記に掲げたすべての〈支援〉のヴァリエーションに通底するもので、むしろそれらをその根底で可能にしているものとすら言えるのではないかとわたし自身考えているのですが、やはり、最終的には「（相手に）関心を寄せる」ということが〈支援〉のすべての始まりのような気がします。そういえば、たしかこれまでの対話のなかでもどなたかが「関心はすべての〈支援〉のありかたを下支えするもっとも重要な要素のように感じています」といった発言をされていました。文脈は異なるのかもしれませんが、わたしもこれについては強く同意します。

　この発言の興味深いところは、多様な〈支援〉のヴァリエーションのうちにもなんらかの次元の差や基礎づけの関係が結ばれてある

ことを読み取ろうとする視点である。なかでも、これ以降の対話の流れの軸となったのが、「時間をともにする」や「ともに居続ける」といった表現で捉えられてきた〈互い〉の存在そのものを差し出し、共鳴させるような〈支援〉のあり方に関するもの、さらにはすべての〈支援〉を基礎付けるものとしての「関心を寄せる」という根本的な〈支援〉の要素についてである。上記の発言を受けて、とくに参加者のあいだでは、看護師の鳴海さんが冒頭で述べた「時間をともにする」ことの意味をあらためて問い直しながら、その背後でつねに動き続ける「関心を寄せる」という〈支援〉の根幹を深く読み解く作業へといよいよ焦点が絞られてゆく。

　そもそも「時間をともにする」とはどのような事態を指すのか。たしかに、これまでの対話のなかではそのことの真意についてまでは深く議論されてこなかった。ただ、それが単に1時間が60分などとして測られる客観的な時間を相手のために割く、あるいはあたえるなどといった被災者との物理的な時間の関わり方のみを意味するものでないことだけは間違いない。ある参加者は、まさにこのあたりのことについて、鳴海さんに対して率直な問いを投げかけている。以下に記す両者のやりとりを見るだけでも、「時間をともにする」ということが単なる客観的な時間のやりとりからだけでは推し測れない、まさにそれが「関心を寄せる」といった〈支援〉の根幹ともいえる次元へと深く関わっていく様が十分読みとれるのではないか。

　　〔一般参加者F〕：あらためてお聞きしたいのですが、鳴海さんが「時間をともにする」とおっしゃる場合、そこには、どこからどこまでといったような具体的な時間の長さが問題とされているのでしょうか。つまり、相手に寄り添う際の時間の長さや短さが、〈支援〉のあり方に何かしら関わってくるといった感じでお考えでしょうか。

〔鳴海〕：たしかに時間の長さに依存して〈支援〉の質や内容が変わることもあろうかと思います。ですが、わたしがあのとき「時間をともにする」といった言葉で表現しようとしたことは、時間そのものについてというよりも、むしろ支援するものと支援されるものとが互いの関心を共有しながら一緒に過ごす、あるいは、具体的になにか同じ行事や作業をしてともに過ごすといった程度の意味だったように思います。わたしのなかでは、朝のラジオ体操を避難所のみなさんと一緒にやって過ごすとか、お昼ごはんを一緒に食べる、お花に水を一緒にあげる、どなたかが持ってきてくださった宮城の名物や各地のお土産物を一緒に食べて、その土地土地の文化に関するお話をお聞きしたりして過ごすといったことでしょうか。避難所の方々とともに過ごすなかで、その地域のいいところを知り、ときにそれを褒めたりとか、あるいは被災者の方々がその地域に根ざした伝統や文化に寄せておられる強い思いを共有したりとか、何ら明確な目的をもつわけではないですが、そういった関心を共有しながらただ一緒に過ごすという意味で、わたしは「時間をともにする」と言ったように思います。

〔一般参加者 F〕：なるほど、鳴海さんにとって「時間をともにする」は、被災者の方々と一緒に何かしらの作業をするなどして関心を共有するといったところに軸足が置かれている言葉だったのですね。いまのお話で、そのことがとてもよくわかりました。ありがとうございます。ただ、ぼくがなぜあえて先ほどのような質問を鳴海さんにさせていただいたかと言いますと、じつは、ぼくが被災地で避難所を運営していた際、被災者の方から鳴海さんがおっしゃったのとは別の意味で「時間をともにする」ことに関する問いを浴びせられた経験があったからです。

その問いというのは、なんというか、一見、〈いつまで〉という時間に関する問いかけのように見えて、じっさいは「あなたたちは〈どこまで〉一緒にやってくれるのか」といった感じで、なにか責任感の強さを訊ねられているかのような問いでした。ご存知のとおり、避難所を運営するときには必ず終わりというものがあります。これが永遠に続くわけではないし、いつまでも一緒に時間を共有しているわけにもいかない。「時間の共有」というものを〈支援〉の中心に据え付ける場合、どうしてもそれは「どこまで付き合ってくれるんですか」といった責任の意味を帯びてくることになりはしないか。そういった経験から、わたし自身は、どこからどこまでという一定の区切りのようなものがないと責任ある〈支援〉ができないようにも思えて、あえてあのような問いを投げかけさせていただきました。

〔鳴海〕：そこまで考えてしまうとちょっと重たくなっちゃうので、わたし自身はその点についてはあまり意識してきませんでした。もちろん、そういったことを目指して、あえてわたしたちの活動と距離を置かれた医療従事者の方々がおられたかもしれません。ですが、わたしたちはあくまでもボランティアなんだというところで通してしまおうと思っていました。どこまでも責任を感じて突き進み、被災者の方々がこれからこの避難所を出られてどこに移られ、またそこでどのような生活をなさるのか、それをひとりひとり追い続けて何年もかけてわたしたちが支援をし続けますといった感じの話はまったくしませんでした。わたしたちは、あくまでもこの場所において、被災者の皆さんが健康を保ったまま次のステージに移られることをお手伝いしたいんですということだけを考え、それを伝えていました。

ここでも、鳴海さんの発する言葉の背後に、前節で〈支援〉の原則として明確にした「互い／違い」という関係性が深く響いていることが読みとれる。被災者の身代わりにでもなるかのような勢いで、いつまでもどこまでも責任を感じて援助の手を差し伸べ続けることは、むしろ被災者が備えているもともとの力をエンパワーするどころか完全に萎えさせてしまい、〈支援〉という営みの本来的なあり方からは大きく遠ざかっていく。鳴海さんは、いまともにいる被災者が自分自身でこの難局を乗り越えていくその力を信じて、「あくまでもこの場所において、被災者の皆さんが健康を保ったまま次のステージに移られるように手伝う」ことにのみ専念する。そこには、いつまでも／どこまでもといった妙な気負いを意図的に回避しているかのような構えすら感じられる。おそらく、鳴海さんのなかでは、いま目の前の「この他人（被災者）」がおかれている状況を可能な限り正確に把握するためには、何にもまして、支援するものと支援されるものとの双方のあいだに「適切な距離」が保たれてあることの重要さが直観的に読み取られていたのではないか。そういった意味からすれば、〈支援〉とは、「適切な距離」を保ちつつ当事者へと関わっていく、その微妙な〈さじ加減〉が求められる営みと理解することができる。その加減がうまく調整されてこそ、被災者の置かれている状況を可能な限り的確に把握し、そのニーズに応え、もともと備えている当事者の回復力を増大させる可能性も拓かれてくる。そして、その適度な〈さじ加減〉に深く関わるものこそが、まさにこれまでの対話のなかで〈支援〉の根幹をなすものとして導き出されてきた「関心を寄せる」というあの特徴的な要素というわけなのである。

　上記の対話の流れをしっかりと踏まえるなら、この「関心を寄せる」という〈支援〉の幹となる営みが、絶え間なく当事者の苦しみに細心の注意を払い続けることを強いる過酷な要請にまで至らないことは言うまでもない。もし〈支援〉という営みがそのような適度

な〈さじ加減〉を欠いた過剰さのなかで行われるようなものならば、「時間をともにする」や「ともに居続ける」という関わりが、挙げ句の果てには〈とも倒れ〉という最悪の事態へと突き進んでしまう。「関心を寄せる」とは、そういった当事者の苦しみに絶え間なく注意を払い続け、その背後に隠されてある相手のニーズを強引に掘り起こそうとする前のめりさとは無縁である。もちろんそれは、支援する側の一方的な思い込みから被災者のニーズを意のままに描き直そうとする身勝手さとも関係がない。それらは、遅かれ早かれ被災者の現状やニーズを捉え損なった、あくまで自分本位の〈おせっかい〉という厄介な代物にまで行き着くことになる。そうではなくて、「関心を寄せる」とは、むしろ被災者の微かな呼びかけも聞き漏らすことがないように静かに、またその呼びかけにそれとして応えることができるよう粘り強く傍に控えておくこと、待機しておくことをその本質的な構えとするものなのではないか。なにも、つねに被災者に対してこちら側から最大限の注意を寄せ続けていなくともよい。ただ、向こうから呼びかけられればすぐに応えることができるように準備をしておくこと、体制を整えておくこと、これが重要である。被災者に対するこちら側の強い思いを前面に押し出そうとする前のめりで喧しい振る舞いは、〈支援〉においては雑音でしかない。だからこそ、関心のアンテナを張り巡らし、磨き上げ、余計なノイズが入らないようにいつも最適なチューニングを怠らないよう心がけなければならない。さらに言うなら、〈支援〉は、〈互い〉のあいだに横たわる〈違い〉のために、究極的には被災者の苦しみを完全には理解できないという不全感を抱くことも織り込み済みで始められるのでなければならない。しかも、「たとえ自分たちには絶対に何もできないのだと感じたときでさえ、わたしたちはそこに留まる準備が

できていなければならない」[18] 類のものなのである。なぜなら、それ
でも傍に待機されているという感触を被災者に感じてもらうことこ
そが、被災者への〈支援〉を下支えする「安心感をあたえる」こと
になり、さらには両者を結ぶ信頼感をかたちづくることへと繋がっ
ていくからである。そう考えてみれば、〈支援〉という営みは、何か
を「あたえる」などといった〈する〉もしくは〈営み〉に関わる言
葉遣いよりも、むしろどのように〈ともにある〉かといった、〈存
在〉に関わる語り口からたどられるべきものなのかもしれない。

〈する〉よりも〈いる〉こと

　じっさいのところ、このような捉え方は〈支援〉という営みの根
幹に触れようとする際にはよく顔を出すものである。たとえば、先
に触れたシシリー・ソンダースも、1965 年に開催された聖クリスト
ファー・ホスピス年次大会での講演「わたしとともに目を覚まして
いなさい（Watch with me）」のなかで、ケアの本質を、そのもっと
も深い意味において「そこにいること（Be there）」と表現していた
し、何より、この度の東日本大震災と同じく、阪神・淡路大震災と
いう過酷な状況のなかで医療支援活動に従事した精神科医の中井久
夫や安克昌もまた、それぞれの著書のなかで、被災地に赴く「ボラ
ンティアの役割」を問題にするという文脈ではあるが、まずは傍に
「居てくれるだけで価値がある」〈支援〉のあり方、さらには「『存在
すること』による癒し」の可能性などについて早くから触れていた。中
井久夫は、『災害がほんとうに襲った時　阪神淡路大震災 50 日間の記
録』という著書の中で、この点についてつぎのように書き記している。

18)　シシリー・ソンダース（小林康永訳）『ナースのためのシシリー・ソンダース
　　ターミナルケア　死にゆく人に寄り添うということ』、北大路書房、2017 年、120 頁。

「存在してくれること」「その場にいてくれること」がボランティアの第一の意義であるとわたしは言いつづけた。わたしたちだって、しょっちゅう動きまわっているわけではなく、待機していることが多い。待機しているのを『せっかく来たのにぶらぶらしている（させられている）』と不満に思われるのはお門違いである。予備軍がいてくれるからこそ、われわれは余力を残さず、使いきることができる。[19]

　同じく精神科医で、阪神・淡路大震災時下での「心のケア」の困難さを克明に書き記した『心の傷を癒すということ』という著書でも知られる安克昌は、上記の発言をもとに、被災の「当事者と第三者との間の溝」、さらには「当事者の孤独」を解決してくれる役割を担うものとして「ボランティア」の存在をつぎのように解釈しなおしてみせる。

　　当事者の心の傷は、第三者にとっては「他人ごと」なのである。阪神・淡路大震災で被災した人も、奥尻や普賢岳などの災害においては第三者だった。当事者は心的外傷の苦痛を味わうだけでなく、「他人ごと」という視線に囲まれて孤立の苦痛を味わうのである。そして、阪神・淡路大震災のような大規模災害においては、当事者である被災者の孤立は、すなわち被災地全体の日本の中での孤立に繋がるだろう。では、どうやって当事者と第三者の溝を埋めればよいのだろうか。当事者の孤立をどうやって解消すればよいのだろうか。その解答の一つが、ボランティアである。ボランティアは、当事者か、第三者か、という対立に「当事者を理解しようとする第三者」という新たな次元をも

19）　中井久夫『災害がほんとうに襲った時　阪神淡路大震災50日間の記録』、みすず書房、2011年、64頁。

ち込んだ。ボランティアの役割は「存在すること」であるとい
う中井久夫氏の至言がある。つまりボランティアとは、居てく
れるだけで価値がある。救護する側も、される側も、すべて傷
ついた人間しかいない被災地では、外部から来た無傷の人間が
寄りそうことで、被災者は癒された気持ちになる。傷ついた人
にはあらゆる人が遠ざかっていくように見える。そばに居てく
れる人、訪れてくれる人はそれだけでとても貴重なのである。
被災直後に他府県のナンバープレートの救急車や救援物資の運
搬車を見て、胸の熱くなる思いをした被災者は多いと思う。そ
れは〝見捨てられて居ない〟という安心感を、感じさせてくれ
るからである。「存在すること」による癒しは、かつて精神療法
家シュヴィングが「精神病者の魂への道」において印象的に示
したことである。彼女は自分の殻に閉じこもる精神病者のそば
に、静かに居つづけることで病者の心を開いたのであった。[20]

　1995 年に起きた阪神・淡路大震災は、多くの市民や専門家たちが
災害ボランティアとして新たに加わるきっかけを生み、それを機に
数多くのボランティア団体や NPO 法人などが誕生した。そのような
経緯もあって、1995 年はときに「ボランティア元年」と呼ばれるこ
とがあるが、この時期、すでにこれほどまでに「ボランティア」の
本来的な意義について深く考察がなされていたことには率直に驚か
される。そして、これは少々こじつけが過ぎるのかもしれないが、
被災地における自分自身の〈支援〉の姿を「わたしたちはあくまで
もボランティアなんだというところで通してしまおう」と表現して
いた鳴海さんの言葉の真意も、この「『存在すること』による癒し」
としての「ボランティアの役割」に関する議論の内容が深く響いて

20）　安克昌『心の傷を癒すということ』、角川ソフィア文庫、2001 年、233-234 頁。

いるような気がしてならない。

　とはいえ、被災者の傍らで待機して〈在る〉のは思いのほか難しいことなのではなか。わたしたちはただ〈いる〉だけでは満足できず、とかく〈する〉支援へと身を乗り出しすぎるきらいがある。ジリジリと〈待つ〉ことに耐えられず、強引に手を差し伸べようとする。かつて、〈支援〉には当事者との「適切な距離」を保つための微妙な〈さじ加減〉が求められる、と言った。〈加減〉を誤り、〈在る〉ことから〈する〉ことへと〈支援〉の比重を置き過ぎるとき、タイミングによっては、〈支援〉は逆に被災者を傷つけることになる。この〈支援〉の危うさについて、ある参加者が自身の経験をもとに独特の表現をまじえながらつぎのように語ってくれた。

　〔一般参加者 G〕：〈支援〉を受けるとか関心をもたれるということが本当に必要な状況が続きましたし、とくに震災初期の段階ではそういったものがなければ自分たちが生きていくことすら困難でした。もちろん、これからも引き続き〈支援〉を受けながら自分の生活を立て直さなければならない人もたくさんおられることに間違いはありません。ですが、その裏側で、〈支援〉を受けたり関心をもたれ続けたりすることが場合によってはマイナスに作用するというか、そういう側面もありうるということについても少しは触れておくべきかな、と思いました。わたしは、あの震災で自分自身の価値観が崩れました。まじめに頑張って誠実に生きることで人間は自分なりの幸せを手に入れることができる。震災以前はそういった価値観を漠然と抱いていました。しかし、今回の津波被害を間近に経験し、一度の大波で街の半分が文字どおり消えていく姿を目の当たりにする。これは、いったい何なのか。日々の自分の仕事をまじめにこなし、懸命に生き、それだけで十分幸せだと感じていた人々のありふ

れた生活が一瞬で波にのまれてしまう。幸運なことに、わたしの家は大丈夫でした。でも、じっさいのところ周りには激しく押し流され、崩れ落ちた建物の痕跡が広がっていますし、これから生活を立て直そうとするとき、そもそも自分の生活再建の足場となる家自体がないという方も大勢おられます。そして、そういった状況を見かねてなのでしょうか、その打ち拉がれた状態からなんとか被災者を引きずり上げようと支援の手を差し延べてくださる方々が大勢おられました。もちろん、わたし自身もそうして誰かから引きずり上げてもらうことを望んできました。ですが、なんと言ったらいいか、その引きずり上げてもらうときの、その引っ張られる側の手もまた痛いんですよね。たとえがちょっとキツいのかもしれませんが。「もう一度頑張りましょう、わたしたちが支えます」って、そういった空気がいま日本中に広がっていて、それ自体は有難いことだとは思うのですが、それと同時に、関心をもたれる、支援されるということによる苦しさというものもまたあるのかなって、わたし自身、心のなかでずっと引っ掛かっていました。もちろん、そういう支援という行為自体を否定するつもりはまったくなくて、むしろ誤解をあたえてしまったら申し訳ないのですが、ただ、完璧な支援というのもなかなか難しいのではないかと思いまして。逆に、支援されることによって生じる苦しさというものもまたあるのではないかというか、支援によって立ち直ることが期待され、信じられ、そういうことで支援される側に生じてくるつらい部分も大きいのではないか、そう感じていました。たとえば、転がっている運動会の大玉のようなものをさらに転がし続けることは比較的簡単ですが、一度止まってしまったものをもう一度あらためて動かし始めることには相当のエネルギーが必要です。それは震災に限らず、病気を患った人、途中から障害

を抱えてしまった人を支援した経験をお持ちの方は少なからず感じたことがあるのではないでしょうか。そうした、いったん止まってしまったものをふたたび動かそうとするときには相当の力が、つまり、そうして手を差し伸べることによって相手側にも結構な負荷がかかっているという事実にも向き合っていかなければならない。そういった難しい、なかば痛みをともなうような過程を経なければ、支援をうける側の者もまた動きだすことができないっていうところにも考えを及ばせていければいいのかなって思いました。

　たしかに、苦しみの渦中にある人たちを引っ張り上げ、文字どおり〈支援〉が被災者を支えるものとなるためには、支援される側の〈受援〉体制の整備具合に目を配るだけでなく、相手の置かれている現状や心持ちをもとに、どのような仕方と強度、さらにはタイミングで関わりはじめるのがよいのかをそのつど推し量り、焦らず、その好機を粘り強く待ち続けられるような在り方が求められるのであろう。支援する側とされる側、いずれか一方に妙な力みが加われば、支援者の引っ張る手、被災者の引っ張られる手のいずれかの手に余計な痛みをはしらせることになる。両者のちから加減の間合いがとれたときこそ、〈支援〉が〈支援〉としてもっとも機能しはじめる。そういった意味からしても、何よりも〈支援〉に力みは禁物、というわけである。たとえばそれは、オペラなどの声楽理論でよく耳にする、安定的な声を継続して出すための「息の〈支え〉」という表現ともどことなしかリンクしているように思われる。整った発声を支えるためには、上半身に妙な力みを与えることなく息を吸い込み、その息で肺を満たして横隔膜を押し下げ、それをしっかりと「空気の柱」として支えておく必要がある。この上から下へと横隔膜が押し下げられていく動きをしっかりとこらえ、下支えするような在り

方を「アッポッジョ（appoggio）」と言い、逆に、肺にためた息を吐き出し、整った声として安定的に発し続けるために、今度は横隔膜を下から上へと効果的に押しひろげていくための支え —— 声楽の世界では、この支えを先ほどの「アッポッジョ」に対して「ソステーニョ（sostegno）」と呼ぶらしい —— もあわせて必要となる。そして、このふたつの〈支え〉が最適な按配のもとで働いたとき、あの、いつまでもわたしたちを魅了してやまないオペラ歌手の息の長い美しい歌声が誕生する。声楽の世界では、上からか下からかの向きの違いはあれ、いずれもイタリア語で〈支え〉や〈支援〉を意味する「アッポッジョ」や「ソステーニョ」という言葉をとおして発声の確かさを説明しようとしてきた。このこともまた、〈支援〉という営みを考えるうえで極めて示唆的な切り口とみなすことができる。

即効性や効率性の対極にあるもの —— 〈成果〉よりも〈過程〉

　〈する〉よりも、どう〈ともに在る〉のか。〈支援〉という営みの本質を考えるうえではこの視点の転換が重要な鍵を握る。さらに踏み込んで言うなら、〈支援〉には、何かを〈する〉ことで見込まれる即効的な成果よりも、どことなしか、苦しみのうちに置かれている被災者とどのような時間をともにしてきたのかといったプロセスにその関心の軸足が置かれているようなところがある。これまでの参加者どうしによる哲学対話の内容からしてみても、〈支援〉には、その底辺で実効性や即効性、さらには効率性などとは異なった時間が流れていることに間違いはなさそうである。それどころか、実効性や即効性などといった〈成果〉以上に、むしろその〈過程〉そのものを重視しようとするあり方にこそ〈支援〉の本質を見定めるべきではないのか。この〈過程〉重視の支援観について、法哲学者の斎

藤有紀子は、「『とき』を提供する」という文章のなかでつぎのような興味深い考えを展開している。

> 誰かをささえるという行為は、過程そのものです。それは、何か一つの大きな目的をなすための通過点や手段としての過程ではなく、それ自体の充実を目的としているような「過程」です。その責務は結果を保証することのみにはありません。ささえるという行為の対象となる人は、常に変数を抱え、変化・成長・停滞・後退をとげるものです。それゆえ、ささえることは、対象の変化に応じて目的をどこにとるべきかを試行錯誤する、そのようなものになるはずです。個別具体的な目標の設定は相手次第ということになるでしょう。〜略〜「目標が相手次第で決まる」ということは、人をささえるという行為自体の持つ主体的な役割を否定することには繋がりません。ささえることが周囲からの関与を意味する限り、相手が変わっていくその過程に参与し、助力をするという性質は、ささえの重要かつ主体的な特質となるのです。[21]

〈成果〉よりも〈過程〉。最終的に〈支援〉の本質をこのように捉え返すとき、本章の冒頭で触れ、また今回の「てつがくカフェ〜〈支援〉とは何か〜」を開催するきっかけともなったあの「貧相で窮屈な〈支援〉観」をいよいよ解きほぐすことが可能なところにまでたどりついたと言える。

　すでに述べたように、「貧相で窮屈な〈支援〉観」は、震災という〈出来事〉を前に「何ができるのか」といった能力主義的な評価基準からだけで〈支援〉の良し悪しを判断しようとするだけでなく、被

21）　斎藤有紀子「『とき』を提供する」、森岡正博編著『「ささえあい」の人間学』、法藏館、1994 年、147 頁。

災地（者）に対して直接的に物資を送ったり瓦礫の撤去を行ったりするような実効性・即効性を備えたもの以外は〈支援〉ですらないといった素振りすらみせる。そこでは具体的な〈成果〉に照準が絞られるがゆえに、この〈支援〉観は震災の被害に対して目につくような〈成果〉を残すことが難しい芸術や芸能、スポーツ、文学、さらには哲学などといった専門領域における即効性の欠如をあらためて自覚させ、それらに携わる者たちに要らぬ〈負い目〉を抱かせる。しかしながら、これまでの哲学対話をとおして数々の〈支援〉のヴァリエーションを確認し、また〈互い／違い〉や〈待機〉といったその特徴的な要素を手繰り寄せ、さらにはその根底に〈成果〉よりも〈過程〉に重きを置く〈支援〉の本質的な構えを読み解いてきたわたしたちにとっては、その〈支援〉観が極度に偏った歪なものでしかないことはあらためて指摘するまでもない。〈支援〉にはさまざまなヴァリエーションがあり、プロセスがあり、またそれぞれの〈成果〉のかたちやスピード感がある。哲学対話をとおして被災地における凝り固まった〈支援〉観を粘り強く解きほぐしてきたわたしたちのこの試みも、発災以降、自らの専門性に起因する妙な〈負い目〉を抱き続けてきた者たちの苦しみを遠まきにではあれ解きほぐしていく作業へと繋がっていく。そして、まさにこのような関心の寄せ方にこそ哲学独自の〈支援〉のすがた、あるいは哲学ならではの〈支援〉のスピード感を読み解いていくこともまた可能なのではないか。

　さて、以上のように〈支援〉という営みから能力主義および成果主義の重石を取り除き、その根底にあらたに〈過程〉という軸足を据え付けてその本質を再解釈しようとするとき、最後に、一つだけ大きな問題点を摘み残してきたことに気づかされる。その問題点とは、どう「ともに在る」のかといった〈過程〉そのものを重要視する〈支援〉のあり方の良し悪しを、はたして、これまでの即効性や

効率性などといった成果主義的な判断基準に頼ることなくどう評価することができるのか、といった問いである。視点を変えればそれは、とかく目につきやすい即効性や効率性を軸にした能力主義的な判断基準からのみで〈支援〉の良し悪しを評価してきたこれまでのわたしたちの価値観もまた同時に試されている、と言える。しかしながら、この〈過程〉を重視する〈支援〉の良し悪しやその強度を判断するための評価基準をあらたに提示することは思いのほか難儀な作業である。その理由も含めて、じっさいの哲学対話の最後の最後になって、そのことの困難さについて指摘するやりとりが参加者間でなされている点は非常に興味深い。

　　〔一般参加者 H〕：これまでわたしたちは、〈支援〉の本質を探り
　　当てるために、看護師の鳴海さんが冒頭で述べられた「時間を
　　ともにする」ことの意味をあらためて問い直し、その背後でつ
　　ねに動き続けている「関心を寄せる」というあり方にとくに焦
　　点を絞って対話をしてきたわけですが、わたしのなかでは、や
　　はりこの「関心をもつ」ということが、それこそ〈支援〉の根
　　本的な支えとなるんだろうなってあらためて思いました。だか
　　ら、重要なのは「関心をもつ」ということなのであって、その
　　関心の寄せ方、たとえばアートであったり音楽であったり、文
　　学、芸能であったりとその関わり方はいくつあってもいい。そ
　　れぞれのアプローチが、それぞれのスピード感で何らかの心の
　　糧を与えるような〈支援〉としてありうるのではないか。ただ、
　　こういう「関心をもつ」とか「そばに居続ける」、あるいは「待
　　機すること」ってそもそも評価しにくいじゃないですか。鳴海
　　さんが震災直後に沿岸地域の被災地でやっておられた「時間を
　　ともにすること」だって、具体的に、何時間も一緒におられた
　　んですか、凄いですねって、時間の長さのはなしではないでしょ

う。「ともに居続ける」ってこと、つまり「〈存在〉そのものを
あたえる」という支援の仕方について、わたしたちってそもそ
も評価基準をもってなくないですか。これは、わたしたちの日
常生活や、へたをすれば人間観全般についても言えることなの
かもしれませんが、誰かや何かを評価するときって、あの人は
これができるから、これをもっているから凄いといった感じで、
どうやったって〈能力〉を切り口にした評価基準で良し悪しを
判断せざるを得ない。だから、必然的にその評価基準に敵うも
のが優れた人間であって、そこから零れ落ちていく者はよくな
い人なんだってことになってしまう。だけど、わたしはあなた
自身やあなたが置かれている現状、さらにはそこから生じてく
る問題や課題にともに関心をもち続けているんですよっていう
構えを評価する基準って、そもそもどういったものになるんだ
ろう。考えてもなかなか思い浮かんでこない。なんとなく褒め
てあげることや肯定的に語ってあげることくらいならできるけ
ど、ただ傍に居て待機し続けていますってことそれ自体の良し
悪しをしっかりと評価してあげられる基準って、そもそもわた
したちはもちあわせていない。基準がないから端的に評価がで
きないっていうだけならまだしも、どこか、評価できないもの
だからダメなんだって感じで、良し悪しの価値判断まで下され
る。だから、そのことで余計に妙な〈負い目〉へと繋がってい
くんじゃないのかなって、どうもこのあたりの評価基準と〈負
い目〉の関係性などが凄く気持ち悪いと、ぼく自身のなかでずっ
と燻っているんです。

〔一般参加者 I〕：いま、〈支援〉というものに対して評価基準が
あるのか、あるいはそれ以前に、そもそもそれは測れるものな
のかどうかといったニュアンスのことをお話されていました。

そういった〈支援〉を評価することの難しさってどこにあるん
だろうって、お話をうかがいながらわたし自身も考えていました。今回の対話の最初のあたりでわたしたちが確認した〈支援〉のヴァリエーションには、モノや環境、さらには情報などといった具体的に何かを「あたえる」といった関わり方と、被災地で行われてきた医療支援などのように、その人がもつなんらかの専門的な知識や技能を「あたえる」といった関わり方などがありました。とくにそういった〈支援〉のヴァリエーションは、「あたえる」方向性や宛先が一方から他方へとはっきりしているように思えます。それに対して、「時間をともにする」や関心を寄せつつ傍で〈待機〉するなどの〈支援〉はその方向性がとても見え難い。前にどなたかも触れておられたと思いますが、「時間をともにする」という状況は、自分としては支援をしているつもりだったのが、逆に相手から支援をされているような場合もありうるだけに、その双方向な感じがどう入り組んでいるのかはやはりわかり難いだろうし、端的に評価しづらいところがあるのではないかと思いました。それに、そもそも〈支援〉にはさまざまな関心の向け方やアプローチ、さらにはその特性に基づいた独自の成果のかたちやスピード感が認められるべきだと捉えるのなら、それこそ、それらに見合った評価基準がそのつど準備されるべきではないでしょうか。つまり、能力主義や成果主義一辺倒の評価基準だけではなく、いくつもの評価基準と時間軸とを同時に働かせておくことができるくらいに柔軟になったとき、はじめてあの凝り固まった「貧相で窮屈な〈支援〉観」をその根本から解きほぐすことができたと言えるのではないでしょうか。だからこそ、そういった新たな〈支援〉の評価基準をどうつくりあげ、運用していくのかが、いまこそわたしたちに求められているのかもしれません。

たしかに、アートや音楽、映画、さらには文学、哲学などにはさまざまな「関心の寄せ方」や「時間をともにする」仕方があり、それぞれに異なったスピード感が備わっていることは容易に想像できる。もちろんそれは、医療支援や物資の搬送、瓦礫の撤去などといった人的な支援活動においても同様である。そういった意味からすれば、この参加者の発言のように、それぞれの〈支援〉のかたちやスピード感に見合うかたちで同時にいくつもの評価基準を走らせておく必要がある。つまるところ、そうすることが、最終的に被災地を覆っていたあの妙な〈負い目〉の感覚を解消することへと繋がっていくに違いない。しかしながら、さらに突き抜けて言えば、もしかすると〈支援〉とは、そもそもこのような〈評価〉といったところからもっとも遠いところにこそその本来的なすがたがあるのではなかろうか。〈評価〉といったものにはそぐわないような、すなわちその対極にこそ〈支援〉の居場所があるような気さえする。そして、〈支援〉に関するこのような漠然とした思いを、先に挙げた法哲学者の斎藤有紀子もまた感じ取っている。

　　人が人をささえるためには、人間も、時間も、「量としてはこれで十分」という基準はありません。良質なものを効率よく届けられればそれにこしたことはありませんが、ケアというのはえてして、能率・効率・合理性の対極にあるものです。周囲のあらゆる要素が、能率化・合理化を図ったあとでも、ケアだけは最後まで、人が自分たち自身の手でなさなければならないものとして残るでしょう。[22]

22）　斎藤有紀子「『とき』を提供する」、森岡正博編著『「ささえあい」の人間学』、法藏館、1994 年、144 頁。

第4章 なぜ逃げなかったのか
── 震災の〈当事者〉をめぐって

〈被災者〉だけが震災の〈当事者〉ではない

　「いまここから逃げてしまったら、戻ってきたときになにも言えなくなってしまう」。

　発災当時、県の施設で職員として働いていたという方が、東日本大震災にともなう東京電力福島第一原発放射能漏れ事故から逃れてきた住民のための避難所を運営していた際に、作業をともにしていた同僚からこのような言葉を聞かされた、と話してくれたことがある。

　「あり得ない放射能の高さの中で、避難所を運営している職員の誰もが逃げなければならないにもかかわらず逃げない。なぜか。それは公的な職員という自分の仕事への義務感からくるものなのか、あるいは不本意なかたちで避難を余儀なくされた住民の方たちへの同情によるものなのか」。

　冒頭の発言は、〈当事者〉という言葉に対してわたしたちが抱くイメージや捉え方のうちにいくつもの困難な問いが隠されて在ることをあらためて感じさせる。わたしたちはその現場から逃げてしまうと、そのことについて何も語れなくなってしまうのか。つまりそれは、直接的な〈当事者〉であり続けなければ被災について語る資格がない、ということを意味するのか。それ以前に、そもそも直接的な被害を被った〈被災者〉のみが震災の〈当事者〉と呼ばれうるものなのかどうか。仮にそうだとするなら、じっさいに被災していない者が〈当事者〉の痛みに触れ、またそれを理解することなど到底

不可能なことになりはしないか。

　さらに、これらのいくつもの問いを確認していくうち、その背後にいっそう厄介な問題が潜んでいることに気がつく。それは、震災という〈出来事〉について何らかの考えを深めていこうとする際に、わたしたちはまず、何よりも直接的な被害をとおして過酷な経験を強いられた〈被災者〉自身による語りや問題関心を一番に優先し、むしろ直接的な被害を被っていない部外者が自分自身の問題関心からだけでそれらについて口を挟むこと自体慎むべきだと見なす、きわめて偏った思考の癖をもちあわせてはいないかという問題である。その偏りは単なる癖に留まらず、いずれ、震災の〈当事者〉という立ち位置を直接的な被害を受けた〈被災者〉のみに限定し、震災に関連した議論はすべてその〈被災者〉による語りや考えを軸に進められるべきであるとする〈当事者＝被災者〉主義へと一気に突き進む。冒頭にあげた「いまここから逃げてしまったら、戻ってきたときになにも言えなくなってしまう」というあの悲痛な言葉の背後にも、まさにこの〈当事者＝被災者〉にしか震災について語る資格がないとする強い思考の偏りが滲み出ている。

　そう考えると、ライフラインの復活など、自身の生活環境の改善にともなって被災の度合いも軽くなれば、それに比例するかたちで自身の「当事者性」も希薄になり、その度合いの差はいずれ、いまなお被災の只中におられる人たちの苦しみとの隔たりにすがたを変え、もはや自分は彼らの苦しみを理解もしくは代弁することなどできない存在になってしまうのではないか、といった妙な「後ろめたさ」さえも生じさせかねない。前章の「〈支援〉とはなにか」でも触れた精神科医の安克昌は、阪神・淡路大震災発災後2ヶ月あたりから、自身の「当事者性」が希薄になることから生じる「後ろめたさ」について、当時の回想もまじえながらつぎのような興味深い言葉を書き残している。

　思えば、震災直後は被災地にいる人すべてが当事者であった。被害の大小はあったものの、誰もが震災に動揺し、生活の苦労を味わった。そこには一種の高揚感とともに被災者同士の連帯感や共同感情があった。

　だが、生活の建て直しが進むにつれて、当事者性は急速に薄れていった。それはわたし自身にも起こったことである。建物の損壊をまぬがれたため、わたしの生活の復旧は比較的早かった。3月8日にやっと自宅でガスが使えるようになり、3月末にわたしがコーディネートしていたボランティアの医師たちが全員引き揚げていった。この時点でなにかイライラと落ち着かない虚脱感に襲われていたことを憶えている。

　わたしはこのときに自分が当事者性を失った、つまり、もう被災者でなくなったと感じた。張りつめた状態での生活に一段落がついたことにはほっとしたが、同時に後ろめたさもあった。それまでは自分も被災者のひとりであると感じられたのに、それ以降は被災者の気持ちがすんなりと理解できないもどかしさを感じるようになったのである。

　たとえば「地面が揺れているように感じる」という被災者特有の錯覚がある。大地震およびその後頻繁にあった余震が、このような錯覚を作り出した。じっとしているときに動揺感がある、なにかの拍子でテーブルが揺さぶられたときに思わずぎくりとする、といったたぐいの感覚である。

　この感覚はわたしも体験したが、夏を過ぎるころから気にならなくなった。自分が感じなくなったので、つい口がすべってしまう。

　「最近は、揺れを感じる人が少なくなったでしょう？」

　それに対して「いいえ、わたしはまだ感じますよ」とたしなめられることもある。そんなときわたしは、自分が当事者性を

失っていることを反省するのである。

　こういうふうに 1 年が過ぎて、いまだ被災者という当事者であり続けている人たちと、ある程度以上生活が復旧した人たちとの格差が広がってきている。わたしは自分が被災者でなくなったと感じたころから、被災者であり続けている人たちの気持ちが想像しにくくなった。[1]

　自身の「当事者性」が希薄になりはじめた頃から、「被災者の気持ちがすんなりと理解できないもどかしさ」や「後ろめたさ」を感じはじめる。このような気持ちの変化には、「いまだ被災者という当事者であり続けている人たちと、ある程度以上生活が復旧した人たちとの格差」が深く関わっていることは間違いない。しかしながら、この「格差が広がっている」という事実に対して、「もどかしさ」ならまだしも、なぜ「後ろめたさ」といった罪の意識を想起させる感情まで背負い込む必要があるのか。そこにはやはり、先に触れた、直接的な〈当事者〉であり続けなければ被災者の苦しみや被災について理解することができない、さらにはそれについて語る資格がないとする〈被災者＝当事者〉主義が関わっているように思われる。またそれは、冒頭で掲げた「いまここから逃げてしまったら、戻ってきたときになにも言えなくなってしまう」というあの発言とも、底の部分で深く繋がっているのではないか。

　たしかに、発災当時に現場で何が生じていたのかを知ろうとするとき、じっさいの被災者の声を脇に置くことなどあり得ない。しかしながら、東日本大震災をより広範な〈出来事〉として多角的な観点から読み解こうとする際には、それを被災者の経験や語り、考え方からだけで編み直し、理解すべきであると捉える〈被災者＝当事

---

1)　安克昌『心の傷を癒すということ』、角川ソフィア文庫、2001 年、180-182 頁。

者〉主義はむしろ足枷となる。そう考えると、震災という〈出来事〉
について深く考えるためにわたしたちがまず為すべきことは、この
ような〈被災者＝当事者〉主義の呪縛をいかにして解き放ち、わた
したちが囚われがちなこの〈当事者〉観をどう押し拡げていくのか
を根本的に吟味する作業以外にはありえない。もし〈被災者＝当事
者〉といった凝り固まった思考の癖に自らを縛り続けるのであれば、
そこでは、もはやこの度の震災という未曾有の〈出来事〉について
根本的に、しかも多角的な観点から考察する機会は永遠に望めそう
もない。しかし、裏を返して言えば、もしこの〈当事者〉というも
のが単なる〈被災者〉と同義のものでないことをあぶり出すことが
できれば、震災という〈出来事〉から生じてくるさまざまの問題点
や課題を遡行的に問い直す機会や場があらたに拓かれてくる可能性
が十分見込まれる。そういった意味からしても、そもそも震災の〈当
事者〉とは誰のことを指すのかを問い直し、吟味することの意義は
極めて大きいと言えるのではないか。

お礼のメール──〈被災者〉から震災の〈当事者〉へ

　発災当時、この〈当事者〉というものの位置付けについて自分自
身はどう捉えていたのか。当時を振り返ってみると、わたしは当初
から震災の〈当事者〉を被災の有無やその度合いからだけで測ろう
とする捉え方に相当の違和感を覚えていたように思う。というのも、
じっさいのところ、発災から2ヶ月後の2011年4月13日の段階で、
すでにそのような違和感を匂わせるメールを、発災直後からわたし
自身の安否をずっと心配し続けてくれていた大阪大学臨床哲学研究
室の仲間たちへのお礼の意味もかねて送信しているからである。メー
ルのタイトル（件名）は、そのまま「お礼（仙台の西村です）」と

なっている。少しだけ、そのときに送信したメールの文面を紹介しておきたい。そこには、〈被災者〉と〈当事者〉との違いを気にかけている当時の自分自身の気分が読みとれる。

「お礼（仙台の西村です）」2011年4月13日（水）20:10送信
みなさま

仙台の西村です。

3月11日に発生しました東日本大震災では、みなさまには本当にご心配をおかけいたしました。昨日、約1カ月ぶりに自宅マンションにガスがきて、やっとお風呂に入ることができました。

これで、水道、電気、ガスの3つのライフラインが整いましたので、わたしに関してはもう完全に大丈夫ですのでお知らせいたします。

このまま〈被災者〉気分で居続けるとまったく前に進めない気がしたので、このお礼メールをみなさまに送信することで、自分自身、〈被災者〉であることから少し距離を取りたいと思います。

わたしの勤務している大学には今回の津波被害にあった地域出身のものが多く、地震発生後からこれまで、ずっと学生の安否確認に奔走してきました（最初の1週間は、自分がどうやって過ごしていたのかあまり思い出せません）。

残念ながら亡くなった学生もおりますが、その者たちも含めて、最終的に学生の安否確認作業が終了した時点で自分もこの震災からはいったん距離を置こうとずっと思っていました。しかし、いまだ家族も含めて安否の確認ができない学生が数名おり、正直、安否確認が終了するのもまだまだ先のような気もしますので、昨日の自宅マンションのガス開栓＋入浴で自分にとっ

ての〈被災者〉としての生活を終わりにします。

　震災後しばらくはまったく返事ができなかったにもかかわらず、何度もメールをしてくださっていたKさんをはじめ、皆さんからのメールで本当に力づけられました。

　また、ガソリンの供給が困難な中、わざわざ仙台までお見舞いに来てくださった中岡先生[2]も本当にありがとうございました。さらに、阪大の医の倫理教室のみなさまにもいろいろとサポートしていただきました。本当にたくさんのかたからお力添えをいただきました。わたしに関してはもう完全に大丈夫ですので、ご心配なさいませんように。

　仙台でわたしたちが行っている哲学カフェ（てつがくカフェ＠せんだい）は、スタッフのなかに福島原発事故に関係しているものがおり、すぐには開催できそうもありません。ですが、仙台の中心街はこの夏には完全に立ち直ると思います。ぜひ、遊びにいらしてください。牛タンをご馳走いたします。

　毎日、当たり前のように強い余震が続くので、本当に船酔いみたいな状況です。いい加減、これ以上強い余震がこないことを願うばかりです。

　また、大阪でみなさんとお会いできるのを楽しみにしています。

　このたびは、本当にありがとうございました。

---

2)　中岡成文。大阪大学文学部／大学院文学研究科の倫理学・臨床哲学研究室の教授として、鷲田清一とともに研究室発足当初から「臨床哲学」の活動に尽力。2000年には、大阪大学大学院医学系研究科「医の倫理学」教授兼任。大阪大学コミュニケーションデザイン・センター（CSCD）初代センター長も務める。2014年に退任してからも、一般社団法人「哲学相談おんころ」の代表理事として、がん患者やそのご家族、さらには医療従事者などとともに粘り強い哲学対話の場を拓き続けている。公式HPは、https://oncolocafe.com/

いま読み返してみると、このメールは自分にとってはあきらかに脱〈被災者〉宣言といった位置付けのメールであり、またそこから新たに始まる〈当事者〉宣言なるものでもあった。「このまま『被災者』気分で居続けるとまったく前に進めない気がしたので、このお礼のメールをみなさまに送信することで、自分自身、『被災者』であることから少し距離を取りたいと思います」。この文言においてわたしは、〈被災者〉と〈当事者〉の意味を区別し、これからこの震災という〈出来事〉に自分なりの問題関心から深く臨んでいく者といった意味での〈当事者〉になることを宣言したつもりであった。ちなみに、社会学者の上野千鶴子も、1986 年に全国で初めての自立生活センター「ヒューマンケア協会」を設立し、長らく障害者の自立生活運動を展開してきた中西正司との共著『当事者主権』のなかで、「誰もがはじめから『当事者である』わけではない。この世の中では、現在の社会のしくみに合わないために『問題をかかえた』人々が、『当事者になる』」として、目の前の出来事に対して自分なりの問題関心を強く抱くことで人々は「当事者になる」、というあらたな「当事者」観を展開してもいる。またそこでは「当事者」が現状に対する「ニーズを持った人々」と定義され、単に障害や被災などによってじっさいに「問題をかかえさせられた人々」のことのみを「当事者」とみなしていない点も興味深い[3]。なぜなら、このあらたな「当事者」観の背後には、間違いなく〈被災者〉と〈当事者〉とを完全に同一のものとして捉える〈被災者＝当事者〉主義の呪縛を解く鍵の存在が読みとれるからである。

　目の前の問題や課題をなんとか改善したいという関心やニーズをつよく抱き、そのことのために自分なりのペースに基づいて行動する。そういった構えをそなえた者なら、直接的な被害を受けずとも

---

3)　中西正司・上野千鶴子『当事者主権』、岩波文庫、2003 年、9 頁。

誰もが目の前に広がる現状への〈当事者〉となりうる。すなわち、もはやそれは直接的な被災の度合いのみを尺度に測られる〈当事者〉観ではまったくなく、各人の問題の抱え方やその強度に応じてその当事者性が判断されるような〈当事者〉観なのである。そう考えると、〈被災者＝当事者〉のみが震災について語る資格や権利があるとするあの妙な思考の癖からも同時に距離をとることができる。そればかりか、震災という〈出来事〉について問題関心を抱える多くの人々がそれぞれに馴染みのある言葉遣いで語り、またさまざまな立場から各々の考えを交わすことができる場も拓かれてくる。じっさいのところ、わたしたちが被災地で行なってきた「てつがくカフェ」が早い段階からこのような閉塞した〈当事者〉観の問題性を問い直したかった背景には、まさにこの閉じた思考の癖がこれから続く対話の可能性そのものを削ぎ落としてしまうのではないか、といった危機感があったからである。そういった意味からすれば、2011年10月23日に開催した第4回「てつがくカフェ〜震災の〈当事者〉とは誰か」は、それ以降、「てつがくカフェ」という対話の場を被災地で継続的にひらき続けるために欠かすことのできない重要な通過点だったと位置づけることができる。したがって、当時、じっさいの参加者がどのような対話の流れをとおして自身の〈当事者〉性を問い直し、吟味し、またそこから自身のたしかな問題関心を編み上げつつ真の〈当事者〉になっていったのかをたどりなおしてみることは、あらためて被災地における哲学対話の可能性そのものを読み解いていくうえでもきわめて重要な作業と言える。またそこでは、じっさいに直接的な被害を受けた〈被災者〉もまた、被災や関心の度合いも異なるさまざまな立ち位置の参加者との対話をとおして、単なる〈被災者〉という自身の位置づけから距離を取り、深く現状に対するニーズや問題関心を深く抱え込んだ〈当事者〉へと変化を遂げる。以下、2011年10月23日に「震災の〈当事者〉とは誰か」をテーマ

に開催した第4回「考えるテーブル　てつがくカフェ」当日の対話の一部を少しだけたどってみることにしたい（個人が特定できないよう、一部修正）。とくにこの回の「てつがくカフェ」では、冒頭で紹介した、発災当時に原発事故から逃れてきた住民のための避難所を運営しておられた福島の職員の方にも直接参加者として加わって頂き、その際、同僚から聞かされた「いまここから逃げてしまったら、戻ってきたときになにも言えなくなってしまう」というあの発言がなされた状況やその後の思いについても言葉にしてもらっている。この頃は哲学対話の進め方自体がまだ確立されてはおらず、どことなしかぎこちなさも感じられる。しかしながら、それだからこそ戸惑いながらも自身の考えをなんとか声に出そうとする当時の参加者の戸惑いや思考のうねりを垣間見ることができる。さらに興味深いのは、この回の哲学対話で扱った〈当事者〉性の問題が、それ以降の多くの哲学対話のテーマと深いところで繋がる根本的な問題であることがそのつど明らかにされ、文脈を変えつつ何度も問い直され続けていく、という事実である。本書のなかでそのすべてを紹介することはできないが、たとえばそれは、続く第5回の「てつがくカフェ〜切実な〈私〉と〈公〉、どちらを選ぶべきか？」（2011年11月27日開催）や、第6回「被災者の痛みを理解することは可能か？」（2011年12月24日開催）、さらには第10回「震災と美徳」（2012年4月29日開催）、第12回（2012年7月1日）、第15回（2012年10月7日）、第20回（2013年3月3日）と3回シリーズで開催した「てつがくカフェ〜震災と教育：震災から〈教育〉を問い直す」などにおいてたびたび重要な問題として顔を出すことになる。そしてそれは、発災当時、福島県の南相馬市立総合病院において、福島第一原発の放射能漏洩事故による脅威のなか災害医療に従事しておられた太田圭祐医師を招いて開催した、第37回「てつがくカフェ〜震災とケア」（2014年9月6日開催）においても、医療専門職であ

るがゆえに課せられる高い倫理性の問題との絡みからこの〈当事者〉性の問題が重要な鍵概念としてふたたび顔を出してもいる。ちなみに、この医療専門職に関する哲学対話の様子については、この後の「第6章 震災と専門職 —— 看護の〈専門性〉をマッサージする」で扱う予定である。いずれにしても、正直なところ、「震災の〈当事者〉とは誰か」という当初の何気ない問いかけが、これほどまでに震災という〈出来事〉全体を読み解く際の重要な鍵になるとは思いもしなかった。そういった点も含めて、〈当事者〉性の問題を切り口に、震災当初のいくつかの哲学対話の流れをここでたどりなおしてみることは、あらためて〈当事者〉というものが孕んでいるさまざまな問題の根の深さとその広がりの複雑さに気づく格好の機会となることは間違いなさそうである。

なぜ逃げなかったのか —— 〈当事者〉へのこだわり

　2011年10月23日に開催した第4回「てつがくカフェ〜震災の〈当事者〉とは誰か」は、冒頭で紹介した、発災当時、原発事故から逃れてきた住民のための避難所を運営していた福島県内の施設で働く職員の方の発言をきっかけに、つぎのようなやりとりから始められた。そこでは、さまざまな文脈における震災の〈当事者〉に対するこだわりのようなものが共有されている。

　　〔西村〕：今日、みなさんとともに対話を深めていくテーマは「震災の〈当事者〉とは何か／誰か」です。大震災というこの非日常的な状況のなかにあって、あらためてこのようなことについて問い直す機会はあまりありません。ですが、発災以降、被災地内外にかかわらずこの言葉はよく耳にしますし、この言葉の

133

うちにどのような意味を見出し、またそれをどういった文脈の
なかで扱うかをめぐって、むしろ厄介な問題がさらに生じてい
るのではないかと感じています。〈当事者〉というこの言葉をど
う捉えるかによって、震災という〈出来事〉への自身の立ち位
置や関わり方に予期せぬ戸惑いが生まれ、場合によっては妙な
〈負い目〉を抱くなどのつらい思いを強いられている（あるいは
自分自身に強いている）方たちも結構おられると聞きます。

　たとえば、原発災害時下、被災地の病院で医療行為にあたっ
ておられたスタッフのなかには、放射能の脅威からやむをえず
家族を優先して（患者をおいて）病院を離れてしまった自分の
選択にいまも強い〈負い目〉を抱き続けられ、そこを立ち去っ
た自分はもはや〈当事者〉と呼ぶにはふさわしくない部外者（非
当事者）なのであって、当時の状況については一切語ることが
できないと頑なに口を噤（つぐ）まれ続ける方々がおられるそうです[4]。
その場から逃れたこの医療スタッフの方は、おそらく〈当事者〉
か〈非当事者〉か、被災地（者）の〈内〉なのか〈外〉なのか、
さらには〈支援する側〉か〈支援される側〉なのかなどといっ
た二分法的な区分のはざまで自身の当事者性をそのつど問い直
し、思い悩んでこられたのだろうと思います。とはいえ、医療
専門職者たちは本当にこういった問題に苦しみ続けられなけれ
ばならない存在なのでしょうか。今回は、まずはそういった多
くの問いを呼び込む〈当事者〉をめぐる問題性について、対話
をとおしてみなさんの経験なども丁寧に共有しつつ迫ってみた
いと思います。そうすることで、いまも要らぬ負い目に悩まさ
れ続けている方々の苦しみを、いずれ解きほぐすことに繋がる
かもしれません。

4）　医療専門職者の問題については、第6章「震災と専門職 ── 看護の〈専門性〉
　　をマッサージする」において触れている。

　そこで今日は、同じく、発災当時、福島県で東日本大震災に
ともなう東京電力福島第一原発放射能漏れ事故から逃れてきた
住民のために、職員として避難所の運営をしていたという方に
参加者として加わって頂き、わたしたちがこれから問題にしよ
うとしている「震災の〈当事者〉とは誰か」というテーマに対
して少しばかり対話の切り口を挿し込んでいただこうと思って
います。それでは、よろしくお願いします。

〔福島からの参加者〕：今日は福島から参りました。今日のテー
マに関連して、わたしが経験したことについていくつかお話し
させて頂きます。
　原発からの放射能漏れの脅威のなか、わたしの勤めていた職
場が避難所になったんですけど、放射能の値が一番高いときに
雨が降ってきたんですね。でも、避難所の仮設トイレの水を補
給しなければならない。わたしの同僚とかは何も着ないで、傘
もささずに、そんな雨の中もプールから水を汲んでトイレに運
んだりして、みんながなんか「これはまずい、絶対被ばくして
いる」って口々に言うんですが、やっぱりものすごく一生懸命
に、1ヶ月ぐらいでしたでしょうか、運営していました。わた
しも非常に怖かったんですけれど、やっぱりお互いそんな話は
できない。でも、ある日、同僚が、自分の家族とかは会津とか
遠いところに避難させたんだけれど「なんでわたしは逃げない
んだろう」、でも「いまここから逃げてしまったら、戻ってきた
ときになにも言えなくなってしまう」とぼそっと呟く声を耳に
しました。西村さんが冒頭で紹介しておられた、当事者性に関
わるあの言葉です。
　また、これは別の機会ですが、福島の大学に通うある学生さ
んとお話をする機会があって、そのときにも当事者性に関わる

同じような発言をしていたことを思い出します。発災後にその学生の親御さんが、原発のことも考えて、「避難するぞ」って会津からわざわざ迎えに来られたそうです。でも、その学生さんはそう言われたときに、「いま、自分がここから逃げてしまっては、これからここでモノが言えなくなってしまう、なぜ迎えにきたんだ」と怒ったそうなんですね。親御さんは複雑な思いをされたようですが、なにかここから離れてしまったら何も語れないという思いがその学生さんのなかにもあったのでしょう。

　そして、わたしはこの8月に東京のある大学の研究会に呼ばれる機会があったのですが、そのときにも似たような経験をしました。なぜこのわたしがその研究会に呼ばれたのかというと、それは、「原発に関する授業を関東でしたいんだけれども、なによりも被災者の話を聞かないと授業ができない。だから話を聞きたいから来てくれないか」ということのようでした。向こうは、自分たちは〈当事者〉じゃないから原発に関する授業は自分たちだけではできないといった感じで、向こうは向こうで被災の〈内〉と〈外〉に線を引き、自分たちは〈当事者〉でないのに授業をしてもよいものなのだろうかといった躊躇があったようです。

　以前、わたしは、いま自分が置かれている状況をブログ上で事細かに書いていたことがあります。でもそれが、「お前、そうやって現場を売り物にしているのか」といった感じで同じ仲間内から非難されるという経験をしました。おそらくそこにも、〈内〉と〈外〉といった感覚に由来する苛立ちのようなものがあったのではないでしょうか。でもわたしは、そう言われてからずっと、なぜ〈当事者〉とか〈内〉と〈外〉とかに分けて考えてしまうのだろうかという疑問をずっと自分のなかで抱えてきたように思います。被災のその現場に居続けなければなぜそ

れについて発言することができないと感じてしまうのか、〈当事者〉とは本当にそれほどまでの特権を持っている存在なのか、あるいは、逆にそのような関わり方が、〈当事者〉以外の言論を封じてしまっているのではないか。そういった〈当事者〉に関わる問題について、今日ここに来られた皆さんと一緒に深く考えることができればと思っています。どうぞよろしくお願いします。

〔西村〕：ありがとうございます。いま発言なさったことがらのうちには、なにか、じっさいに直接的な被害を受けた〈当事者〉のみが震災について語ることができる、あるいはその資格をもちあわせているといった〈当事者〉主義というか、〈当事者〉へのこだわりのようなものを感じます。そういった感覚はわからなくもないのですが、それを支える根拠とはいかなるものなのでしょうか。意外と言語化するのが難しそうです。

　それと、その裏返しとして、被災者の声が過剰に重視されるという経験をした方も多いのではないでしょうか。わたしも、何気なく震災の経験を語っただけなのに、それをあたかも〈内側〉の意見として相手の方が過剰に反応して受け取られ、なんだかわたしのことを腫れ物にでも触れるかのように扱おうとなさっておられるのをヒシヒシと肌で感じたこともあります。自分の発する言葉が、知らないあいだに〈当事者〉としての威圧的な声に聞こえてしまっていたのかもしれません。そういう被災の度合いなり地域なりの違いに基づいて生じてくる温度差によって、けっこう厄介な問題が生じてきているように思います。震災から6ヶ月がたちましたが、ここで、そういった〈当事者〉主義などへの疑念も含め、〈当事者〉をめぐる問題について対話をとおして問い直してみたいと思います。このことについて、

みなさんはどのようにお考えでしょうか。まずはみなさんの経験や考えを少しずつ共有していきたいと思います。

〔一般参加者 A〕：わたしは仙台の職場で働いているときに被災しました。職場は青葉区の中心でしたので、ビルの 12 階にいて結構揺れたなと思っていましたが幸いけが人もなく、比較的無事な立場でした。実家も仙台市内の中心部でしたので被災者という意識はあまりないのですが、仕事がなくなったりとか、実家が印刷業をやっているのでその機械が壊れたりとか、そういった意味では〈当事者〉なのかもしれません。だけど、その状況は沿岸部に住んでいる方とは比べものにならないので、〈当事者〉なのかそうじゃないのか、はたして自分はいったいどっちの側なんだろうという思いがあります。東京の友人と話をしているとき、まずはその自分の立ち位置をなんと伝えたらいいのかってずっと悩んでいたのですが、その際にふと思いついたのが、ちょっと言葉は悪いですが、〈プチ被災者〉という呼び方でした。友人との砕けた雰囲気の会話というのもあったのだろうと思うのですが、なんというか、あまり重く捉えられてしまうことで会話がしにくくなってもいけないと考え、なるべくお互いに言葉を出しやすい状況にする必要があると思っていて、自分は〈プチ被災者〉かもしれないなという表現を使いました。東京の友人は友人で、東京にいたけれども彼もそれなりに困難な目には合っていて、おれも〈プチ被災者〉かもしれないな、などと話していました。

〔西村〕：たしかに、被災の状況から考えると、仙台の中心部に住む方々はとくに自分の立ち位置を告げ難いところがありますね。自分が〈被災者〉なのか〈当事者〉なのか何なのか、悩む。

自分の状況を〈被災者〉や〈当事者〉ですって言い切ることに躊躇する。いまの〈プチ被災者〉という言い回しは、そういった戸惑いをなんとか乗り越えようと編みだされた独特の表現なのだと思います。

〔一般参加者 B〕：わたしは某インフラ企業に勤めておりまして、3 月 11 日も大変な損害が当社のほうには及びました。わたしは仙台のほうにはいなくて別の地域で働いていたのですが、事業所のほとんどの男性は復旧作業のために現地に直接赴き、女性ということもあってか、わたしは現地に送る物資を調達するために県内を奔走していました。それから時間が経ち、あのとき社員としてどう行動したかが社員報で流されたんです。インフラ企業に勤める一社員として被災地の復旧作業にどう携わったか、社内的にもそういった使命感みたいなものがありました。でも、わたしは物資を集めるために県内を奔走してはいたものの、じっさいに被災地に足を運んだわけではないし、沿岸部の津波とかの被害に関してなんとなく距離を感じていて、その社員報で取り上げられた熱い使命感をもった社員の記事を読んでいてもどこか遠い。自分がその地震があったときに自分はその地域で頑張ってはいたけれど、あんまり、堂々とインフラ復旧に努めていましたとも言えない。そこには、なんというか〈被災者〉かそうでないかとも違った、〈当事者／非当事者〉という別の区分の存在をひしひしと感じていたんだろうと思います。

〔西村〕：なるほど、ちなみにご自身のなかでは〈当事者／非当事者〉の境界線はどのあたりにあるとお考えですか。もしよろしければ。

〔一般参加者 B〕：それには二つありまして、一つは地震が起きたときに直接的な被害を被った地域に住んでいたか住んでいないか、あともう一つは、復旧作業などで直接現場に行ったか行っていないかだと思います。

〔西村〕：被害の規模にしろ、支援活動にしろ、直接的な関わりの有無が〈当事者〉であるかないかの基準だと捉えておられるようですね。

〔一般参加者 C〕：ただ、先ほどからの発言にあるように、そもそも自分が直接的な被害を受けた〈被災者〉なのかどうなのかを判断すること自体、結構難しいですよね。自分がその〈内〉にいるのか〈外〉なのか、その判断。わたしは、地震の当日、青葉区のマンションで被災し、罹災者届を出しました。そして、当座の生活援助資金というのを 10 万円、仙台市から頂いたのかな。頂いた後に石巻や気仙沼あたりを歩いていて、これはわたしが本当に貰っていいお金だったのかなって考えていました。〈被災者〉であることは間違いないけれど、なにか貰うのが悪いような。このお金は石巻や女川の人たちに回すべきだったのでは、と思いました。つまり、そういった感覚があるということは、やはり自分は〈外〉にいるのかな。でも、そういった〈内〉とか〈外〉っていうのは自分ではなかなか分けられないですよね。そういった厄介さもある。

〔西村〕：たしかに〈内〉なのか〈外〉なのか、〈被災者〉なのかそうでないのかって判断は難しい。そもそもその判断っていったい誰がどうやって行なうのか、その基準も曖昧。だから、仙台市内におられる多くの人たちが、自分が〈被災者〉として生

活援助資金を貰っていいのかという妙な遠慮も生まれてくる。そのつど自分が〈被災者〉なのかどうなのか、〈内〉なのか〈外〉なのか、毎回試されているような。生活援助の資金を貰える資格があるから貰ったのだけれど、それが当然のはずなのに、どことなしかしんどい。そういった感覚は、仙台のこのあたりに住んでいる人に特徴的なものなのかもしれませんね。

〔一般参加者 D〕：直接被害を被ったかどうか、直接被災地支援に赴いたかどうか。〈当事者〉性を考えるうえでそういった直接性が深く関わってくることはよくわかるのですが、わたしの表現で言えば、〈当事者〉になることを拒否した人以外は全員〈当事者〉だと思う。大阪だろうが海外だろうが、そこから生じる問題や課題に強い関心を抱き、いい面、悪い面も引っ括めてすべてに関わっていこうとする人たちはみんな〈当事者〉だと思う。半年経ってあちこちの先生方がこの度の震災に関する問題点や課題をあぶり出し、議論を重ね、対策を考えています。その先生方のすべてがはたして〈当事者〉と言えるかどうかはわからないけれど、その人は、やっぱり〈当事者〉として発言しているんだろうと思います。たとえば、今日の「てつがくカフェ」やここで配布されている資料[5]もそうですけど、今日みんなで考えた内容や資料をそれぞれの家に持ち帰って家族に話し、見せ、考える、あるいは職場にもっていって見せる、あるいはなんらかのグループ内で見せ、あらためてみんなで考える、そういうところからいくと、自分だけが見ていればそれは単なる情報で終わりなんだろうけど、基本的にはいまここに参加し

---

5)　当日の「てつがくカフェ」では、参考資料として、後の対話で問題にされるエミリー・ディキンソンの詩が引用されている、2011 年 3 月 19 日付の朝日新聞「天声人語」の文章などを資料として配布した。

ていなくとも、震災を体験していなくても、事態をよりよくしていこうという志や関心をもとにみんなで考え、それらをさらに伝えていく力があれば、町内会でも何でも〈当事者〉として、〈当事者〉の輪が広がっていく、そういう風に思うんです。

震災を直接経験した者の責任

　対話の冒頭部分においてすでに、先に触れた〈当事者〉の問題を考えるうえで欠かせない二つの重要な切り口が提示されていることは非常に興味深い。一つは、いわゆる直接性に比重をおいて〈当事者〉を捉えようとする考え方、すなわち津波等で家屋の倒壊や家族を失うなど、じっさいになんらかの被害を被る、その被災の直接性が〈当事者〉であるかないかを分ける基準となるのではないかといった切り口。そしてもう一つは、震災という〈出来事〉から生じてきた問題点や課題について、各人の問題の抱え方やその関心の強度に応じてその当事者性を判断することができる、といった切り口である。より単純化すれば、前者の切り口による〈当事者〉は、直接に被害を受けた者という意味において、本人の意思にかかわりなく震災の〈当事者〉であることを強いられた者と言うことができ、他方、後者の切り口による〈当事者〉は、目の前の問題や課題をなんとか改善しなければといったニーズに突き動かされ、じっさいに行動を起こすことで後から震災の〈当事者〉になる者と理解することができる。ただ、ここからさらに哲学対話を深めていくと、とくに、前者の直接性に比重をおいた〈当事者〉観の厄介さがいっそう際立ってくることに気づかされる。前者の〈当事者〉観は、津波や原発事故等による直接的な被災を強いられ、またその過酷な状況をじっさいに生きてきた者の直接的な経験に比重を置くがゆえに、どこか、

その経験を特権的なものであるかのように捉えてしまう危うさがある。そして、わたしたちがその経験を何らかの特権とみなせばみなすほど、逆に、その特権を携えたものの〈責任〉を問い直すような議論が一方で顔を出しはじめる。この直接的な経験に比重をおく〈当事者〉の責任の問題について、ある参加者が、そのしんどさも含めてつぎのような興味深い発言をしている。

〔一般参加者E〕：先ほど福島から参加された方が、東京の大学で開催された研究会にあえて自分自身が呼ばれた理由について触れておられましたが、ご本人のご発言のとおり、やはりそこには「自分たちは〈当事者〉じゃないからこの度の原発事故に関する議論はできないんだといった感じで、向こうは向こうで被災の〈内〉と〈外〉に線を引き、自分たちは〈当事者〉でないのに議論をしてもよいものなのだろうかといった躊躇があった」ことに間違いはないように思います。ただ、そもそもわたしたちは自分が直接見聞きしたことを土台として、そこからさまざまな思いや関心を巡らせ、それらを縒り合わせつつ最終的に自分なりの考えを編み上げていくものです。東京の方々のあのような振る舞いは、震災を直接的には経験していない自分たちの思考をしっかりと紡いでいくために、まずは直接的な被災を経験した人の話を聴いた上で自分たちなりに思考を展開していかなければならない、と強く考えられたのではないでしょうか。だからこそ、自身の考えをかたちづくるという文脈においては、ことさら、被災者の直接的な経験を何か特権的なものであるかのように捉えてしまうのだろうと考えます。くわえて、わたしたちは直接的な経験をもとにかたちづくられた〈当事者〉の思考や意見にいちばんのインパクトを感じとったりもするので、余計にその〈当事者〉の直接的な経験を重要視するように

なってしまわざるをえない。そこにも、わたしたちの〈当事者〉へのこだわりをうむ背景が見え隠れしています。ただその反面、わたしに言わせればそういった特別な立ち位置であるからこそ課せられる〈特別な責任〉というものも、同時に生じてくるような気がしています。そしてわたしの場合、逆にその〈責任〉が思いのほかしんどかった。

　わたし自身、地震が起きたときには仙台にいて、停電や食糧不足などは経験したのですが、やはり沿岸地域の大きな被害状況などをみてからというもの、ほんとうに目の前で起こっている被災の事実についてこのわたしが何事かを語りだせるのかって、ずっと疑問に思ってきました。というのも、わたしは仙台以外に友人などがいて、仙台で被災したんだって言うと、友人たちはニュース等のメディアでいろいろ悲惨な状況を事細かに観てきただけに、「本当に東北は大丈夫なのか大丈夫なのか」って何度もたずねてくる。でも、なんだか大して被災もしていない自分のようなものがそれについて受け応えすることなど到底できない気がして、黙る。あのとき自分がなぜそう感じたのか、その理由をいま思い起こしてみると、やはり、それについて応えるだけの責任を自分自身が決定的に持ちあわせていないように感じたからだと思います。これはあくまでわたし自身の感覚でしかないのかもしれませんが、たとえば被災して家や職場が流された、仕事がなくなった、家族を失ったなどといった直接的な経験が希薄な者たちが、その渦中に投げ出された人々の苦労に共感し、理解し、またその苦しみの深さや多様さを代弁するほどの責任を果たすことなどできないように思うんです。それについて身をもって語るほどの責任がもてない。言い方を変えれば、この経験の直接性こそが、わたしたちにそれについて語るだけの発言権や資格を与えてくれると同時に、またそれだ

からこそ、逆にその発言権に見合うだけの責任をもつようわた
したちに強いるようなところがあるとも言えないでしょうか。
だから、おそらく〈当事者／非当事者〉という区分けは、わた
しに言わせれば、そこで〈当事者〉と呼ばれるに値するだけの
〈責任〉をその人自身がもちうるのかどうか、そして、自分自身
が周囲から〈当事者〉と呼ばれることに違和感を感じないかど
うかといった違いに関わるような気がします。そして、とくに
わたしが言いたいのは、被災者として発言権や資格があるかど
うかといったことではなく、むしろ後者の、そういった意味で
の〈当事者〉というイメージを周囲からもたれることに、当の
自分自身が耐えることができないのではないかといった問題で
した。じっさい、わたしにはそれが耐えられなかった。

〔西村〕：そういった感じからすると、〈当事者〉に課せられる特
別な責任をお前は引き受けるだけの覚悟や気構えがあるのかっ
て、つねに試されているようなところがありますね。それは、
なかなかしんどい。それに、それだからこそ、そのいったん引
き受けた〈当事者〉の責任をしっかりと果たすためにも、何が
なんでもその現場に自身の身を挺して留まり続けなければなら
ないといった妙なこだわりの感覚が生まれてくるのかもしれま
せん。ただその一方で、じっさいに過酷な被災のうちに一気に
投げ出されるかたちで〈当事者〉であることを強いられた人た
ちにとってはそんな悠長なことを言っている余裕はないのでしょ
うが。

〔一般参加者 F〕：いまの方にちょっとお伺いしたいのですが、
その「責任がもてない」とおっしゃるときの「責任」って、も
う少し詳しく説明していただくとどんなものだとお考えなので

しょうか。

〔一般参加者E〕：発言した当のわたし自身もそれを確信的に言い当てることができずにいるのですが、じっさいの被災の状況やそこから生じている問題について話そうとするとき、メディアなどで報道されているような沿岸地域の人たちの過酷な状況を、直接的な被災の経験が希薄なわたしのようなものがはたして的確に、しかもその方々の苦しみを十分理解したうえで話し切れるものなのかどうかといった躊躇、戸惑いのようなものがあって、自分ではその役目を担いきれないという気持ちを「責任がもてない」という言葉で表現したのだろうと思います。

〔西村〕：そして、そういった躊躇や戸惑いを生むのが直接的な経験の希薄さだとお考えなのですね。ただその躊躇や戸惑いには、直接性以外にも情報や知識量などの問題も関係してきそうです。目の前で生じている出来事に関する情報、知識、直接的な経験の有無、さらにはそれらを読み解く際に必要な素養なども絡んでくる。それらが、〈当事者〉や、いま話に出ている〈責任〉の議論とどのように関係していくのか、さらに吟味してみる必要がありそうです。

〔福島からの参加者〕：わたしもまったくそのとおりだと思っていて、わたしが東京の研究会に呼ばれたときは、わたしが福島を代表して、「わたしの話を聞いたから福島の被災状況をわかったと思ってほしくない、これはわたしの経験であって、すべてを代表して語るだけの〈責任〉などももちあわせていないし、あくまで自分だけの語りになります」と告げました。そういった意味で言うと、〈当事者〉だから全部知っているのかというとそ

うではなくて、〈当事者〉だから、むしろさっき西村さんがおっしゃったように、当初は〈外〉から見ている人のほうがほんとにまずいぞって感じで、被災の問題性やそこから生じてくる課題についてよく知っていたわけですよね。だから、何かそこで、〈当事者〉にしか発言できないっていう空気感にわたしはすごく違和感があったように思います。たしかに、先ほどの〔一般参加者 E〕の方が最初におっしゃっておられたような、自分自身の考えを編み上げていくために、まずは直接的な被災を経験した〈当事者〉の語りを聞くことから始めなければならないとする感覚はわからなくもないのですが、だからといって東京の人たちだけでは震災について議論することができないとまで翻ってしまうのも、それはそれで違うだろって思います。むしろ、〈当事者〉じゃない人がもっと自分の立ち位置や問題関心から積極的に語り出してもらいたい、あるいは語るべきだってことをあのとき言いたかったんだろうと思います。

〔一般参加者 G〕：わたしは住んでいるところが市内の丘陵地だったので、直接的な被害自体は大したことはありませんでした。そういった意味では、わたしは〈当事者〉ではないのだろうと思います。ですが、沿岸部の牡鹿の方に親戚がおりまして、同い年のいとこがいるんです。牡鹿の方も、被害が凄かったですよね。当時、発災直後からまったく被害に関する情報が入ってこなかったので本当に心配していました。うまく逃げて助かったんだけれど、家は全部流されて、いまも他の親戚のところに身を寄せて暮らしているって状態なんです。直接的な被災の有無からいえば、わたしのいとこはあきらかに震災の〈当事者〉ということになるでしょう。ただ、これまでの対話の流れのなかでどうしても言っておきたいのは、逆に、悲惨な体験をした

人のなかには、むしろ震災について何も語りたくないという方々もおられると思うんです。あまりの被害を、まさに目の前に広がる未曾有の事態を引き受けられずに、ながらくそこから距離を取り続ける方々がおられる。なので、そういった状況におられる人たちを被災の有無だけで〈当事者〉であると見なすのも、どこかちょっと早いような感じがするんです。自分がどういう距離感で震災という〈出来事〉と関わっていくかが、まだまだ自分のなかで判断をつけかねている被災者の方々が大勢おられることについても思いを巡らせるべきことのように感じています。

〔一般参加者 D〕：さっきうまく話せなかったのですが、震災が引き起こす問題や課題って本当にいろんな場所や分脈、タイミングで生じてくるのに、じっさいのところ震災の〈当事者〉となると、どういうわけかそれらを直接経験している者がまさにそうなんだっていう変な感じありませんか。当のわたし自身も家屋が一部ダメになったという意味では震災の〈当事者〉なわけだけど、じっさいに津波被害を直接経験していないという意味では自分のことをやはり〈当事者〉だといった感じで捉えきれずにいます。

　でも、これまでの対話を聞いていて、それぞれがそれぞれの文脈やタイミングで〈当事者〉だと言えると思うんです。津波を経験した人にしか語れないことがあったり、逆に〈外〉にいる人にしか見えてこないことや経験などもあったり、さらに言えば、〈外〉から被災地に入って、被災者のことをいろんな切り口から考え、直接的な支援を始めた人たちも〈当事者〉だって思うんです。仮に〈外〉にいたとしても、直接的に被災地のことを思っていなかったとしても、自分たちが日々の食べ物を選

ぶ際に、放射能の問題とかで心配になったりすることにも、やはり、そこには〈当事者〉性みたいなものがあると思うんです。それらも広く震災の〈当事者〉って考えることができれば、あれも知らないこれも知らない、だからなに一つ語ってはならないっていう窮屈な考え方に対して、さっき〔福島からの参加者〕がおっしゃっておられたように、自分の経験については皆それぞれに〈当事者〉なんだって言えるのかなって思います。

〔西村〕：これまでの〈責任〉を切り口にしたみなさんのやりとりを聞いていて面白いなと思ったのは、最初の方がおっしゃっておられた、被災者であっても直接性が希薄であるがゆえに〈当事者〉として震災について語り出すことに戸惑ってしまうというあの気分も、あるいは先ほどの〔福島からの参加者〕が例に出しておられた、被災地の外部にいる者たちだけでこの度の震災について考えようとすることに躊躇してしまうあの感覚も、程度の差こそあれ、両者には直接性を軸にした〈責任〉の問題が深く関わっていますね。ですが、いまの方（一般参加者 D）がおっしゃっておられたように、直接性が希薄であろうがなかろうが、「自身の経験については皆それぞれに〈当事者〉なんだ」と捉えるなら、当然、その〈責任〉の取り方や出どころにもさまざまなヴァリエーションがあっていいはずです。つまり、それぞれが、それぞれの立ち位置から、自分自身の考えや語りに対して〈責任〉をとればよい、ということになるのではないでしょうか。ただ、じっさいはそうであるどころか、むしろ直接的な被害を受けた者のみが〈当事者〉、さらにはそれを震災の〈核〉ででもあるかのように見定めて、震災という多様で広範な〈出来事〉をなにか内へ内へと余計にこわばらせていくような面倒臭さがわたしたちにはあるように思います。それでは、直接

149

的な被災を経験していない者たちが震災について何事かを語り出すことをいっそう躊躇させる難儀な状況へと突き進むばかりです。それどころか、その難儀さは震災の内と外との境界をさらに際立たせ、外の者が内の者の苦しみを理解もしくは共有することなどもはや不可能なことなのではないかといった諦めの感情さえも生じさせかねません。

ディキンソンの詩 —— 同じ苦しみを経験した者どうしによる〈負の共同体〉

　たしかに、この直接的な被災経験へのこだわりには、どこか被災者（地）を内へ内へとこわばらせてしまうような厄介さがある。ただその一方で、やはりそれが〈当事者〉性を考えるうえで何かしら特別な経験（特権的な経験）となっていることもまた事実である。じっさい、ある参加者は、この被災の直接的な経験に「身体的な記憶」という独自の言い回しをあてがい、むしろそれこそが〈当事者〉性の核のようなものとして据え付けられるべきではないのか、と問い直している。

　〔一般参加者 H〕：わたしはこれまで何度もこの「てつがくカフェ」に参加していますが、そのつど、何らかのかたちでこの〈当事者〉性の問題が問われ続けているように感じています。そんななか、やはりわたしが率直に思うのは、最初に区分しておられた二つの〈当事者〉で言えば最初の方、つまり「直接に被害を受けた者という意味において、本人の意思にかかわりなく震災の〈当事者〉であることを強いられた者」といった意味での〈当事者〉は、その悲惨な状況のなかに投げ出されていると

きに、まさにそこでの経験が直接的であればあるほど、あらた
めて自分自身が被災の〈当事者〉であるのかそうでないのかと
いったことを頭で自覚的に捉え返すことなどしないのではない
か、ということです。むしろそれは、「本人の意思にかかわら
ず」、その場に投げ出された被災者個々人の身体にダイレクトに
働きかけてくる要素が強い。

　わたしは、岩手県の三陸海岸沿いの地域出身なのですが、そ
のエリアで震災による津波を経験した人たちは、それ以降、そ
の日その日にどこで何が起こっているのかを理解するのに精いっ
ぱいだったように思います。たとえば、どこのお店で何時から
何時限定でパンがひとり何個まで購入できるらしいだとか、そ
ういった地域のFMラジオ局が流す生活に直結する情報や人伝
いに耳に入ってくる情報などをただ追いかけるだけでもう精いっ
ぱい。だから、そういった状況のなかで、なんか自分が被災地
の〈外〉からどう思われ、またどう捉えられているかなんてまっ
たく気にかけることすらなかったように思います。もちろん、
公的な支援を受けるために罹災証明・被災証明などの行政上の
区分には気をとられたとは思いますが、自分が震災の〈当事者〉
であるかないかなどを自覚的に頭で捉え返すのはもっと後になっ
てからのことだろうと思います。

　ただ、わたしがあえて震災の〈当事者〉ということで思うの
は、直接的な被災のただなかで、やはりその場に居合わせた者
にしか得ることのできない〈身体的な記憶〉とでも言えそうな
ものがたしかにあって、それをもっているかいないかはある程
度区別した方がいいと思うんです。現地にいたわたしは、その
ときのいろんな匂いとか地鳴りの音とかが、すべて〈身体的な
記憶〉として残っているし、それが後々になって、本人にとっ
ても〈当事者〉性の問題に深く関わってくるような気がして、

そういうのは区別しておいた方がいいと思うんです。身体的に残っている記憶はすごく生々しいというか、頭で考えるのとはまた別モノなんだと思います。

　それともう一つ。3月11日の発災直後から、わたしは、何度も一関（岩手県）にいる友人からこちらに逃げて来いって言われ続けていたのですが、少しばかり内陸とはいえ一関もひどい状況なので迷惑になるのではといった感じで、なぜかわたしはいろんな理由をつけてその申し出を頑なに断り続けていたんです。自分でもそうすることの理由がよくわからずにいました。そして、本当に偶然なんですけれど、今日の「てつがくカフェ」で配られていた参考資料のなかにエミリー・ディキンソン[6]の詩があることを見つけてびっくりしました。「失意の胸へは誰も踏み入ってはならない／自身が悩み苦しんだという／よほどの特権を持たずしては」という詩[7]です。じつはその友人が、「やっと（一関への避難を断り続ける）あなたの気持ちがわかりました」って言って後日あらためてわたしに送ってきたのもこのディキンソンの詩だったんですよね。偶然だったのでびっくりしました。ディキンソンの詩ではないけれど、同じような苦しみを経験したものでなければ本当に被災で苦しんでおられる方々の「失意の胸のうち」は理解できないのではないでしょうか。まあそれが、発災後から1ヶ月くらいのあいだのわたしの気持ちでした。そのあとは、なんかもうわたしのいた地域はある種の復

6）　エミリー・ディキンソン（Emily Dickinson 1830-1856）。マサチューセッツ州アマースト生まれ。19世紀に活躍した米国の女流詩人。生前は7編の詩を地方紙に発表しただけのほぼ無名の存在であったが、生前に制作した詩の数は1700篇に上るとされ、彼女の死後、とくに20世紀に入ってからそれらの詩が高く評価されるようになった。

7）　中島完訳。この詩は無題のようで、「1704」の番号のみがあてがわれている。原文は、以下のとおり。Unto a broken heart/ No other one may go/ Without the high prerogative/ Itself hath suffered too.

興ヒステリーみたいになってしまって、市長が毎朝9時に市民
向けのラジオで「この市では今後地域のインフラを必ずこうし
ます」みたいなことを何度も放送し続けるものだから、そういっ
た目先の具体的な見通しに関わる言葉遣いに溺れている自分自
身にも気がついて、それもまた違うなという感じで、いったん
その場所、その状況から離れてこの度の震災についてじっくり
と語り合う作業をしなくちゃ、と思ったんです。だからわた
しは比較的震災の被害が重くなかった下北半島（青森県北東部
に位置する本州の最北端部の半島）のほうに移動して、そこに
しばらくいました。ただ、やはりそこでも被災の程度に関わる
温度差みたいなものを顕著に感じてしまって、もちろんその温
度差に癒される反面、「つらかったね、大変だったね」って言わ
れるんですけど、「いや、あなたにこのつらさはわからないで
しょ」と思う自分もいて、その温度差が、逆に〈身体的な記憶〉
の根深さみたいなものをあらためて浮き彫りにするようで、な
かなかつらい日々を送ってきました。もちろんそれが今回のテー
マである〈当事者〉の問題とどう関わるのか、じっさいのとこ
ろ自分でもまだよくわからずにいるのですが。

　この参加者の「身体的な記憶」という発言にとくに興味をそそら
れるのは、その言葉の背後に、同じ被災の直接的な経験を共有した
もののみによって編み上げられる〈負の共同体〉の存在を少なから
ずわたしたちに感じさせるからである。そう言えば、先に引用した
精神科医の安克昌の文章のなかにも、「思えば、震災直後は被災地に
いる人すべてが当事者であった。被害の大小はあったものの、誰も
が震災に動揺し、生活の苦労を味わった。そこには一種の高揚感と

ともに被災者同士の連帯感や共同感情があった」[8] という言葉が書き記されてもいた。しかしながら、この「被災者同士の連帯感や共同感情」があらたに厄介な問題を引き起こす可能性があることは、あのディキンソンの詩からもすでに存分に感じとることができる。端的に言えば、その問題とは、被災による苦しみは直接的な被害に遭った者どうしにしか共有・理解することはできないと捉え、あらためてそれが非当事者や外部からの介入をいっそう躊躇させる事態にわたしたちを陥れることになるのではないか、という問いである。

先の参加者の発言にもあったように、当日の「てつがくカフェ」では、参考資料としてディキンソンの詩が引用されている 2011 年 3 月 19 日付けの朝日新聞「天声人語」の文章を配布した。「失意の胸へは誰も踏み入ってはならない／自身が悩み苦しんだという／よほどの特権を持たずしては」。ディキンソンはこの詩をとおして、苦しみの渦中に投げ出された者の「失意の胸に踏み入る」には、それ相応の思い悩みや苦しみを自身でも経験したという「特権」がなければならないと詠う。もしかすると、場合によっては、それは先の参加者が言及した「身体的な記憶」の共有といった過酷な要請にまで突き進むことにもなりかねない。そうなれば、文字通りこの「特権」を携えるもののみにしか被災の苦しみを理解することなどできないといった偏った考えへと行きつく。じっさい、当日配布した朝日新聞のこの記事でも、ディキンソンの詩の後に、それを後押しするかのように、阪神淡路大震災を体験した精神科医の中井久夫のことば——「被災者には『わかってたまるか』という気持ちもある」——が添えられていたことも興味深い。たしかに、「被災者のことは被災者でないとわからない」という感覚を当の被災者が抱くことは理解できなくもない。しかしながら、仮にそうだとしても、この同じ苦

---

8) 安克昌『心の傷を癒すということ』、角川ソフィア文庫、2001 年、180 頁。

しみを経験したという「特権」に過度にこだわり続け、「失意の胸に踏み入る」ことにいつまでも躊躇し続けることにどれほどの意味があるというのか。それでは、冒頭で触れた〈被災者＝当事者〉主義に後押しされるかたちでどこまでも内へ内へとこわばっていくばかりで、〈外〉との隔たりをいたずらに際立たせることにしか繋がらない。もはやわたしたちはその隔たりを乗り越え、互いに理解しあうことなどできないものなのであろうか。しかしながらわたしたちは、前章の「〈支援〉とはなにか」で明らかにしたように、仮に支援を受ける側と行う側とのあいだに共有し難い大きな〈違い〉があったとしても、むしろその〈違い〉こそがお〈互い〉に対する関心を生じさせ、持続させる重要な契機となることを確認したばかりである。つまりそこでは、互いの置かれている状況や立ち位置などを丁寧に〈分ける〉作業をとおして、すなわち強引な同一化を徹底的に遠ざける仕方をとおしてしかたどり着くことのできない支援の本来的なすがたが浮き彫りにされた。そう考えてみると、この支援という営みを下支えする〈違い／互い〉という契機は、今回の〈当事者〉性に関わる哲学対話で新たに生じてきた、直接的な被災の〈当事者〉の痛みをそもそもそれ以外の者が理解することなどできるのか、といった問いに応える際の重要な切り口ともなりうる。

〈当事者〉の痛みを理解することは可能か —— 誰かの靴を履いてみること

　直接的な被災の有無を基準にすれば、〈当事者〉とそれ以外の者とのあいだに大きな〈違い〉や隔たりが存在することはあらためて言うまでもない。そこに明らかな隔たりがある以上、〈当事者〉が経験する苦しみや痛みを外部の者が完全に理解することなど到底不可能

155

な話である、ということになる。しかしながら、そもそも理解という営みは他者との完全な一致や「一体感」を目指して為されるようなものではないのではないか。そのことについてわたしたちは、すでに前章において、〈支援〉とは何かという文脈ではあるが、シェーラーやシシリー・ソンダース、さらにはミルトン・メイヤロフなどの考えをもとに丁寧に考察を繰り広げてきたばかりである。そこでも触れたように、わたしたちは、とかく苦しみの渦中にある当事者（被災者）を支えるためには何よりも被災の苦しみに深く共鳴し、自身と被災者との隔たりを可能な限り消し去ることでその「一体感」にまで漕ぎ着けようと躍起になる。そして、そこからわたしたちは、〈当事者〉の痛みを真に理解することの意味を、〈当事者〉の置かれている苦しみや痛みの状況やニーズを事実的なレベルで認識する以上のこととして、すなわち、まさに〈当事者〉の痛みや苦しみを自分の苦しみでもあるかのように「同一視」して引き受け、その身代わりになるまでの覚悟や気概をさらに必要とするものとみなしてはいないか。しかしながら、他者の痛みの理解に関する問題に臨む際には、むしろ、わたしたちのこの過剰な気持ちの込め方こそが邪魔になる。じっさい、〈当事者〉性に関わるこの回の哲学対話においても、〈当事者〉の痛みを理解することの意味を読み解くためには、まずは、あの過度に〈当事者〉の痛みを自分ごととして引き受けようとする前のめり具合から生じる弊害や危険性を問題視するところからはじめられなければならない、とされる。なかでも、とくに興味深かったのが、直接的な被害を被った〈当事者〉との「一体感」や「同一視」へと強く踏み込もうとするあの力の込め方が、距離をとりつつ他者の声を〈聴く〉という、他者理解の際に欠かせない根本的な構えを最初から萎えさせ、〈当事者〉との「同調」を過度に目指すあまりその発言を鵜呑みにさせ、挙げ句の果てには自分自身の思考すらも完全に手放してしまう事態へと追い込んでいくのではないか、

という参加者からの指摘である。そういった弊害への警戒心もあってか、それ以降の対話では、理解という営みのうちに〈当事者〉との隔たりを無きものとして捉えようとする同情心とも異なる、あくまでも〈当事者〉との隔たりを前提としたうえで開始される「共感」の可能性が積極的に読み解かれていく。そこには、ディキンソンが求めたあの「よほどの特権」を携えずとも、〈当事者〉の痛みの理解はこの「共感」や想像力を逞しくすることで補うことができるのではないか、とするある種の期待のようなものが見え隠れしている。

〔一般参加者I〕：これまでの対話を聞きながらずっと感じていたのですが、直接的な体験をする場に居合わせなければ、あるいはその後もずっとそこにとどまり続けなければ自分が〈当事者〉として何事かを語ることができないとする感覚には、どうも危険なにおいがします。たしかに、震災を直接体験した人しかわからない感覚や知識というのはあるのだろうと思います。わたし自身も、最近、東京の人とかに発災時の仙台の様子などの話をしてくれと頼まれて、わたしが当時経験したことや見聞きしたことを話す機会があったのですが、じっさいのところわたしの話をあまり聞いておられないような感じがしました。その理由をうまく言い表すことはできませんが、先方が、〈当事者〉としてのわたしの声や言葉、経験を大事にしておられるということはたしかに感じてはいたのですが、どことなしか、妙に〈当事者〉ということを大事にされすぎるというか、同情されているというか、過剰に気を遣ってわたしのことを扱われて、かりにわたしの発言や考え方に対して違和感を抱かれたとしてもきっとそういうものなんだろうといった感じで、それをそのまま無批判に受け取られ、鵜呑みになさっておられるような気がしていました。そこには、他者の経験した事実、またそこから生じ

ている痛みを自分としてどう捉えていくかといった、自分自身の思考を巡らせていくようなプロセスがまったくみられない。それは、そもそも他者が経験した出来事や思いを〈聴く〉という態度とまったく異質なもののように思うんです。いまさらここで根本的な話をしてしまって申し訳ないのですが、〈聴く〉という営みは、むしろ〈当事者〉の痛みや苦しみを究極的には理解できないという不全感をバネに動き始めるもののような気がします。

〔せんだいメディアテーク・スタッフ〕：〈当事者〉の痛みの理解に関する問題を、苦しみの渦中にいる人たちの言葉をそのまま鵜呑みにする同情や同調といった関わり方と対照化させながら読み解いていこうとする切り口、とても興味深く思います。わたし自身もそういったみなさんの切り口に触発されて、これまでの対話で出てきた直接的な被災の〈内〉と〈外〉の問題、さらにはその両者の隔たりをどう取り繕っていくのかといった問題に応えていく際に何かいいヒントはないかと考えていました。そこで、この〈当事者〉という言葉が英語ではどういった文脈で、またどのようなニュアンスのもとで表現されているかについて少し調べてみたんです。まあ、辞書にはほんとうにいろんなことが書かれてあるんですけれど、〈当事者〉性に関するこれまでの対話の内容を際立たせてくれるものとしてあらためて関連づけてみたら面白いかなと思うのが、「内部の事情に通じている者」という意味の「インサイダー（insider）」という表現です。もちろん、この言葉をそのままこれまでの対話で問題にされてきた〈当事者〉と同じ意味で扱うことには相当の無理があることも承知しています。ですが、この「インサイダー」という言葉を基点に、さらに関連するその他の単語も調べていくと、

何か、あらためていろいろなことが確認できそうな気がして。たとえば、わたしが調べた辞書には、この「インサイダー」という単語に対峙するものとして「アウトサイダー（outsider）」という反意語が書かれていました。そして、とくにわたしが面白いなと思ったのは、それらの対立する二つの単語に並んで、「同調者」「同感者」「賛成者」「支持者」などを意味する「シンパサイザー（sympathizer）」という言葉が書き添えられていたことです。この「シンパサイザー」という単語を眺めながら、わたしは、「インサイダー（当事者）」「アウトサイダー（非当事者）」といった二分法的な区分や、またその両者の隔たりを「同調」や「同情」といった仕方でとり結ぼうとするわたしたちの思考の癖がいかに根深いものであるかをふたたび思い知らされたような気がしました。ほんとうに、両者を結ぶには、すなわち〈当事者〉の痛みを理解するには「同調」や「同情」といった、どことなしか相手に慈悲をかけ、〈当事者〉の言葉や考えを鵜呑みにするような関わり方しかないものなのでしょうか。今後の「てつがくカフェ」では、さらにそのあたりのことについても、みなさんとの対話のなかでじっくりと思考を深める機会がもてたらいいかなと思っています。

　そして、そういった問題関心に応えるためにも、やはり今回の対話の冒頭あたりで便宜的に分けた二つの〈当事者〉性の区分は大事にしておくべきだとあらためて思うんです。ちなみに、これまでの発言も含め、その二つの〈当事者〉性をわたしなりの言葉で言い換えると、まず、直接的な被災のうちに投げ出された一つ目の〈当事者〉は「与えられる〈当事者〉性」、そして、二つ目の、震災によって生じてきた問題や課題をなんとか改善しなければといったニーズに突き動かされ、じっさいに行動を起こすことで後から震災の〈当事者〉になる者といった意

味での〈当事者〉は「獲得する〈当事者〉性」だと考えています。そして、この二つの区分がより鮮明なかたちで顕れたのが、今回の震災ではなかったかと思うのです。

　たとえば、被災地の仙台市民であるという事実は「与えられる〈当事者〉性」と言えると思いますが、同時に、仙台市政に積極的に関わっていく市民という意味で、とくに政治的な文脈において後者の「獲得する〈当事者〉性」もとても重要なものになってくるはずです。なかでもわたしが強調したいのは、そういった〈当事者〉の区分があるはずだといった事実の確認だけで済ませるのではなく、むしろ震災以降を生きるわたしたちは本来的に「獲得する〈当事者〉」にもなるべきだ、ということです。そうであるからこそ、これまでの対話のなかで随所に触れられてきた〈責任〉の問題も複雑に絡んでくるような気がします。それは、たとえば〈生きる〉ということにかなり関係していて、震災以降、ここ仙台で生きるということは、この地域のなかで具体的に何事かを発言できる主体であるかどうかということ、言い方を換えれば、この地域における自分の発言や行為に対して、さまざまな意味で〈責任〉をとることができる主体としての覚悟があるのかということ、そのあたりが、地域で生きる〈当事者〉のあるべき姿のように感じています。そして、この〈当事者〉性の強度は、社会から負わされた〈責任〉の度合いなどをもとにそのつど揺れ動いていくもののような気がするんです。今回の震災で、わたしたちはまず「与えられた〈当事者〉性」によって激しく翻弄された。そしてそこから、これまでわたしたちがどういうわけか国政であるとか市政であるとか、そういった政治のことを自分自身の関心の外に追い遣って過ごしてきたがために、「獲得する〈当事者〉性」、すなわち本来もつべき政治的な〈当事者〉性をいかに蔑ろにしてきたかと

いう事実があらためて露呈化されたような気がします。わたし的には、むしろこの度の震災を契機として、本来持つべき政治的な〈当事者〉性にあらためて出合った、気づかされたといった感覚が強くあります。だからこそ、そういった気づき、さらにはそこから導き出される自分自身の問題関心に誠実に応えていくためにも、わたしたちは、どうすれば「シンパサイザー」という「同調」や「同情」とは異なったかたちで直接的な被災のただなかに投げ出された〈当事者〉の方々の痛みや苦しみに触れることができるのかといった難題に、最終的には行き着かざるをえないように思うんです。

〔一般参加者J〕：まず一番に思うのは、いまおっしゃられた「獲得する〈当事者〉性」、すなわち他者の苦しみや目の前の出来事を自分自身の問題関心から引き寄せるかたちで後から主体的に〈当事者〉性を「獲得」していく場合にしても、やはり、その際に求められる他者の苦しみや痛みの理解は、「シンパサイズ（sympathize）」ではなく、わたしなりに言えば「エンパサイズ（empathize）」、すなわち「同情」や「同調」とは異なった「共感すること」なんじゃないかなって思うんです。これまでの哲学対話のなかでも再三にわたって確認されてきたように、〈同情〉というのは一方的に情けをかけて、他者との感情の合一を果たそうとする、結構強引な思いの寄せ方のように感じます。なんというか、相手の苦しみや悲しみに一方的に寄り添い、その苦しみをあたかも自分のものでもあるかのように引き受け、相手の感情との完全な同一化を目指そうとする営みのように思えます。それに対して、これはわたし自身の勝手な区分なのかもしれませんが、〈エンパシー〉はまったく異なった立ち位置から他者に思いを寄せる営みのように感じます。その営みには、

161

あなたの苦しみや痛みはわたしのものではなく、究極的には理解も共有もできないといった、どこまでも明確な着地点のみえないモヤモヤ感がつきまとう。けれど、そういった不全感も最初から織り込み済みで、それでもあなたが抱える痛みや苦しみに寄り添い続けようとする気構え、逆にいえば、互いの立ち位置の〈違い〉が前提とされているからこそその溝をなんとか取り繕い続けようとする持続的な関心を生じさせる、これが〈共感〉という営みが備えているもともとの意味なんじゃないかなって思います。なので、直接的な被災のただなかにおられる〈当事者〉の痛みや苦しみを理解することはそもそも可能かといった問いかけは、もちろん哲学的にみれば結構ハードな問題なのでしょうが、わたし的にはそれくらいの意味しかないのでは、といまは考えています。

　たしかに、ここであらためて〈共感〉の問題を哲学史に照らして詳細に読み解いていく作業に着手することは、相当手間がかかりそうである。しかしながら、この参加者が自分の感覚に基づいて提示した〈共感〉に関する考え方はそう独りよがりなものにも思われない。というのも、じっさい英英辞書を紐解いてこの「同情（sympathy」と「共感（empathy）」の項目を調べて比較してみるだけでも、この両者の違いをそのようなものとして明確にみてとることができるからである。たとえば、自分自身の息子が通う英国公立中学校で行われている「シティズンシップ教育」への興味から、同じく「エンパシーとシンパシーの違い」という問題に引き寄せられた英国ブライトン在住のライターであるブレイディみかこさんは、両者の違いを英英辞書に記される意味の違いからつぎのように区別している。
　まず、ブレイディみかこさんが参照した『Oxford Learner's

Dictionaries』のサイト[9] において両者がどう定義されているかをあらかじめ確認しておくと、「エンパシー（empathy）」は「他者の感情や経験などを理解する能力」を意味し、それに対して「シンパシー（sympathy）」は「1.　誰かをかわいそうだと思う感情、誰かの問題を理解して気にかけていることを示すこと　2.　ある考え、理念、組織などへの支持や同意を示す行為　3.　同じような意見や関心を持っている人々の間の友情や理解」[10] とされている。この「二つの意味の違い」をもとに、ブレイディさんは「エンパシー」と「シンパシー」の区別をさらに明らかにしていく。

　英文は、日本語に訳したときに文法的な語順が反対になるので、エンパシーの意味の記述を英文で読んだときには、最初にくる言葉は「the ability（能力）」だ。他方、シンパシーの意味のほうでは「the feeling（感情）」「showing（示すこと）」「the act（行為）」「friendship（友情）」「understanding（理解）」といった名詞が英文の最初に来る。つまり、エンパシーのほうは能力だから身につけるものであり、シンパシーは感情とか行為とか友情とか理解とか、どちらかといえば人から出て来るもの、または内側から湧いてくるものだということになる。さらにエンパシーとシンパシーの対象の定義を見ても両者の違いは明らかだ。エンパシーのほうには『他者』にかかる言葉、つまり制約や条件がない。しかし、シンパシーのほうは、かわいそうな人だったり、問題を抱えている人だったり、考えや理念に支持や同意できる人とか、同じような意見や関心を持っている人とかという制約がついている。つまり、シンパシーはかわいそうだと思

---

9)　https://www.oxfordlearnersdictionaries.com/
10)　ブレイディみかこ『他者の靴を履く　アナーキック・エンパシーのすすめ』、文藝春秋、2021 年、14 頁。

う相手や共鳴する相手に対する心の動きや理解やそれに基づく行動であり、エンパシーは別にかわいそうだとも思わない相手や必ずしも同じ意見や考えを持っていない相手に対して、その人の立場だったら自分はどうだろうと想像してみる知的作業と言える。[11]

　興味深いのは、ここでは「エンパシー」という営みが一種の「能力」として、さらにはそれを鍛えることでいっそうその「能力」を逞しくすることが可能となる「知的な作業」として位置付けられている点である。ちなみにこの「エンパシー」という「知的作業」は、英語の定型表現では「誰かの靴を履いてみること（To put yourself in someone's shoes）」と言うらしい。そこでは、相手をかわいそうだと思う「the feeling（感情）」や「同情心」など必要ない。ましてや、この「知的作業」においては、ディキンソンが求めたあの「自身が悩み苦しんだという」「よほどの特権」もまた考慮の埒外へと留め置かれる。たしかに、〈当事者〉と同じほどの悩みや苦しみを自分自身でも経験したという事実が、過酷な状況にある〈当事者〉の痛みや苦しみへの想像力をいっそうたしかなものにするという議論は可能かもしれない。しかしながら、そもそも「他人の靴を履いてみること」は誰にでも可能な「知的な作業」なのであって、そのような「思い悩み」が必ずしも他者の痛みや苦しみを理解する際の「特権」とみなされなければならないとまでは捉え難い。「他者の靴を履いてみること」をとおして、その〈当事者〉の置かれている状況や苦しみ、またその考えに自身の思考をめぐらせ、そこから生じてくる問題点や課題を自分自身のうちに分かちもつ。そしてこの「知的作業」は、「他者の靴を履く」ことで、もともと自分が履いていた「靴」の履き

---

11)　同上、15頁。

164

心地やその具合についても貴重なメンテナンスの機会をあたえてくれるものとなる。そう考えてみると、先ほどの参加者が強調していた「獲得する〈当事者〉性」もまた、この「エンパシー」という営みを軸にした他者理解の道筋をとおしてしかたどり着くことができないもののように思われる。もちろん、「エンパシー」の定義や種類には学問領域の違いや論者によってまちまちなところもあり、「エンパシー」の特徴を上記のように一括して理解しようとするやり方には結構無理なところがある。ブレイディさんの整理によれば、「エンパシー」の種類には、①「認知的共感」とも訳される「コグニティヴ・エンパシー（cognitive empathy）」、②「他者と同じ感情を感じること」、「他者の苦境へのリアクションとして個人が感じる苦悩」、「他者に対する慈悲の感情」といった文脈で捉えられる「エモーショナル・エンパシー（emotional empathy）」、③「他者の痛みや苦しみを想像することによって自分もフィジカルにそれを感じてしまう」という「ソマティック・エンパシー（somatic empathy）」、そして最後は、④「他者が考えていることを想像・理解することや、他者の感情を自分も感じるといったエンパシーで完結せず、それが何らかのアクション（行為・行動）を引き起こす」ところまで思い至らしめる「コンパッショネイト・エンパシー（compassionate empathy）」の四つがあげられている。この整理から言うと、わたしたちがこれまで議論してきた「エンパシー」は、「他人の靴を履いて」他者の考えや感情を想像し、「その人がどう感じているかを含んだ他者の考えについて、より全面的で正確な知識をもつこと」とされる①「コグニティヴ・エンパシー」に近いものということができる[12]。もちろん、このような「エンパシー」の議論を展開しただけで、〈当事者〉の痛みや苦しみの理解の問題が解決したかのように振る舞うことは許さ

---

12)　同上、18-19頁。

れない。じっさい、わたしたちは、これまでの〈支援〉や〈当事者〉
性に関する対話の成果をもとにしながら、2011年12月24日に開催
した第6回「てつがくカフェ」において、さらに「被災者の痛みを
理解することは可能か」というテーマ設定のもと、〈当事者〉理解に
関するいっそう踏み込んだ対話に乗り出してもいる。

天使の声？ —— 美徳と教育

　ここまで、「震災の〈当事者〉とは誰か」をテーマに開催した「て
つがくカフェ」でのやりとりをいくつか確認してきた。当日なされ
た対話のほんの一部をたどってみただけでも、震災の〈当事者〉性
に関わる問題がいかに多様な問いのヴァリエーションを新たに呼び
込むものであるかが十分みてとれる。当日の「てつがくカフェ」で
は、これ以降、〈当事者〉とはそもそも何なのかといったかたちでそ
の特徴的な要素をあぶり出そうとする議論や、内へ内へとこわばっ
ていく〈当事者〉性をどうほぐしていくか、さらには〈当事者〉が
抱える痛みや苦しみをどう理解するのかといった議論からは徐々に
距離をとり、対話の冒頭において参加者どうしで共有したあの問い
かけ、すなわち、被災の現場に居合わせた者が、そのままそこに留
まり続ければあきらかに危険とわかっていながらもなぜ逃げなかっ
たのか、あるいはそのような態度へと当人を思いとどまらせた背景
にはどのような力が働いていたのかを吟味する方向へと対話の軸足
が引き戻されていく。具体的には、〈当事者〉性をめぐる問いを〈責
任〉の問題と関連づけながら捉え返そうとするこれまでの議論の流
れを、医療従事者や教師、さらには公務員などといった特定の職業
にまとわりつく忠誠心などといった美徳に関わるイメージや倫理観
の問題へと接続するかたちで議論が展開する。なかでもとくに興味

深かったのは、その特定の職業にまとわりつく「厄介な美徳」のイメージが、むしろわたしたちが慣れ親しんできた（学校）教育によっていっそう強化され、もはやそれが容易には解きほぐせないほどのこわばりにまで編み上げられてきたのではないか、といった参加者からの指摘である。この参加者の発言を起点に、〈当事者〉性に関する当日の対話の流れが、さらに美徳と教育といった別の観点から組み替えられていくことになる。

〔一般参加者 K〕：今回の対話の冒頭で、福島で避難所の運営に関わっておられた職員のかたの発言をおうかがいし、それ以降自分自身のなかでずっと考えていたのですが、あのような場に、しかも公的な立ち位置の職員としてなかば強引に〈当事者〉として関わらされた場合、相当重い責任感や職業上の忠誠心といったものを負わされてしまっていたのではないかと思うんです。たとえその避難所が原発の影響で今後いつどうなるかもわからない状況であったとしても、一般の人間ならまだしも、やはり公的な職員という立場にある者が原発事故による放射能の危険から逃げてこられた避難者を見捨てて、自身や家族の方を優先させてその場を離れるというのはなんだかとても許される状況ではなかったのではないでしょうか。仮に自分の家族を優先し、避難所におられる方々を見捨ててその場から立ち去ることを選択しようものなら、すぐさま、公的な職務に対する忠誠心をなげうってまでもなぜ自分がそのような行為に及んだのか、あるいはそれ以前に、避難して困っておられる方々を見捨ててその場から逃げ去るなんて人としてどうなのかといったかたちで、いつまでもいたずらに自身の行いを問い質し続け、責め続けてしまうような気がするんです。もちろん、これまでの対話のなかで、あえてその場に留まり続けることではじめて〈当事者〉

167

としてそれについて語る資格や権利が保証されるのだといった議論にもそれなりの説得力があることはわかります。ですが、そもそも公的な立ち位置にいるというただそれだけの理由でその場から逃げることを躊躇させる感覚をわたしたちに植え付けてきたものは何なのか、わたし自身の関心はむしろそちらの方にあるような気がしています。そして、これはあくまでわたしの感覚でしかないのかもしれませんが、たとえばわたしがそういった過酷な状況のなかに〈当事者〉として留め置かれるような状況にあったとき、仮に自分がその場から逃げるという選択をしたなら、そのときわたしは公的な職務への忠誠心などといったもの以前に、「人として」といった感じで、もっと大きなものから自分自身を降ろしてしまうような気がして、恐ろしくなります。

〔西村〕：なるほど、なかなか興味深いご意見ですね。あえてそのお考えをこれまでの対話のなかで確認した二つの〈当事者〉観からあらためて問い直せば、それは「直接に被害を受けた者という意味において、本人の意思にかかわりなく震災の〈当事者〉であることを強いられた者」とわたしたちが位置付けた前者の〈当事者〉観と深く関わってくるものですね。さまざまな理由から直接的な経験を余儀なくされた者が、どのような立場でその場に居合わせるのか、そして、その立場の違いによって余計にその場から逃げ難くなるような、つまりはその状況における〈当事者〉から降りることがことさら躊躇されるような状況に留め置かれてしまうことになるのではないか。いまのご発言をとおして、これまでわれわれがとくに問題にしてきた「被災の直接性に比重をおく〈当事者〉観の面倒さ」がさらに際立ってきたように思います。これはある意味において仕方のないこ

となのかもしれませんが、わたしたちはどうしても「人として」や「一個人」として、さらには「公的な職員、医療専門職者、学校教員として」などといったかたちで、その置かれている立ち位置や役職の違いをもとに人びとの行いの善し悪しや責任の重みをはかろうとしがちです。この度の大震災という過酷な状況のなかでは、じつはこの〈～として〉といった切り口をもとにしたわたしたちの思考のプロセスそれ自体がきっかけとなって、あらたな問題を、しかも思いもよらないところで生じさせているのではないかとさえ感じます。今後は、そのような思考の枠組みそれ自体がもつ弊害の可能性についてもみなさんとの哲学対話のなかでしっかりと吟味していく必要がありそうです。

〔一般参加者 L〕：先ほどから議論になっている、なぜその場所から逃げなかったのか、あるいは逃げられなかったのか、さらには、本人にそうするよう背後で後押ししていたものがはたして何なのかといったことについてですが、わたしなりに思うのは、やはりそこには、その場から逃げることが本人にとっても周囲のものにとってもなんらかの裏切りの行為と捉えられてしまうような、逆に言うと、過酷な状況のなかでもさまざまなことを犠牲にしてそこに留まり続ければ今度は周囲から賞賛に値する行動をとったと褒めそやされることになる、そういったわたしたちのもつ〈美徳〉に関する感覚がすごく絡んでいるような気がするんです。〈当事者〉の問題を考えるうえで、このあたりのことがさっきからすごく気持ち悪いというか、自分のなかでは引っ掛かっています。

〔一般参加者 M〕：わたしもそれについては同感です。たしかに、自分の発言や考え方に〈当事者〉としての重みをもたせるため

に、あるいは言い方を換えればまさにその場に居合わせた〈当事者〉としての発言権や資格を獲得するために、どれだけ危険で過酷な状況であってもその場に留まり続けることで直接的な経験を積み重ねようとする態度にもある程度までは納得ができます。ですが、それとは別の側面として、先ほどの方の美徳に関する発言に触発されて言うのですが、なんというか、そこにはやはり教育の問題、しかも美徳というか道徳というか、身命を賭してまでも他者のために献身的な行いをする、ある種の美談のようなものを大事にしてきた教育の存在が根底に潜んでいるように思うんです。しかもそれは、教員や公務員、医療従事者などといったいわゆる聖職者と呼ばれるような立ち位置にいなくとも、多くの者が、危険な場所であっても、困っている者がいるその場を離れるな、逃げるなって、あらゆる教育の文脈で徹底的に擦り込まれ、学習させられてきたような気がするんです。しかもそれが、とくに学校のなかで、子どもたちに向けて早い段階から行われてきたのではないか。

　わたし個人の印象で言えば、学校教育のなかには随所に自己犠牲の精神というか、そういった類のたくさんの物語がある種の美談のようなかたちで忍ばせてあったように思います。いま思い起こしただけでも、たとえば戦時中など、どれだけ過酷な状況にあっても博愛の精神を大事にし、自己をなげうってまでも必ずそこに留まり続け、困難な状況に置かれている人たちを救うことに奔走した者たちがいる、だからわたしたちも、それらの歴史上の偉大な人物による献身的な行為や心構えから学び、そういった精神を携えた人物に少しでも近づいていかなければならないと暗に教え込まれてきたような気がするんです。つまり、そういった美談のなかに、人間の行為としての美しさや正しさがあるといった擦り込みの機能があったのではないでしょ

うか。それは、自分たちでは気づかないところで周到に馴染まされ、知らないあいだに確固とした一つの価値観にまで仕立てあげられたものであるがゆえにいっそう厄介なような気もします。それだからこそ、逆に、大震災やそれにともなう原発災害時下の状況などにおいて、公的な立ち位置にありながら、「いまは家族の命や自分の命を優先させてこの場から一刻も早く立ち去り、逃げるべきなんだ」と言おうものなら、おそらく多くの場面で「お前はなんて酷いことを言う奴なんだ」ってことに当然なってくる。「いまは、自分自身や自分の家族を守るために、どれだけ苦しい思いをしておられる方々がいてもこの場から逃げる」。冷静に考えてみても、公的な職務に就いていようがいまいが、あの場では被災地にいるすべての人間が未曾有の事態に一気に投げ出されたわけだから、それくらいのことは言えていいはずなのに、それすら言えないような窮屈な雰囲気や周囲の状況を拵えてきたのが実は教育なんじゃないかなって思う。いわゆる教育の現場で擦り込まれてきた道徳や倫理感、なかでも自己犠牲や忠誠心などといった美徳に関わる教育が、「人として逃げるな、そこに留まって他人のいのちを救え」などといった献身的な行為を無意識のところでわたしたちに強いてきたんじゃないかなって。なんだかちょっと話の流れが大きく逸れてしまいましたが、でもやっぱり、〈当事者〉の問題について考えていく際には教育のこと、厳密には教育の場面で植えつけられる美徳の問題についても今後深く考えていく必要があるように思います。

〔福島からの参加者〕：今日の対話の出だしで、今回の問いのきっかけとして、ありえない放射能のなかで、避難所になった福島の公共施設で戸惑いながら支援活動を行っていた、という話を

171

させていただきました。これまでの対話で、非常に重い問題点が差し向けられたように思っています。とくに、先ほどの倫理観の問題についてはいろいろと思うところがありました。当時、福島で原発災害に関連した避難所を運営していた同僚などの働きは、阪神淡路などでの震災であれば100点の運営だったと言ってもよいように思います。それは、感謝こそされ、誰からも非難されるようなものではなかったはずです。そのような支援が可能だったのは、たしかに過酷な状況であったとは思いますが、避難所や支援する者たちの安全がある程度まで見込まれていたからだと思います。けれど、今回の原発事故による広範囲に及ぶ放射性物質の拡散といった想定外の問題のなかでは、その安全性こそがまったく保障されていない状況にあった。そういったなかで、そもそも公的な職員であるからと言って、自分の命や家族を犠牲にしてまでも本当にここに留まり続けるべきなのだろうか、避難されてきた方々を置き去りにするということではなく、すべてのひとがここから遠くへ逃げなければという判断があって、そういった自分の迷いをそのまま同僚に口に出したんです。それは、わたし個人の、個別的な問題としての発言でしたが、その自分の判断や発言が本当に正しいかどうかわからなくて、結局ダラダラとその場所に留まり続けてしまったというのが現実でした。

　さきほど、「シンパサイザー」という言葉がありましたが、わたしも、やはりあれは「同調する者」以外の何者でもないと思いました。それにくわえて、教育における美談や美徳の話もありましたが、「同調者」とこの美徳の議論はじつは深いところで密接に関わっていることが自分のなかであらためて整理できたように思います。そういった美徳のようなものが、そこに留まるべきだといった捉えどころのないたちの悪い〈同調意識〉を

生みだし、無意識のうちに自分自身でそれに調子を合わせてしまい、その場から離れるといった行動がとりにくくなっていたのではないか、と当時の状況を思い越していました。

　それと、これはあくまでわたし個人の個別的なこととして言いますが、じつは、避難所から逃げなくてもよいのかといった戸惑いの裏側で、避難所に留まることで正直安心していたという感覚もあったんです。すごく矛盾した話に聞こえてしまいますが、それは、みんないっしょだからといった、みんなが歩調をあわせておけば自分自身でいろいろと思い悩む必要はない、それは、なかば思考を停止させることで獲得されるタイプの安心感だったのかもしれません。けれど、その〈同調〉から一歩外に出ると、具体的には避難所からいったん離れると、みんなでここにいたら沈没しちゃうんじゃないかという恐怖が一気に襲ってくるんです。そういったことから言えば、〈当事者〉の問題を考える際には、意外とこの〈同調〉という圧力と個人的な感覚としての〈安心〉といった、一見まったく異なった次元のものであるかのようにみえる両者が、じつのところは根本的なところで繋がっているのではないかといった問題についても今後丁寧に考えていかなければならないな、と思いはじめています。これまでの議論にもあったように、〈美徳〉などに包まれた同調圧力って、本当に無意識に〈教育〉の場で擦り込まれてきたものなので、自分がそれに〈同調〉させられているということ自体に気がつかない、本当に厄介なものなのかもしれません。

　この回の哲学対話では、時間的な制約もあり、残念ながらこれらの点についてさらに対話を深めることはできなかったが、わたしたちは、美徳と、またそれをあらゆる文脈でわたしたちに沁み渡らせてきた教育の厄介さに関するこの指摘の重要性を受けとめ、この後、

2012年4月29日に開催した第10回「考えるテーブル てつがくカフェ」において、文字どおり「震災と美徳」というテーマ設定のもと哲学対話の場を設けることになる。また同年7月から翌年2013年3月にかけて、3回シリーズで「震災と教育」を切り口に哲学対話の場も開催している[13]。いま思えば、2011年3月11日の本震から1年余りが経過したこの時期は、被災地では（もちろんそれ以外の地域でも）、その時間の経過とともに新たな問題や課題が次々と生じつつあったように記憶している。なかでも、「これから震災という〈出来事〉を子どもたちにどのように教えるべきなのか」といった、先ほどの「美徳と教育」の指摘に関わるような問いかけも、まさに震災以降を生きるわたしたちにあらたに突き付けられてきたもっとも困難な課題のうちの一つとして数え上げることができる。

　震災を伝えるのではなく、どう教えるのか。しかし、残念ながらわたしたちに突きつけられたこの震災の教育という大きな課題は、わたしたちが強く懸念していたあの〈美徳〉を切り口とした教育のあり方へと再接続され、これまでと同じような道筋を何の振り返りもなくたどり直していくことになる。たとえば、2012年1月26日付のある新聞記事（共同通信社）では、防災対策庁舎から町民に無線で避難を呼び掛け続けて津波の犠牲になった南三陸町職員の行動を、埼玉県教育局が県内の公立小中学校およそ1250校で使用される道徳教材に「天使の声」として掲載する予定であると伝えていた。じっさいに犠牲になられた町職員の行動それ自体は称賛されるべきものなのかもしれない。しかしながら、それが〈道徳〉もしくは〈美徳〉といった切り口から、しかも学校教育の場で子どもたちに教え

13）　第12回「考えるテーブル てつがくカフェ～震災と教育1～」（2012年7月1日開催）。第15回「考えるテーブル てつがくカフェ～震災と教育2～震災から〈教育〉を問い直す～」（2012年10月7日開催）。第20回「考えるテーブル てつがくカフェ～さらに震災から〈教育〉を考え直す～」（2013年3月3日開催）。

られることに対しては多くの人が違和感を感じるのではないか。わたしたちは、子どもたちに今回の震災という〈出来事〉をどのように教えるべきなのであろうか。被害の状況を端的に〈数値〉として偽りなく伝えるだけでよいのか。あるいはまた、避難時に困難な状況に立ち向かった人たちの使命感や責任感を〈道徳〉や〈美徳〉といった切り口から理解させるべきなのであろうか。

　教育の問題はいわゆる「学校教育」だけの問題ではない。地域での子どもたちへの教育、家庭での教育など、幅広い切り口から、さまざまな立ち位置の人々を巻き込んで考えられるべきものと言える。そういった問いのなかから、教育というものがもともと抱え込まざるを得ない問題性や、教育が健全に機能している状態とはそもそもどのような状態なのかといった遡行的な問いかけについても、対話をとおして粘り強く自分たちの〈ことば〉で語り直していかなければならない。

　「震災と教育」という大きな問題をテーマとして掲げた「てつがくカフェ」は、学校教育にも造詣が深く、これまで長らく東京で哲学カフェを開催してこられた寺田俊郎さんの全面的な協力のもとで、2012年7月1日に開催された第12回「考えるテーブル てつがくカフェ」によってその歩みを始める。そこでは、津波によって被災した地域の児童を受け容れている学校の先生方も参加され、南三陸町の職員の献身的な行動を「天使の声」として「道徳教育」の文脈で子どもたちに教えることに対する違和感の在り処や、逆にそれを道徳教材に掲載することに賛成する自分自身の考えの根拠などに関する活発な対話が交わされた。当然のことながら、それを教材として扱う教師の裁量および力量の問題や、いわゆる「学校教育」の中で道徳を教えることの不可能性などにまで話が及んだ。そして、最終的に「震災のことを教科書（教材・副読本）にどう残すか」といった〈問い〉が参加者のあいだで共有され、時間いっぱいまでそれに

ついてさまざまな意見が導き出された。なかでも特に印象深かったのは、「問わなければならないのは、震災のことを教科書にどう残すかではなく、これを学んだ子どもたちの声をわたしたちが後代にどう残していくかにかかっている」といった趣旨の発言であった。今後は、今回のこれらの対話を下地としながら、さらに「震災と教育」をテーマとした「てつがくカフェ」をあらためてシリーズ化して開催し、「震災と教育」に関する自分たちの考えをいっそう逞しくしていけたらと考えている。もちろん、そこでの成果が、遠巻きながらこの章で扱った〈当事者〉性の問題を問い直す際に欠かせない新たな思考の切り口をわたしたちに与えてくれることは間違いない。

第5章 〈ふるさと〉を失う？

おれは鰓呼吸なんだ

　故郷を失うことのつらさ、重さ。

　福島第一原発放射能漏れ事故によって「計画的避難区域」に指定された地域に関する報道のなかには、決まってこのような「故郷を失うこと」に対する避難住民の悲痛な言葉を見出すことができる。もちろん、そういった言葉は、津波の被災地でも耳にする。

　「どれだけ危険だとわかっていても、このまま自分が生まれ育った故郷で暮らし、そこで死にたい」。この言葉は、東日本大震災で甚大な被害を受けた宮城県の貞山運河の復興に関連したワークショップ[1]に参加した際に、沿岸部で被災された参加者の方が語ってくれたものである。

　貞山運河とは、宮城県の仙台湾沿いにある複数の運河が連結してできた運河の全体を指す名称で、17世紀あたりにはすでにつくられていたとされる歴史的な土木遺産である。この運河は、仙台城築城と城下町建設のために必要とされた木材の運搬や、沿岸にある名取谷地の開発のために拓かれた「木挽堀（こびきぼり）」、年貢として収める米の輸送を主たる目的としてつくられた「御舟入堀（おふな

---

1)　2011年から2012年にわたって、せんだいメディアテークで開催された「考えるテーブル」企画「いま、貞山運河を考える」でのワークショップ。宮城県の仙台湾沿岸に位置し、日本最大の規模を誇る貞山運河の歴史を共有しながら、市民や専門家が防災や環境、暮らし、観光など、さまざまな切り口からその利活用と復興について対話を重ねた。詳細な記録は以下のサイトから読むことができる。http://table.smt.jp/?p=4105

いりぼり）」、そして、19世紀に入って整備された、仙台市宮城野区の蒲生から名取市の閖上までをつなぐ「新堀（しんぼり）」の3つの堀から成り、現在の総延長は28.9km（完成当時は33km）にまで及ぶとされている。明治期の堀の改修時（1881年）に、仙台藩の初代藩主・伊達政宗公の諡²⁾（おくりな）である「貞山」を用いて「貞山堀」と呼ばれるようになり、その後、運河取締規則のなかで「貞山運河」が正式な名称となった。

　あらためて言うまでもなく、貞山運河もまた津波による甚大な被害をうけることになる。そんななか、2011年7月6日に「せんだいメディアテーク」にて開催された貞山運河に関するワークショップは、津波によって壊滅的な被害を被ってしまったこの運河があらためて自分たちにとってどのような存在なのかを問い直そうとする趣旨のもとで開催された。

　正直、県外から来たわたしにとっては、当初、このような特定の運河に関わるワークショップが企画として成立すること自体に若干の戸惑いも覚えたが、じっさいにワークショップに参加してみて、地元の参加者らによる貞山運河に対する並々ならぬ思いや言葉を浴び続けてゆくうちに、この特定の場所が、そこに住まう人々にとっては特別の場所であることがひしひしと感じられ、最後にはこの企画の趣旨に深く賛同するまでに自身の気持ちが変わっていった。

　もちろん、ワークショップには沿岸地域で直接津波被害に遭遇された被災者の方々も大勢参加し、「あの場所は自分が小さいときから水遊びや釣りをした思い出の場所だった」、「これまで自分のなかでとくに意識することはなかったが、この度の津波によって運河が破壊され、自分にとってあの場所がどれほど重要な場所であったのか、またそれが、ここのところ、自分にとっての〈ふるさと〉だったの

<hr>

2)　身分の高い人に死後贈る称号のこと。

178

ではなかったか、と妙に意識されるようになった」などの発言が相
次いだ。

　また、2011年10月に東日本大震災に関連した別のイベント[3]にシ
ンポジストとして登壇した際にも、ある参加者から、岩手県の沿岸
地域で長らく漁業を営んできたというある漁師の方が、「これほどま
での津波被害を受け、漁船も養殖の施設も全部流されても、おれは
鰓呼吸だから絶対にこの土地を離れない。"鰓"っていう漢字は"魚
篇に思う"って書く。だから、おれはいつもここに居て魚を思って
いないと生きてはゆけないんだ」といった発言をされていたという
話を耳にした。

　いずれにしても、これらの発言から読み取れることは、わたした
ちが〈ふるさと〉といったものに格段の思い入れを抱く、という揺
るぎない事実である。しかしながら、〈ふるさと〉について漠然とし
たイメージはそれぞれが持っているにもかかわらず、わたしたちは
その存在がいったい何を指し示しているのかを意外と言い当てるこ
とができない。危険を承知のうえでも、あえてそこに住み続けたい
とまでわたしたちに言わしめる〈ふるさと〉とはいったい何なのか。
それは、単に「自分の生まれ育った場所」といった程度の意味しか
もたないものなのか。ならば、わたしたちは「自分の生まれ育った
場所」でしか自分の〈ふるさと〉を築けないということになるのか。
そして、逆に、〈ふるさと〉を失うとはどのような事態を指すのか。
このような問いをあらためて投げかけられても、なかなか説得力の
ある考えを導き出すことができないことにわたしたちはある種のも
どかしさを抱く。

　よく、国内や海外に旅行に行って初めて出会う風景に妙な懐かし

---

3)　2011年10月25日に、「せんだいメディアテーク」1Fオープンスクェアで開催
　されたシンポジウム『祈りを紡ぐ』（とうほくPPP・PFI協会、南三陸ふるさと連
　合会、いちはら自然樂校主催）。

さを覚えることがある。むかし、トルコとシリアの国境沿いにある
シャンルウルファに行く機会があり、そこで、砂吹雪のなかを逞し
く生きる人々の姿を目の当たりにして妙な懐かしさを抱いた。直感
的に、ここが自分のふるさとに違いないとすら感じた。もちろんそ
れは、単にその場所の風景や文化が好きだからといった薄っぺらい
意味においてではない。何かそこに、自分の原風景のようなものを
感じ取っていたのかもしれない。もちろん、トルコのシャンルウル
ファはわたしが生まれ育った山口市とは似ても似つかぬ環境である。
にもかかわらず、なにゆえわたしはその場所に〈ふるさと〉を感じ
たのか。何かそこには、〈ふるさと〉と呼びうる、つまりは〈ふるさ
と〉というものをかたちづくる普遍的な要素もしくは要件があるか
のような気さえしてくる。じっさい、東日本大震災復興構想会議が
震災のあとすぐに提出した復興計画案（『復興への提言〜悲惨の中の
希望〜』平成23年6月25日)⁴⁾や、宮城県もしくは福島県などによ
る復興への取り組み状況に関する資料のなかには、「コミュニティの
再生のため」に「地域のこころである文化財」の「修理」や「修復」、
さらには「祭り」の重要性などが指摘され、〈ふるさと〉という存在
を特徴付け、またそれを下支えするために欠かせないいくつかの重
要な要素が共通して盛り込まれているように思われる。もちろん、
そもそもこれらが〈ふるさと〉を下支えする際に欠かせない重要な
要素と本当に言えるのかどうかは定かではない。

　上記の「復興のヴィジョン」という切り口にくわえて、しばらく
すると「避難指示解除」という文脈から〈ふるさと〉という存在へ
の問い直しがあらためて求められてくるようになる。東京電力福島
第一原発事故による放射性物質の拡散にともない、全村避難を余儀
なくされた福島県飯舘村は、2016年3月23日、国による避難指示

---

4)　これらの資料については、以下の復興庁「東日本大震災復興構想会議」のサイ
トからも読むことができる。http://www.reconstruction.go.jp/topics/000814.html

解除（帰還困難区域を除く）の目標時期を2017年3月末にすると発表した。2016年6月22日より役場機能を福島市の仮役場から同村の本庁舎に戻し、同年7月から業務を再開するなど、避難指示の解除を見越して帰還に向けた下準備も周到に行われてきた。その後、飯舘村は、村内の一部が依然として帰還困難区域のままになってはいるが、2017年3月31日、避難指示解除準備区域および居住制限区域についてはともに解除されることになる。[5]

また、福島第一原子力発電所から半径10km圏内にあり、同じく原発事故で約1万1500人の全町民が町外への避難を強いられた福島県双葉郡大熊町においても、発災からほぼ8年目にあたる2019年4月10日、町面積の約4割にあたる大川原、中屋敷両地区の一部地域の避難指示が解除される。原発事故後、大熊町の町役場は100kmほど離れた同県会津若松市に仮庁舎を設置して業務を続けていたが、工事費約27億4000万円、敷地面積約1万8000㎡、延べ床面積約5500㎡に及ぶ新庁舎を、原発立地自治体として初めて避難指示が解除された同町大川原地区に建設し、同月14日に開庁式を行った。朝日新聞の報道によれば、この日の開庁式に出席した安倍晋三首相（当時）は、「大熊町では避難が長く続いたが、古里に帰りたいとの情熱を持ち続け、復興に取り組んできた。その熱い思いが実を結び、町役場が町内に戻ってきた。本格的な復興に向けた第一歩だ」と述べている。そして、もっとも印象的だったのが、大熊町の渡辺利綱町長（当時）が式典での挨拶のなかで述べた、「ただいま帰りました。古里の大熊町の空に、風に、大地に、ようやくこの言葉を言える日が来ました」という言葉であった。[6]

---

5) 福島県内の避難指示区域の現状については、「ふくしま復興ステーション　復興情報ポータルサイト」（https://www.pref.fukushima.lg.jp/site/portal/list271-840.html）を参照のこと。

6) 「大熊町役場　古里で再出発」朝日新聞（福島全県）、朝刊、2019年4月16日、27面。

メディアなどは、〈ふるさと〉での生活が再開できる見通しである
として、好意的な切り口からそれらのことを取り上げていたが、そ
の一方で、病院や公共施設などのインフラの整備状況などに関する
住民の不安や複雑な心境を訴える声を丁寧に伝えてもいる。そこに
は、帰還の歓びとは裏腹に、このタイミングでかつて住んでいた場
所に還ることが、本当に〈ふるさと〉での生活の再開に繋がるのだ
ろうかといった、避難を余儀なくされてきた方々の根本的な戸惑い
の感情が見え隠れしている。

　原発事故によっていったん失われたかのようにみえる〈ふるさと〉
を取り戻すことが、単純にその場所（故郷）に帰還するというきっ
かけだけで果たされうるとは到底思われない。すなわち、〈故郷〉に
戻ることが、イコール〈ふるさと〉が戻るということには繋がらな
いのではないか。〈ふるさと〉を取り戻すためには、はたしてどのよ
うな関わりが必要なのか。このことに向き合うには、そもそもわた
したちにとって〈ふるさと〉とはなんなのかといった根本的な問い
に向き合う必要がある。〈ふるさと〉とは何か。それは、本当に失わ
れたのか。そして、失った〈ふるさと〉を取り戻すことなどできる
ものなのかどうか。

　「おれは鰓呼吸なんだ」。まるで自分に向けて言って聞かせるため
の、あるいは何かの決意ともとれそうなこの言葉を呟いた岩手のあ
の漁師さんは、ふたたび漁に出ることができたのであろうか。もし
かしたら、いままさに岩手沿岸の海の上で、険しい波に揉まれなが
らも果敢に網を張って漁を営んでいるのかもしれない。いまとなっ
ては確認のしようもないが、〈魚〉を〈思い〉、〈鰓〉で呼吸しながら
逞しく生きていることを願わずにはおれない。そして、東日本大震
災から10年以上がたったいま、その漁師さんに尋ねてみたいとふと
思うことがある。あなたは〈ふるさと〉を取り戻したのか、と。

震災の年の紅白を観る

　2011年12月31日、一部で放送自粛も囁かれていた第62回紅白歌合戦が、その年の連続テレビ小説「おひさま」（第84シリーズ）でヒロインをつとめた女優の井上真央さんと、男性アイドルグループ「嵐」による両司会のもとで開催された。

　震災後はじめての紅白を、わたしは、ひとり寂しく自宅マンションのダイニングで観た。思い思いの煌びやかな衣装を身にまとったアーティストたちが、それぞれに趣向を凝らしたステージングやパフォーマンスで視聴者を別世界へと誘う。もともと紅白にはそういった煌びやかさを過剰に空回りさせることでわたしたちの目や気持ちを眩ませ、その年に起きた悲惨な出来事からわたしたちの意識をいったん遠ざけてくれるようなところがある。「歌の力」に惹き寄せられ、心地よい眩暈とともに新たな年を迎える準備を整える。過剰な煌びやかさのなかですべてをリセットし、心機一転、真っさらな心持ちで新しい年へと踏み出していけるようわたしたちを後押しする。紅白の魅力は、まさにそういった前向きさにこそあるような気がする。

　しかしながら、震災の年の紅白は違った。前向きどころか、ある種の滞りさえ感じられた。見た目の煌びやかさだけではにわかには解消できないような根本的な滞り、置き忘れがあった。その原因は何か。ひとりテレビを眺めつつ考え続けた末に、つぎからつぎへと登場する歌手たちの選ぶ曲調にある種の共通性のようなものを感じ取る。その共通性とは、わたしたちはいままさに〈ふるさと〉と呼ばれうるものの一部を失いつつあるのではないのか、といった焦燥感のようなものであった。たしかに、いま思い起こしても震災の年の紅白ではとくに〈ふるさと〉に関連した歌やコメントが多かったように思う。それどころか、むしろ〈ふるさと〉という切り口から

曲が選ばれているようにすら感じられた。震災による津波被害や福島第一原発放射能漏洩事故などによって、われわれは〈ふるさと〉と呼ばれるものを決定的に失ってしまったのではないのか、またそれは、二度と取り戻せないものなのではないか、そういった欠如感もしくは焦燥感のようなものが番組の基調として流れていたように思う。このことは、具体的にその年の紅白の番組の流れを少し追うだけでも、すぐに確認することができる。そして、そのどれにも〈ふるさと〉を感じさせるような要素がふんだんに盛り込まれていることが見て取れる。

　たとえば、被災地の宮城県にゆかりのあるお笑い芸人のサンドウィッチマンは、歌手たちによる歌の合間に、福島のわらじまつりや秋田の竿燈まつり、さらには山形の花笠まつりなどの「東北各地のお祭衆」（祭りの実行委員会など）を引き連れて参上し、まるで、失われつつある東北の〈ふるさと〉をしっかりと後代に繋ぎとめておこうとするかのようにステージ上で〈ふるさと〉を演出した。くわえて、福島県郡山市出身の箭内道彦さん、ロックバンド「サンボマスター」のボーカルおよびギターを担当している会津若松市出身の山口隆さんらによって結成された「猪苗代湖ズ」が、自分たちの故郷である福島を応援するために作成した楽曲「I love you & I need you ふくしま」を絶叫交じりに熱唱し、会場を一気に沸かせた。また、司会でもあった「嵐」は、紅白内の企画「あしたを歌おう 〜ニッポンの嵐『ふるさと』〜」のなかで津波により被災した福島県のいわき市立豊間中学校のピアノを紹介し、修復されたそのピアノをメンバーのひとりである櫻井翔さんが演奏し、彼らの楽曲である「ふるさと」を他の紅白歌手とともに披露してみせる。ステージ上では、被災地をはじめとする全国各地の人々が、「嵐」の歌にあわせて一斉に「ふるさと」を歌う様子がスクリーンに映し出された。

　そしてこれ以降、番組はさらに〈ふるさと〉がテーマであるかの

ような構成で進められてゆく。福島県郡山市出身の俳優・歌手である西田敏行さんは、被災地である福島の復興を願って作成した「あの街に生まれて」という楽曲を切々と歌い上げる。大御所の五木ひろしさんもこれに続き、まさに「故郷」というタイトルの歌でそれに応える。また、忘れてならないのは、この年には東日本大震災だけでなく、同年9月に発生した台風12号による豪雨が和歌山県に甚大な被害（紀伊半島豪雨）をもたらしたことである。そのことを受け、まさに被害を被った和歌山県西牟婁郡上富田町出身の演歌歌手である坂本冬美さんは、「〈ふるさと〉が傷つくつらさ」といった司会者によるセリフのあとにご自身の歌（「夜桜お七」）を噛みしめるように歌われた。そして、このような流れの総まとめといった感じで北島三郎さんがステージ上に登場し、自身の荒んだ気持ちを潤すために〈ふるさと〉に帰りたいという思いが綴られた歌（「帰ろかな」）を、張りのある歌声によって会場全体に響きわたらせた。

　こうしてあらためて思い起こしてみても、震災の年の紅白（第62回）は、わたしたちが災害によって失ってしまったと感じている〈ふるさと〉を「歌の力」を通してもう一度自分たちのもとに手繰り寄せたいという強い願いのようなものを感じさせてくれた。なかでも、個人的にもっとも興味深かったのは、西田敏行さんの歌われた「あの街に生まれて」という曲[7]の歌詞のうちにあった。

　　美しい自然の中　おだやかに生きる人　あの街に生まれてよかっ
　　たと言わせてくれ　大切なものは何か　教えられた故郷よ
　　あの街で育って　生き方を学んだんだ　おおらかな愛に囲まれ
　　誰かのために泣けること　あの街で育って　逞しさを覚えたん

7）　作詞：秋元康、作曲：藤井一徳。「あの街に生まれて」は、嫁いでゆく娘に父親のあたたかくも切ない親心を歌ったウェディング・ソング「バトンタッチ」のカップリング曲として、2011年6月22日にキングレコードより発売された。

だ　どこまでも続く道を　自分の足で歩くこと

　この曲の作詞は、AKBグループのプロデューサーとして知られる
放送作家および作詞家の秋元康さんによるものである。「大切なも
の」や「生き方」を学び、さらには「誰かのために泣けること」や
「どこまでも続く道を自分の足で歩くこと」の「逞しさ」を教えてく
れた場所。わたしは、テレビの画面から流れるこれらの歌詞に触れ
るうち、あらためて〈ふるさと〉と呼ばれるものの本質的な要素や
それを支える条件の存在を感じ取り、それを、被災地での哲学対話
をとおしてあらためて問い直してみたいと思うようになった。そし
て、その紅白の1ヶ月半後の2012年1月22日に、わたしたちは、
第7回「考えるテーブル　てつがくカフェ」において、もしかする
と、いままさに、原発災害などによってわたしたちは〈ふるさと〉
を失いつつあるのかもしれないといった焦燥感や諦めの感覚を背後
に感じながら、「〈ふるさと〉を失う?」というテーマ設定のもとで
じっさいに対話の場をひらくことになる。そこでは、〈ふるさと〉を
失うということの意味、そして、いったん失ったものを取り戻すこ
とができるのかという、その可能性／不可能性について真摯に問い
直し、またその一方で、二度と〈ふるさと〉は戻ってこないのでは
ないかといった恐ろしい結末に至ることも覚悟のうえで粘り強い対
話が繰り広げられている。

　震災から10ヶ月というあの時期、被災地では、〈ふるさと〉を失っ
てしまいつつあることへの不安をどう捉え、またそれをどのように
乗り越えようとしていたのか。〈ふるさと〉への帰還の機会が現実に
訪れつつあるいま、当時あの場所で交わされた哲学対話のやりとり
を振り返ってみることの意味はとてつもなく大きいように思われる。
〈ふるさと〉の再生は可能か、あるいは、このまま失われていくこと
を見まもるほかないのか。わたしたちはいま、まさにその瀬戸際に

立たされ、試されている。「ただいま帰りました」とその場所に帰還
することだけで、ふたたびもとの〈ふるさと〉が自然と立ち上がっ
てくるはずもない。「せんだいメディアテーク」で開催した第7回目
の「てつがくカフェ〜〈ふるさと〉を失う？〜」での対話には、ま
さにそれらの課題に臨む際に欠かせないいくつもの重要なヒントが
鏤められている。そういった思いも込めて、本章では、あえてその
回の「てつがくカフェ」での対話のやりとりを可能な限り詳細なか
たちでたどり直してみることにしたい。ときに激しく揺れ動き、とき
に参加者の言い淀みを会場全体で固唾をのんで見守った当時の対
話の流れをたどり直すことによって、読者が、あらためてそれぞれ
の場所や立ち位置、さらにはさまざまな問題関心から〈ふるさと〉
の意味について深く考えるきっかけになればと思う。

〈ふるさと〉について語り出す

　「漁船や養殖施設、すべてが津波で流されてもおれは鰓呼吸だから
この土地を絶対に離れない。"鰓"っていう漢字は"魚篇に思う"っ
て書く。だから、おれはいつもここに居て魚を思っていないと生き
てはゆけないんだ」。なぜわたしたちはこれほどまでに〈ふるさと〉
にこだわるのか。その場所が危険であることを十分理解しているに
もかかわらず、なぜそこへとふたたび立ち帰ることを望むのか。そ
して、その思いの背後には、どのようなものが控えているのか。当
日の「てつがくカフェ」では、上記で触れた岩手県の沿岸地域で長
らく漁業を営んできたというあの漁師さんの発言を紹介した後に、
それらの根本的な問いかけに導かれつつ、ゆっくりと対話に入って
いった。

〔西村〕：わたしたちは、どういうわけか〈ふるさと〉という存在にこだわります。震災以降、そのような気持ちを新たにされたという方も多いと聞きます。とはいえ、そもそもそのような感覚はどこからくるものなのでしょうか。ちなみに、みなさんは、自分は〈ふるさと〉をもっている、自分には〈ふるさと〉があるんだといった感覚をおもちですか。まずは、みなさんがそれぞれに感じている〈ふるさと〉について自由に語り出すところからはじめてみたいと思います。みなさんの〈ふるさと〉についての何気ない思いや語りのうちに、後に、わたしたちが〈ふるさと〉について哲学的に考える際に欠かせない重要なキーワード、すなわち考え方の切り口が隠されてあるものです。「てつがくカフェ」はみなさんが主役です。それでは、始めたいと思います。

〔一般参加者 A〕：自分の〈ふるさと〉というわけではないのですが、ぼくなりに考えたのが、やはり〈ふるさと〉って、単純には、生まれ育った場所での思い出があるところなのかな、と思います。さきほど、貞山運河というお話をされておられましたが、ぼくの〈ふるさと〉も、まさにそこなんです。実家は沿岸地域にあったので、津波で流されてなくなってしまった。最初はそれが寂しくて堪りませんでした。でも、実家の家族はいま仮設住宅にいて、幸い、みんな元気でがんばっているので、家がなくなったことそれ自体は寂しかったのですが、〈ふるさと〉そのものを失ったという感覚はありません。ぼくにとっての〈ふるさと〉って、そういったどこかの家とか場所に限定されるものではなくて、その家に住んでいる家族やそこでの思い出、それが〈ふるさと〉なんじゃないかなって思います。

〔西村〕：津波でご実家を失われて、とてもつらい思いをなさったのですね。ですが、ご自身のなかでは〈ふるさと〉とはそういった特定の家や場所にではなく、むしろそこで過ごした家族との思い出にこそ深く関わるものだと捉えておられるので、自分の家などが流されたということだけで〈ふるさと〉そのものを失ったといった感覚にまでは至らない、そういった趣旨のご発言ですね。ありがとうございます。ほかの方は、いかがですか。

〔一般参加者 B〕：初めて参加する者です。わたしは宮城県の人間ではなくて、生まれは九州なんですが、東京で育って、イギリスで勉強し、ずっと世界中をフラフラしてきて、今回、災害関連の仕事で宮城に来ました。まあ、あちこち行っているわけです。じゃあ、そんなわたしにとっての〈ふるさと〉って何なんだっていったとき、じっさいのところよくはわからないというのが正直なところです。ただ、〈ふるさと〉という言葉じゃなくて、自分のなかではそれをアイデンティティという言葉に置き換えると、とてもしっくりくる。自分は自分であると感じさせてくれるところ、そういった居場所はたしかにあると思うんです。そして、〈ふるさと〉を考えるうえでアイデンティティのつぎに出てくるのが、さきほどの方もおっしゃっておられた家族という存在。さらに、そのつぎにくるのが村やコミュニティで、もっと大きなものが県だとか国だとか、そういったことになるのではないかと思うんです。いずれにしても、どの土地、どの大陸にいるかといった個別的なことは別にして、その人が心のよりどころとするもの、自分として在ることを支えてくれるものを〈ふるさと〉と呼ぶのではないか、わたしは、そう感じています。

〔西村〕：アイデンティティ、つまりはわたしがわたしであるという確かさを保証してくれるものこそが〈ふるさと〉に深く関わってくるのではないか、そういうご指摘ですね。そして、それを軸に、村やコミュニティなどの存在も考えてゆく。とても興味深いご意見だと思います。いきなり核心に迫るような議論で、ご提示いただいたアイデンティティという切り口をもとに、すぐさま今日のテーマである〈ふるさと〉について哲学対話を深めていきたいという衝動に駆られもしますが、いまはゆっくり、じっくり、まずはみなさんの経験や考えを丁寧に拾いあげ、共有していく作業を続けたいと思います。ほかの方はいかがですか。

〔一般参加者C〕：仕事で被災地に視察に来た帰りに、前々から気になっていたこの「てつがくカフェ」に来てみたかったので、今日、参加しています。わたしは、大分で生まれて、いまは福岡に住んでいます。福岡の北九州で公的な仕事に就いていて、北九州市民のために仕事をしているのですが、大分で生まれ育っているので、自分のアイデンティティはやはり大分県民というか、そういった意識が強いです。ですが、福岡の、北九州の、いま住んでいるところのための仕事をしているので、そういった事情からも自分にとっての〈ふるさと〉がどこなのかを決めるのは難しいと感じています。あと、大分に実家があるのですが、父が亡くなって、母が亡くなったらそこに住んでいる人が誰もいなくなるので、やはり自分が生まれ育った家を、そして、わたしが幼いときからそこにあったものをたぶん手放すのだろうと思うと、本当に〈ふるさと〉がなくなってしまうような気もして、最近、年齢的なものもあるのでしょうか、とても寂しい思いをしています。

　もう一つ、わたしは国際結婚をしていて、韓国人の夫と東京で出会い、結婚しました。夫は、結婚してからずっと韓国からは離れて生活しているので、夫にとっての〈ふるさと〉というものが徐々に韓国ではなくなってきているのではないかと感じて、とても申し訳ないというか、かわいそうだなというふうに思っています。親も亡くなり、韓国に兄弟とかはいるけれど、その付き合いも段々となくなってしまうと、やはり、繋がりが希薄になってしまわざるをえない。逆に、日本での生活が長くなり、日本人との付き合いもいっそう深くなっていく様子を見ていると、なんというか、所属意識みたいなものがとても不安定になっていくようにも感じられて、自分のアイデンティティのとりかたの難しさみたいなものを感じています。そういった感覚からすると、自分のなかでは〈ふるさと〉を所属意識みたいなものから捉えようとしているのかもしれません。

〔西村〕：ありがとうございます。新たに、所属意識というおもしろいキーワードが出てきました。ゆっくりと、〈ふるさと〉について問うための大切な言葉遣いが出てきています。ほかの方はどうでしょうか。

〔一般参加者D〕：自分の〈ふるさと〉に関することではないのですが、25年くらい前に職場で一緒になった方の奥さんが弘前出身で、ご主人の仕事の都合で一緒に仙台に移ってこなければならなくなったときの話を思い出していました。仙台に引っ越してこられたその奥さんは、仙台では自分の地元の言葉が通じないからここに住むのは嫌だとおっしゃったそうで、最終的に旦那さんだけで単身赴任というかたちになった。その奥さんの話に限ったことではないと思うのですが、やはり、言葉遣いや

文化が著しく異なると自分の〈ふるさと〉ではないといった感覚がどこかにあるんじゃないかと思うんです。いつも自分が話している言葉、方言が通じないとそこを〈ふるさと〉と感じることができない。震災前の、相当昔のことですが、そういった言葉遣いや文化の問題が、実は先ほどの方〔一般参加者 B〕がおっしゃっておられた〈アイデンティティ〉の問題とも絡んでくるのではないかと思い、話させていただきました。

〔西村〕：なるほど、言葉、文化、とても大事な切り口ですね。言葉が通じないということによって、もちろん単純に言葉だけが通じないというだけではなく、何か文化的なものが異なっていると感じてしまうところに、自分の〈ふるさと〉について考えるための重要な糸口があるのではないか、そういうお話だったと思います。さらにそれは〈アイデンティティ〉の問題にも接続していく可能性がある。これもおもしろい切り口です。

〔一般参加者 E〕：わたしは実家が福島なんですが、いま住んでいる場所は仙台です。そして、さらに言えば生まれ育ったのは埼玉、ということになります。実家はどこですかと問われれば福島ですと答え、〈ふるさと〉はどこですかと問われれば埼玉ですと答えます。その理由としては、やはり、そこで生まれ育ったという要素が強いのだろうと思います。なんというか、そこには、成長していくなかで小さい頃からの大切な思い出や人間関係がたくさん詰まっているからなのかな、と思います。当時住んでいた家自体はもう他人の手に渡ってしまいましたが、いまでも、そこには当時の友人や知人もいますし、あとは自分が通っていた小学校だったり、川とか山とか、あるいは馴染みのお店だったり、そういったいくつもの場所や建物がそれぞれに

自分の思い出と密接に繋がっている。だから、自分のなかでは、生まれ育ってゆくなかで結ばれてきた物や人との関係、またそこでの思い出の存在が〈ふるさと〉を感じるかどうかの基準になっているのかもしれません。

〔一般参加者Ｆ〕：たしかに、〈ふるさと〉って自分が単に生まれた場所というただそれだけの意味だけではなくて、やはり、まさにそこで自分自身が小さい頃から成長しながら結んできた友人や知人たちとの関係といった要素が重要なのかな、と思います。たとえば、わたしの場合は生まれも育ちも仙台で、大学のときに東京に出て、6年くらいかな、東京に住んでいた時期もあって、いまは仙台にまた戻ってきてはいますけど、上京した先で10数年ぶりに幼なじみに会ったりして、一緒に飲んだりすると、場所が東京であってもなんだか地元に帰ってきたようにちょっと感じたり、あと、やはり幼なじみに会ったりすると、昔こんなことあったよね、と話に花が咲いたりして、外部記憶装置じゃないですけど、自分のことを憶えていてくれる存在があるという感触が〈ふるさと〉を考えるうえで大事なキーワードになるのかな、と思います。

〔西村〕：ありがとうございます。これまでのみなさんの発言をお聴きしていると、〈ふるさと〉について語るときに、みなさんは自分が生まれた場所についての話以上に、その場所で生まれ育つ経験のなかで結ばれてきた人や物との繋がりや思い出に比重を置いておられるようですね。なぜそうなのかということも、今後話せたらと思います。今後の議論のために、これらの切り口もあたためておきましょう。

〔一般参加者 G〕：わたし自身は、これまで〈ふるさと〉についてあまり深く考えたことはなかったのですが、特別養護老人ホームなんかに行って、たまたまおじいちゃんやおばあちゃんの話を聴いたりとか、あるいは「故郷」[8] っていう有名な唱歌がありますよね、「兎追ひし彼の山　小鮒釣りし彼の川　夢は今も巡りて　忘れ難き故郷」といった歌詞はみなさんもご存知だと思います、その「故郷」という曲をハーモニカで吹いたりすることがあるのですが、そうすると、それを聴いたおじいちゃんおばあちゃんが急におろおろされ、涙を流し始められて、「帰りたい、帰りたい」とおっしゃる状況によく立ちあうんです。そこでは、その歌をとおして、それぞれの方が自分自身の〈ふるさと〉を手繰り寄せておられたように感じます。〈ふるさと〉って、その場所とか人とか、そして、そのなかを生きてきた時代時代のことを懐かしく思い出す、あるいは思い出させてくれる、よくも悪くも、そういった自分自身の生きてきた深い時間をいつまでも留め置いてくれるもののことを指すのではないかなって思います。わたしたちは、そういったことを〈ふるさと〉に求めているのではないでしょうか。

〔西村〕：〈場所〉とか〈記憶〉、〈人との関係性〉も含めて、むしろその時代時代を生きてきた自分自身の在り方を手繰り寄せるために、またあの頃の「深い時間を留め置く」、つまりは懐かしむためにわたしたちは〈ふるさと〉というものを想定し、自分の近くに、そしていつでも参照可能なものとしてそれをそばに置いておくことを求める。それもまた、自分自身の存在を下支えする、〈アイデンティティ〉の議論にも今後発展していきそう

---

8)　高野辰之作詞、岡野貞一作曲による文部省唱歌。大正3年（1914年）の尋常小学唱歌の第6学年用（第5曲）で発表された。

です。

〔一般参加者 H〕：ぼくはけっこう転勤族で、生まれは仙台なんですが、その後すぐに千葉に引っ越して、そのあと盛岡に、そしていまは仙台に戻っています。父方の実家が仙台で、いまはその家の隣に住んでいるのですが、母方の実家は南三陸で、わたし自身そこで生まれ育ったというわけでは全然ないので、小さい頃に何度か行ったくらいの記憶しかなく、自分のなかではそこまで思い出が多いわけでもない、ただ、ちょっと昔の記憶があるくらい程度の懐かしさだけでした。そんななか、この度の大震災で南三陸が相当大変だったときにふたたびそこに行く機会があって、その土地の知り合いの方々に会うために町内をいろいろまわっていると、いままで自分のなかで記憶としてもっていた建物などがすべて津波で流され、跡形もなく消えてしまった風景を目の当たりにした。そしてそのとき、なぜか〈ふるさと〉がなくなってしまったという感じがちょっとあったんです。この感覚、本当になんなんでしょうね。そこで生まれ育ったわけではないのに、自分でも不思議です。

〔西村〕：いまのお話のなかで、「消えてしまった〈風景〉」という言い方に、わたしたちはあらためて注意を払っておくべきではないかと思いつつ、聴いていました。〈風景〉というものも、〈ふるさと〉を考えるうえでは重要なキーワードではないでしょうか。津波によって単に〈場所〉が流されただけではなく、その単なる〈場所〉には還元できないような何か、〈風景〉という言い方でしか言い当てられないようなものが流されたという感覚。そのあたりを、さらに〈ふるさと〉を語るときの言葉として大事にしておきたいと思います。

〔一般参加者Ⅰ〕：わたしは生まれも育ちも仙台なのですが、父方の実家が、被災地の一つである岩手県の大船渡なんです。わたしも進学で山梨に行ったり東京に行ったりして、さまざまな場所で知り合いも多く、人間関係もあります。ですが、やはりわたしのなかの第1の〈ふるさと〉は宮城、厳密に言えば仙台なわけですが、第2の〈ふるさと〉は岩手、その次が東京、山梨、神奈川、福岡と続いていくのかなといった感覚が自分のなかにはあります。つまり、〈ふるさと〉と言っても、たった一つではないように思うんです。大学進学だとか、あるいは仕事の関係なんかもそうですが、いろいろな場所に移動しながら、そのつど地元の方々と親密な関係を結び、その交友関係がずっと続いたりして、そういう機会に恵まれた場合、自分のなかで第2、第3の〈ふるさと〉と思えるような場所もできてくるのではないか、そういった感覚があります。

〔西村〕：〈ふるさと〉は一つではなく、第1、第2の〈ふるさと〉といった感じで、その場所でそのつど結ばれる人間関係の強度によって複数ありうるのではないか、といったお話ですね。ありがとうございます。そのほかの方はいかがですか。

〔一般参加者Ｊ〕：わたしは仙台に住んでいて、いまは仙台が〈ふるさと〉だと思っているのですが、わたしも子どものころは親が転勤族で、計8回、東北六県をぐるぐる転校してきたこともあって、当時、自分には〈ふるさと〉はないんだと思っていました。というのも、小さいときから、〈ふるさと〉とは生まれ育った場所のことを指すといった考えをずっと抱いてきたので、度重なる引越しもあり、ここが自分の〈ふるさと〉だと言い切れるものなどどこにもないんだと勝手に思っていました。その

後、自分自身が社会人になって仙台にふたたび戻ってくるわけですが、戻ってきた当初も、仙台が自分の〈ふるさと〉だなどとは感じもしませんでした。ただ、社会人になって仙台を離れ、関東の方に一度引っ越したときに、急に、なんだかわたしの〈ふるさと〉は仙台だっていう実感がものすごく湧いてきたんです。それ以来、いまでも仙台が自分の〈ふるさと〉だとずっと思っています。変なものですね。ですが、一度〈ふるさと〉じゃないところに出たあとで、あらためて、やはりそこが自分にとっての〈ふるさと〉に違いないといった実感が生まれてくることってあるような気がします。もしかすると、もともと〈ふるさと〉にはそういった特徴があるのではないかとさえ感じます。

〔西村〕：ありがとうございます。一度その場所を離れてから、はじめてそこが自分にとっての〈ふるさと〉だったと気がつき、その思いがあとから徐々に膨らんでゆく。いったんその場所やそこで結んできた人間関係から遠ざかることで、いま現在の自分自身のおかれている現状や気分、場合によっては不安、不満から、自身の存在を支え、まとめ上げるためにもそれを保証してくれるような〈ふるさと〉の存在をあらためて強く求めようとする。そういった思いのなかで、かつて自分が住んでいた場所やそこでの人間関係の意味や強度に変化が生じ、逆に、それが自分にとっての〈ふるさと〉といったものにまでその存在感を増してくるのかもしれません。もちろん、先ほど、〔一般参加者D〕の方が紹介しておられた、自分の言葉（方言）が通じないことのつらさから仙台に留まることを躊躇した弘前市出身のあの奥様のように、いま住んでいる場所やそこでの文化などへの違和感の強さが、逆に、もともと住んでいた馴染みのある場所への思いを募らせ、あらためてそれを〈ふるさと〉のように

強く感じはじめるだけなのかもしれませんが。いずれにしても、その場所との距離感に関するご指摘、とても面白いと思います。

〔一般参加者 K〕：今日は東京から来ました。ですが、もともとは千葉県の柏市という、典型的なベッドタウンの出身で、そこで生まれ、そこで育ってきたのですが、小さいときから自分には〈ふるさと〉がないという気持ちがありました。そこで生まれ育ってはきたけれど、柏という場所に、何かこうふるさと性みたいなものを感じない。むしろ、典型的なベッドタウンなので、そういった要素すらないのかもしれません。ちなみに、ぼくがまだ小さかったとき、柏市は、小学校などで「ふるさと柏」といった感じでやたらと柏を自分の〈ふるさと〉だと思ってくださいみたいなことを一生懸命教育していたのですが、そういった感覚をぼく自身はぜんぜん持てなくて、それ以来、いまもそう思えずにいます。それ以前に、そもそも教育によってその場所を自分の〈ふるさと〉だと感じさせようとすること自体どうなんでしょう。いまぼくは 37 歳ですけど、この歳になっても、やはり自分の生まれたところは柏なんだといった気持ちがない。少し前に発言しておられた方が、いろんなところが〈ふるさと〉と感じられる可能性があるという趣旨のお話をなさっておられましたが、その一方で〈ふるさと〉をどこにも感じられない人というのもいるのではないかという気もして、ぼくなんかはわりとそういう感覚なのかもしれません。ですから、これから〈ふるさと〉について対話を深めていくためにも、そのあたりのことも一つ付け加えてもいいのかなと思い、発言させていただきました。

〔西村〕：もちろん、〈ふるさと〉を感じないという方もおられる

でしょう。それと、いまのご発言のなかでふるさと性という興味深い言葉もありました。とてもおもしろい切り口だと思って聴いていました。おそらく、その言葉でおっしゃりたかったのは、〈ふるさと〉そのものではなくて、〈ふるさと〉というものをわれわれに感じさせてくれる、〈ふるさと〉の構成要素や条件などのことを言い当てようとして使われたのだと思います。そういった流れから言えば、ふるさと性が希薄な場所というのもけっこうあるような気もします。またそれは、人によっても感じ方が異なる。逆に、変な言い方ですが、ふるさとっぽいところっていうのもありますよね。何か、それが誰にとっても自分の〈ふるさと〉であるかのように感じさせてくれる要素を豊富に備えている場所が。今後、このあたりの観点を切り口に対話を深めていくこともできると思います。さらに、先ほどの方のように、自分のなかでは〈ふるさと〉など存在しないという感覚も当然あり得ると思います。あるいは、いま現在の自分の立ち位置や状況、またその状況に対する自分自身の思いや不安などといった気持ちとの関係から、〈ふるさと〉の存在に強弱をつけてみたり、あるいはその重要さみたいなものをあらためて感じ取ったりするという側面もあるような気もします。これからは、〈自分〉という問題も含めて、あるいは〈自分〉との関係性のなかから〈ふるさと〉について考えていく必要があるのかもしれません。

アイデンティティと〈ふるさと〉へのこだわり

「〈ふるさと〉を失う？」をテーマに始めた当日の「てつがくカフェ」の出だしを、ほんの一部であるが紹介した。対話の導入部分

を確認するだけでも、今後、〈ふるさと〉について哲学的な思考を深めていく際に欠かせない重要な切り口をいくつも読みとることができる。

　〈ふるさと〉は、①単に自分自身が生まれ育った場所に還元されるようなものではなく、そこで、自分自身が成長していくなかで蓄えてきた思い出や記憶に関係するものである。また〈ふるさと〉は、②その場所でともに過ごしてきた家族や友人、知人などといった人間関係に深く関わる。さらにそれは、③その土地ごとの言葉遣い（訛り）などに象徴されるような文化的な背景とも関係する。〈ふるさと〉は、④〈場所〉といった言葉では言い当てられないような、それを〈風景〉と呼ぶほかないものに深く依存する傾向、可能性がある。そして、多くの参加者の発言がそうであったように、⑤〈ふるさと〉は、いまの自分というものをかたちづくり、保証してくれるアイデンティティや所属意識とも密接な関わりがある。そして最後に、⑥〈ふるさと〉は、わたしたちによりふるさとっぽさを感じさせるような、ある種ふるさと性とでも呼ぶべきいくつかの特徴的な構成要素をもつ。もちろん、これらの切り口が相互に関連し合うものであることはあらためて言うまでもない。これ以降、当日の対話は上記の切り口に促されるかたちでいくつもの方向へと展開していくことになる。なかでも、とくに興味深かったのが、〈ふるさと〉とアイデンティティの関連性を問題にする⑤番目の切り口が、この後に続くいくつもの対話の流れの背後で、つねに通奏低音のように響きわたっていた、という事実である。当日、参加者の多くが、最初は〈ふるさと〉そのものについて語っているつもりであったのに、それが、途中からどういうわけか自分のこと、そこでの自分のありようについて語っているかのような反転を見せた。自分がその場所でどう育ち、どう振る舞い、何を生業として、またどのような人間関係を結んできたのか、さらには、そこでの記憶や生い立ち、友人

や知人、地域のコミュニティとの関わりのなかで、自分らしさのようなものがどうかたちづくられてきたのか。参加者の発言には、むしろ〈ふるさと〉を自分というものにいったん引き寄せたうえで語り出そうとする傾向が幅広く見受けられた。それらの語りの多くは、どこか、〈ふるさと〉といったものがいまの自分の立ち位置を測る際の照会先や参照軸になっているかのような印象すら感じさせた。そう考えてみると、自分と〈ふるさと〉とのあいだにどのような関係が結ばれているかを読み解いていくことが、今後、〈ふるさと〉について考えを巡らせていく際に欠かせない重要な切り口になることは間違いない。そして、その作業をとおしてこそ、この回の対話の冒頭で尋ねた、危険とわかっていてもなんとしてでも〈ふるさと〉に戻りたい、失った〈ふるさと〉を取り戻したいというわたしたちの〈ふるさと〉へのこだわりの背後にあるものもあわせて手繰り寄せることができるのではないか。もしかすると、そこでは〈ふるさと〉を取り戻すことと〈自分〉を取り戻すこととが深いところで密接に繋がっているのかもしれない。じっさい、アイデンティティと〈ふるさと〉へのこだわりについて、当日の対話でもつぎのようなやりとりがみられた。

〔一般参加者L〕：これまでのみなさんの対話のなかに、〈ふるさと〉とアイデンティティとの繋がりに関する指摘がいくつかありました。そのことをわたしなりの言葉で言い換えれば、〈ふるさと〉は心のよりどころみたいなものではないかと思うんです。ときに、わたしたちが〈ふるさと〉に戻りたいという感覚を強く抱くのは、〈ふるさと〉をよりどころにして自分の心の具合をはかりたい、あるいは自分の心を取り戻したいという気持ちがどこかにあるからなのではないでしょうか。よりどころなので、文字どおり寄り添っていたい、そこに戻りたいという意識が生

じてきてもおかしくない。とくに自分の心が弱ったとき、自分の心持ちが怪しくなったときに、なにかと〈ふるさと〉の存在が頭をよぎるのは、そういった事情が背景にあるからなのかもしれません。ましてや、それが災害などで失われたりすることともなれば、自分自身の何かも同時に失われてしまうようにも感じられ、人によって強弱の差はあれ、なんとかそれを取り戻したいという思いが強くなるのもあたりまえではないでしょうか。そう考えてみれば、わたしたちが〈ふるさと〉にこだわる理由もどこか納得できるような気がします。〈ふるさと〉が単に自分の生まれ育った場所というだけの定義であれば、生まれはどこどこですとその地名だけを答えればいい。でもそれは、あきらかに〈ふるさと〉とは違う気がします。それが〈ふるさと〉であると呼ばれうるためには、やはりそういった生まれた場所という要素以上のものが、つまり、わたしの考えでは心のよりどころといったさらなる要素が必要だと思うんです。ただ、自分でも矛盾することを言っているように思うのですが、その一方で、〈ふるさと〉はよりどころ、すなわち自分が依って立つところなので、やはり、なんらかの場所に関わる要素も完全に無視することはできない。しかも、その場所はどこでもよいというわけでもない。では、どの場所なのかといえば、それは、好き嫌いは別として、自分らしさというものがかたちづくられてきた場所、つまり、自分が生まれ、育った場所、ということになるのだと思います。なんだか、ひとり堂々巡りをしているみたいですが。

〔西村〕：なるほど、〈ふるさと〉は心のよりどころ、自分らしさのよりどころというわけですね。そして、ご自身では矛盾しているかもとおっしゃっておられましたが、〈ふるさと〉は単に場

所に限定されるものではないけれど、その一方で、そこで生まれ、自分らしさが育まれてきた場所に深く関わるものでもある、というお考えですね。ただ思うのは、自分らしさをかたちづくってくれた場所ということであれば、あえてその場所で生まれたという事実がなくても、それを〈ふるさと〉と呼ぶことができるのかもしれません。くわえて、自分が生まれた場所が心のよりどころになっていないという方もおられるでしょう。そういった方々にとっては、自分が生まれた場所がそのまま〈ふるさと〉にはなりえない、そういう可能性も出てきますね。いろいろと新たな問いが生まれてきそうで、面白い切り口だと思います。

〔一般参加者B〕：さきほど〈アイデンティティ〉という話を最初にさせていただいた者です。わたしなりにあらためて思うのは、ふつう、〈ふるさと〉とは何かを問題にしようとするときには、そこでは、それがわたしにとってのとか、あなたにとってのとか、といった感じで、最初から誰かにとっての〈ふるさと〉という視点がつよく関連づけて問われているように思うんです。だから、そもそも〈ふるさと〉を問うことは、同時にそれを問うている当人のこともまた問うことになる。そういった意味からしても、〈ふるさと〉とは何かという問いは、最初から、それを問うている当人と〈ふるさと〉とのあいだにはどのような関係が結ばれているのか、といった問いに組み替えて問われているような気がします。

　ひとによっては、〈ふるさと〉を〈場所〉だと考えるひともいれば、〈風景〉というものに強い思い入れを抱くひともいる。またそれを〈言葉〉、〈文化〉、〈歴史〉のうちに見定めようとするひともいるでしょう。そこには〈ふるさと〉というものを感じさせるいくつもの特徴的な構成要素があるわけですが、それら

の要素には、それぞれの人間のうちでいろいろな濃淡や強弱の差があって、そのうちでとくに濃い部分や強さを感じさせるものが本人にとって大事な要素になるのではないかと思うんです。つまり、自分が成長していくなかで、自分自身が大事にしてきたそれらの濃い要素がもとになって、ゆるやかに自分というものがかたちづくられていくのではないか。だから、〈ふるさと〉を問うことは、間接的にではあれ、自分とは何かといった〈アイデンティティ〉の問題に密接に繋がってくるのだと思うのです。

　そしてもう一つ、対話の冒頭で問われていた、なぜわたしたちは〈ふるさと〉にこだわるのかということについては、先にあげたような、自分にとってふるさとっぽいと感じさせる特徴的な構成要素を分類し、それらに濃淡や強弱をつけ、自分にとって濃く、またとくに強さを感じたところのものが、おそらく、わたしという個人にとって落ち着ける、安心、安定できる場所になるからだと思うんです。つまりひとは、そういった自分を安定、落ち着かせてくれる場所としての〈ふるさと〉に、ときにつよくこだわることになるのではないでしょうか。

〔一般参加者 M〕：さきほどの方の、〈ふるさと〉が自分の安心や安定に関わるものであるという発言を聴いていて思ったのですが、わたしたち人間はそもそもひとりきりでは生きてはいけない、お互いがお互いに寄りかかってこそ生きていける存在だとわたし自身は思っているので、そういった互いの寄りかかりを可能にする家族や学校だとか、さらには地域のコミュニティなども、わたしという存在に安心感や安定感を与えてくれるものと捉えられるのではないでしょうか。そして、それらに共通するのが、少し前に、〔一般参加者 C〕の方が、〈ふるさと〉と

いうものを捉える際にあげておられた〈所属意識〉という性格
ではないかと思います。わたしの存在が他者から許され、承認
され、ただそこにいるというだけで安心することができるとい
うか、自分を再確認できるというか、仲間と一緒になって、懐
かしさを共有しあえる、同じ記憶や経験をもっている人と、と
もにそれらを深めあうことでさらに安心、安定することができ
る。そういった感覚にとくに関わるものだからこそ、わたした
ちは〈ふるさと〉という存在にこだわるのではないでしょうか。
とくに、安心、安定といった感覚は、自分という存在を支え、
可能にする最低限の要素のように思います。

〔西村〕：〈所属意識〉に関するお話をうかがいながら、わたしが
とくに面白いなと思ったのが、それが「他者からの承認」、さら
には〈所属意識〉がしっかりと保たれていることによる〈安心〉
感とすごくリンクするものではないのか、というご指摘です。
自分が何者であるかとか、どういった人間であるのかといった
事柄が、他者から、あるいは幅広くコミュニティの全体からしっ
かりと承認されていることで、自分という存在の再確認が果た
される。だからこそ自分が落ち着く、安心するのだろうと思い
ます。そういった流れから、わたしたちは、他者やコミュニティ
からの承認に基づく「自分の再確認」といった一連のやりとり
を〈ふるさと〉という場に求めているのかもしれません。わた
したちが〈ふるさと〉にこだわる理由の一つが、もしかすると
このあたりにも潜んでいるような気がします。

〔一般参加者 N〕：わたしはよく視点がずれているので、場違い
なことを言ってしまったら申し訳ないのですが、その〈ふるさ
と〉へのこだわりというものが、いつもそこに戻りたいといっ

た気持ちとして現れるとは限らないように思います。それどころか、むしろそこに戻りたくなくても、〈ふるさと〉って、厳然と存在していてもいい。もしかしたらわたしだけなのかもしれませんが、いわゆる子どもの頃って、都会に出ていって、〈ふるさと〉はあるんだけれども、逆にそこに戻りたくはないという感覚ってありませんでしたか。そこにはいまも自分のことを知っている同級生や知人たちがいっぱいいる、もちろん、家族が住み続ける家もある。だけど、戻りたくない。自分にとってはそういった場所が〈ふるさと〉なんだといった感触があります。たしかにわたし自身をかたちづくった風景や記憶がそこにはあるけれど、はなからそこに戻りたいとは思わないということだってあると思うんです。だから、わたしにとって〈ふるさと〉は失うものなんかではなくて、むしろ自分の気持ち的にいったん拒否したもの、あるいはあえてここを離れなければと覚悟を決めさせてくれた場所といった感覚があります。だから、わたしの場合は、そこに戻りたいといったかたちでの〈ふるさと〉へのこだわりとは逆に、むしろそこからなんとか距離をとり続けたいといったかたちで、〈ふるさと〉に対するこだわりがあるのかもしれません。

〔西村〕：なかなか興味深い、しかも正直なご発言ですね。「そこにはいまも自分のことを知っている同級生や知人たちがいっぱいいる、もちろん、家族が住み続ける家もある。だけど、戻りたくない」。先ほどそうおっしゃいました。もしかするとそこには、「だけど戻りたくない」といった言い方以上の、むしろそういったしがらみの強い場所だからこそ戻りたくないといった拒否の感覚が隠されてあるように思われます。そこに生まれ、自分自身がかたちづくられてきた場所をあえて拒否し、離れるこ

206

とで、これまでの自分自身をいったんリセットし、新たな場所
で新たな自分を生きようと決意する。わたしにも、そういった
思いに心当たりがないわけではありません。とはいえ、ご発言
をお聴きしていると、自分が生まれ育った場所に戻りたいとい
うかたちにしても、あるいは、あえてその場所から距離をとろ
うとするかたちにしても、態度の違いはあれども、いずれのう
ちにも〈ふるさと〉へのなんらかのこだわりが存在しているこ
とをみてとることができます。そして、その両者の〈ふるさと〉
へのこだわりの背後には、ともに、自分自身の存在をどう捉え
るのかといったアイデンティティの問題が、やはり深く関わり
続けているようにも感じます。

〔一般参加者 O〕：すみません、話をもとに戻してしまって申し
訳ないのですが、さきほど〔一般参加者 L〕の方が、〈ふるさと〉
は「心のよりどころ」で、またそれは自分が生まれ育った場所
に深く関わるものではないかと発言しておられましたが、それ
に関して少し疑問に思うところがあって、発言させていただき
ます。こういったことは直接聞いたこともないし、そういった
方が自分のまわりにもおられなかったので、この会場に、もし
そういった方がおられればぜひ聞いてみたいのですが、震災の
被害で家屋を失い、やむをえず仮設住宅に入られたり、他の地
域への避難を強いられ、馴染みのない場所に住み続けることに
なった場合、新たに引っ越したその場所が自分の〈ふるさと〉
だと感じるという可能性はあるものなのでしょうか。[9] それを、

9）　ちなみにわたしたちは、2016 年 5 月 29 日に開催した第 51 回「考えるテーブル
　　てつがくカフェ」において、「被災地で／から、広域避難者の今を考える」をテー
　　マに、震災による被害の影響で広域避難を余儀なくされた方々の生の声を聴きな
　　がら、自分が生まれ育った場所を離れて生活するなかで生じてきた新たな予期せ
　　ぬ問題をあぶり出し、参加者とともに哲学的な対話を繰り広げてもいる。当時の

207

ちょっと聞いてみたいです。

〔西村〕：なるほど、それはいろいろな意味ですごく難しい問い
かけのように思われます。どなたか、仮設住宅に入っておられ
る方、あるいは避難生活などを送っておられる方がおられまし
たら、可能な範囲で結構ですので、やむを得ず新しい場所や住
まいに移られて、そこを新しく自分の〈ふるさと〉だと思うこ
とができているのかどうかという点について、お答えいただけ
ますか。

〔一般参加者 P〕：これは、ぼく自身が、というわけではありま
せんが、自分が震災に関連したある論文をまとめる際に、この
度の震災によってやむをえず住む場所を変えないといけないと
いう方々に、なかでも、とくに福島の方が多かったのですが、
アンケートやヒアリングをさせていただく機会がありました。
その際に、あくまでお話をうかがっての印象でしかないのです
が、やはり、いくら避難先で周りの人たちによくしてもらった
としても、あるいは、見知った人たちとともに新しい避難先に
引っ越したとしても、やはり、そこを自分の〈ふるさと〉とは
思えないという方が多いように感じました。ぼく個人としては、
避難住民のみなさんが生まれ育ったもとの場所に戻れるのが一
番だとは思っているのですが、この状況のなかで、当事者の方々

復興庁の報告（「全国の避難者等の数」平成28年3月29日）によれば、その頃、
約17万1千人の方が、東日本大震災により、「（広域）避難」という状況に置かれ
ていたとのことである。そのなかには、もはや帰りたくても帰る場所がないなど、
もとの生活に戻ることを断念なさった方々もおられたにちがいない。また当日の
対話では、「ふるさとに帰ろうと思えば帰ることができるけれど、震災直後にその
場を離れ、避難してしまったことに対する後ろめたさがある」などといった発言
もあり、いまさらなかなか帰りづらいといった、避難住民独特のつらさを吐露さ
れる参加者もおられた。

がいかに前を向いて暮らしていけるかということを一番に考え
たいと思っていたので、どうにかして、移り住んだ先で、〈ふる
さと〉とまではいかないにしても、そこに愛着を抱いたりだと
か、なにか気持ちに変化が生じてこないかなと思い、いろいろ
とお話をお聴きし、その可能性を探っています。

〔西村〕：おっしゃるとおり、避難生活を強いられている方々が
それを望まれるのであれば、もちろんご自身が生まれ育った場
所に戻られることが一番だと思います。しかしながら問題は、
〈ふるさと〉からいったん離れるというただそれだけの話ではな
くて、原発や津波被害によってその〈ふるさと〉自体を失い、
帰る場所すらなくなってしまった場合です。やはり、帰る場所
それ自体を失ってしまうと、あらたな場所でどれだけしっかり
と根を張った生活を営むことができたとしても、その場所を自
分自身にとっての〈ふるさと〉だと感じることなどできない、
ということになるのでしょうか。もしそうだとすれば、そこに
は、それを自分にとっての〈ふるさと〉と呼びうるものなのか
どうかを判断するための基準がすでに前提とされているような
気がします。その基準というのが、先ほど〔一般参加者L〕の
方が触れておられたような観点、すなわち〈ふるさと〉は、自
分が生まれ、また自分がそこで過ごすなかで育んできた人間関
係や記憶などが蓄積された場所でなければ生じえないものなの
ではないか、という観点です。もしその基準を〈ふるさと〉を
特徴づける重要な要素として位置づけるのであれば、ある程度
歳をとってから新しい場所に移住し、またその場所でむすばれ
てきた人間関係や風土にどれだけ自分なりに愛着を感じてきた
としても、わたしたちはその場所を自分にとっての〈ふるさと〉
とあらためてみなすことなどありえない、ということになりま

す。原発事故の影響で「帰還困難区域」に指定されたエリアにはこれから先何十年、あるいはそれ以上、戻ることができそうもありません。わたしたちのこれまでの対話のなかで、〈ふるさと〉が〈アイデンティティ〉の問題とつよく絡むものであることが指摘されていたことを考えれば、この事態は、同時に自分自身の心のよりどころを、すなわち自分自身をも失い続けるといったさらなる厄介な状況へと展開してしまう可能性すら感じさせます。そういったことへの危機感に応えるためにも、わたしたちはさらに、〈ふるさと〉をかたちづくる構成要素のうちで、なぜ自分自身が生まれ育った場所という要素をことさら重要視しようとするのか、その背後にどういった感覚や思いが潜んでいるのかを丁寧に洗い出してみる必要がありそうです。そういった手間のかかるプロセスを経由してこそ、最終的に、わたしたちの目的である〈ふるさと〉を再生することの可能性もしくは不可能性に関する議論の道筋も見えてくるような気がします。

自分という存在が育まれる場所

　〈ふるさと〉を問うとき、わたしたちは、そこに自分自身が生まれ育った場所という要素をつよく見出す。その背景には、おそらく、これまでの対話であきらかにされてきたアイデンティティの問題が深く関わっていることは間違いない。しかしながら、そもそも自分自身が生まれ育った場所という要素に、何ゆえこれほどまでの重要さをわたしたちは感じとるのか。その根拠や詳細については、これまでの対話においてはほとんど議論されてはこなかった。そこで、これ以降の対話では、アイデンティティに関する議論を引き継ぎつ

つ、〈ふるさと〉を問うなかで、自分自身が生まれ育った場所というものが、わたしたちにとって具体的にどのようなはたらきをするものなのかについてさらに対話が深められていく。そして、意外にもそこでは、本章の「震災の年の紅白を観る」という節で紹介した、西田敏行さんが紅白で歌いあげた「あの街に生まれて」という曲の歌詞──「あの街で育って　生き方を学んだんだ　おおらかな愛に囲まれ　誰かのために泣けること　あの街で育って　逞しさを覚えたんだ　どこまでも続く道を　自分の足で歩くこと」──に込められている思いが随所に響いていることがあきらかになる。当日の対話を、さらにたどってみることにしたい。

〔一般参加者 Q〕：少し前に、〔一般参加者 B〕の方が、「自分にとってふるさとっぽいと感じさせる特徴的な構成要素を分類し、それらに濃淡や強弱をつけ、自分にとって濃く、またとくに強さを感じたところのものが、わたしという個人にとって落ち着ける、安心、安定できる場所になる」といった趣旨の発言をなさっておられたように思います。また〔一般参加者 K〕の方は、「自分の住んでいたベッドタウンにはいわゆるふるさと性のようなものが希薄で、それを自分にとっての〈ふるさと〉とはあまり感じられない」などの発言をされておられました。お二人のお話をお聞きしながらずっと考えていたのですが、たしかに〈ふるさと〉には、わたしたちによりふるさとっぽさを感じさせるような、ある種ふるさと性とでも呼ぶべきいくつかの特徴的な構成要素があるように思います。そして、これまでのみなさんとの対話のやりとりを思い起こしてみると、たとえばそれらの要素は、その場所で育まれた人間関係や記憶、さらにはその土地の文化や歴史などといったものになろうかと思います。ただ、わたしがずっと疑問に感じていたのが、そういったふるさと性

211

やふるさとっぽい要素は、じっさいのところわたしたちに〈ふるさと〉の存在を思い起こさせてはくれますが、たとえそれらの要素をいくらつぎたしたとしても、それが〈ふるさと〉そのものになるとは必ずしも言えないのではないか、ということです。端的に言えば、ふるさとっぽさと〈ふるさと〉は完全に同一のものとは限らない、そう思うんです。それらの要素のなかには、〈ふるさと〉と呼ばれうるために欠かせない、その基盤となるような決定的な要素であるとか、さらには、それらの要素のあいだでも強弱の差や基礎づけの関係があるように感じます。

　わたしは秋田県の出身で、一応、そこが〈ふるさと〉だとは思っているのですが、いまわたしが通っている県外の大学や、これから行こうと思っているインターン先で、その地域の方々と心から打ち解けて、心底その場所に帰属したいと思う心が生じてきたとしても、やはりそれは、究極的には〈ふるさと〉とは異なるものなのかなって思います。

〔一般参加者R〕：いまの方がおっしゃっていたとおり、たしかに、ふるさと性といった、〈ふるさと〉を構成する特徴的な要素には、さまざまな強度の差があるように思います。そのなかでもとくにわたしが重要だと思うのが、やはり、その場所で自分自身が生まれ育ったというプロセスです。厳密に言えば、その生まれた場所での出来事や記憶、さらには作法のようなものを、自分自身が成長していくなかで育み、またそれらを周囲にいる家族や友人、さらにはその地域の方々と共有してきたという事実がいちばん大事なように感じます。具体的に言えば、地域のお祭り、季節ごとの催し、その地域独自の風習や儀礼などの共有といったものが考えられます。そういったものを軸としながら、その地域での近所付き合いなどといった人間関係、その土

地ごとの言葉遣いや文化、歴史、そして、さきほどどなたかが
おっしゃっていましたが、風景といったものがさらに複雑に絡
み合うことで、自分というものの幹の部分が形成されてくる。
もちろん、そこで言う風景は、単なる風景に留まるものではな
いはずです。それは、生まれた土地で、自分のあり方や身の処
し方を育んでいく際の起点や源の役目を担う、いわゆる原風景
と呼ばれるものに他ならないのではないでしょうか。そして、
まさにそれが〈ふるさと〉の根幹を形成する際に不可欠な要素
ではないかとわたしは思います。なので、そういった流れから
すると、歳をとって新たな場所に移り住み、そこでどれだけ濃
密な人間関係や文化の共有を自分なりにはたしたとしても、や
はり、その土地で自分自身が生まれ育ったという要素、すなわ
ち、自分なりの生き方や作法を学び、その土台をかたちづくっ
たというプロセスが欠けているのであれば、やはりそれは、そ
の人にとっては第 2 の〈ふるさと〉にしかならないのではない
でしょうか。

〔西村〕：「自分なりの生き方や作法」の起点としての〈原風景〉、
とても興味深いお考えだと思います。発言をお聞きしていると、
〈原風景〉というものを、単なる幼少期に見た懐かしい風景と
いった程度のものとは決定的に異なった、そこに物事の始まり
や源としてのはたらきを感じさせる〈原〉という点にとくに軸
足を置いて捉え返そうとされていたように思います。しかしな
がら、その〈原風景〉と呼ばれるものがはたしてどういったタ
イミングで、またどのような関係性や場面のなかで獲得されて
くるものなのかを言い当てるのは相当難しそうです。それ以前
に、そもそも物事の始まりや源としての〈原風景〉が、自分と
いうものをかたちづくる際にどのような役割を担っているのか、

213

なかなかこたえるのが難しい。これは、あくまでわたしの記憶のなかでのはなしですが、〈原風景〉とは、確か、定義的には原体験におけるイメージ、つまりは原体験が〈風景〉のかたちをとっているものという意味だったように思います。では、そのイメージとして現われるところの〈原体験〉とは何なのかというと、それは、その当人の想いや考え方、世界との基本的な関わり方が固まる以前の体験で、それ以後の本人の思想形成に大きな影響を与える始源的な体験として理解することができます。先ほどの方のご発言に擦り寄って言い換えるならば、それは、いわゆるその人の思想が形成する前段階の、すなわち後の思想を形成する軸となる自分なりの感覚や作法を身につける〈体験〉、さらにはそのプロセス、流れといった感じでしょうか。そういった意味からすれば、〈原風景〉とは、現在のその人の核の部分を形成してきた〈体験〉がいくつかの〈風景〉として現れてきたもの、より詳細にいえば、その土地や自然、地域との自分なりの関わり方や作法の幹の部分を成す始源的な体験が、〈風景〉というイメージのもとで立ちあがってきたものと言えます。そう考えると、その〈原体験〉や〈原風景〉の働きをさまざまな文脈のなかで、またそのつど豊かなかたちで機能させることこそが、いまここでわたしたちが問題にしている〈ふるさと〉が担うべき重要な役割とみなすこともできるのではないでしょうか。ここにきてわたしたちは、〈ふるさと〉の機能に関するそういった緩やかな見通しを、ゆっくり、共有し始めているのかもしれません。

〔一般参加者R〕：それは、いわゆるルーツと呼ばれているようなものとして理解してもいいでしょうか。

〔西村〕：たしかに、ルーツという言葉には「根元」、「根」、「地下茎」、「祖先」、さらには「本質」などといった物事の根本や始まりに関わるような意味が豊富にありますので、先ほどのご発言のなかでご自身が〈原体験〉という言葉に込めておられた意味と近いものがあるのかもしれません。ただ、この場は「てつがくカフェ」ですので、今後、そのあたりの言葉遣いについても繊細に違いを明らかにし、整理していく必要もありそうです。

　自分なりの「生き方や作法」が獲得されていく起点、もしくはその一連のプロセスとして〈原風景〉や〈原体験〉を位置付ける。そして、その過程のなかで身につけたいくつもの作法をとおして、徐々に自分という存在や生き方の独自性が立ちあがり、アイデンティティが形成されてくる。自分という存在の根幹を育むこのような働きのうちに、〈ふるさと〉が担う本来的な役割を見定めることもまた可能なのではないか。〈ふるさと〉を問い直すうえで、わたしたちが、ことさら自分自身が生まれ育った場所という要素にこだわり続ける背景には、まさに〈ふるさと〉にそなわる上記のような本来的機能をそのうちに読みとっていたからに他ならない。そして、ここまできてあらためて思うのは、震災の年の紅白で、わたし自身が西田敏行さんの「あの街に生まれて」という歌の歌詞にとくに惹きつけられたのも、もしかすると、この〈原風景〉や〈原体験〉を起点に自分なりの「生き方や作法」を育んでいく〈ふるさと〉の本来的な機能を知らず知らずのうちにつよく感じとっていたからなのかもしれない。作詞を担当した秋元康さんは、まさにこの歌の歌詞のなかで、〈原風景〉がもつ力や、自分という存在を育む〈ふるさと〉の働きを穏やかな言葉遣いのなかで丁寧に描き出してみせる。「悲しみに打ちひしがれ」「ため息をつきながら負けそうになった時は」「故郷のあの空を」「目を閉じて思い浮かべ」、「懐かしい海と山がいつだって味

方」となって自分の存在を支え続けてくれる。「あの街に生まれて」「美しい自然の中」「おだやかに生きる人」、「大切なものは何か」「教えられた故郷よ」。「あの街で育って」「生き方を学んだんだ」、「逞しさを覚えたんだ」、「どこまでも続く道を」「自分の足で歩くこと」を。

生きる作法、思想を身につける

　「〈ふるさと〉をルーツのようなものとして捉え返すことは可能か」。先ほど紹介した対話のなかで、ある参加者がこのような問いを投げかけていた。すでに確認したように、ルーツという言葉には「根元」や「根」、「地下茎」、「祖先」、さらには「本質」などといった物事の根本や始まりに関わる意味が豊富に含まれてある。確かに、アイデンティティの問題に関連したこれまでの対話の内容を振り返れば、〈ふるさと〉には、それを受け容れるか否かは別として、いま現在の自分自身の在り方を育み、またそれをその根底で支える、いわゆる「地下茎」や「根」のような役割が担わされていた。自分が生まれ育った場所、自分の根。これまでの対話の経緯からすると、〈ふるさと〉を自分という存在のルーツとして位置付けることもまた無理な話ではなさそうである。

　とはいえ、わたしたちが〈ふるさと〉を考える際にもっともこだわってきたあの特徴的な要素、すなわち自分という存在を育んできたその場所、その土地は、はたしてどのような仕方でそこに生きるものにその土地独特の作法を伝え、またそれをとおして個々のアイデンティティの核となる部分を拵えていくのか。当日の対話では、さらに、その土地独自の文化や歴史性などといった〈ふるさと〉を構成する他の要素を挿し込みながら、より多角的な視点から自分という存在のルーツとしての〈ふるさと〉の働きをあぶり出していく

ことになる。

　このことについて考えるために、当日の対話では、哲学者の内山
節[10]さんの著書である『「里」という思想』（新潮社）のなかから一
部を抜粋し、資料として配布した。本書のうちには、〈ふるさと〉を
考えるうえで欠かせない〈場所〉や〈歴史〉、さらには「物語」など
といった重要なキーワードがちりばめられて在ると思われたからで
ある。

　内山さんは、1970年代から、人口1,600人ほどの群馬県の山村、
上野村に移り住む。そこは、村の面積の94％を森が占め、谷底を利
根川の支流、神流川が流れるような豊かな自然に覆われた場所であ
る。わずかな畑を耕し、森に入り、木を伐り、川で釣りをする。土
地の人々と深く関わりつつ、日々の生活をこなしていくなかで、内
山さんは次のような感覚をつよく抱くようになる。

　　誰が畑を拓いたのかも、この畑とともにどんな人が暮らしてい
　　たのかもわたしは知らない。それなのに、畑の土が掘り起こさ
　　れるたびに、わたしはここには歴史があり、畑をめぐる物語が
　　積み重なっていると感じる。〔中略〕森の中にもまた、人間たち
　　の物語が隠されている。それは家屋や集落のつくられ方にも感
　　じるのだけれど、村にいるわたしは、さまざまな歴史、さまざ
　　まな物語を受け継いで、いまわたしはここにいるのだ、という
　　気持ちになってくる。誰もが物語をつくりながら生きてきた。
　　その物語が文字や映像で記録されることはほとんどない。[11]

10）　日本の哲学者。立教大学大学院教授、特定非営利活動法人森づくりフォーラム
　　代表理事。著書に『「里」という思想』（新潮選書、2005年）、『戦争という仕事』
　　（信濃毎日新聞社、2006年）、『日本人はなぜキツネにだまされなくなったのか』
　　（講談社現代新書、2007年）などがある。
11）　内山節『「里」という思想』、新潮社、2005年、26-27頁。

「さまざまな歴史、さまざまな物語を受け継いで、いまわたしはここにいる」。この感覚が、これまでの哲学対話のなかで幾度となく取り上げられてきたアイデンティティの問題と深く関わるものであることはあらためて言うまでもない。もちろん、内山さんはそこで生まれ育ったわけではない。しかし、その土地で受け継がれてきた「物語」や「歴史」が自分自身の身体に一つの「作法」として馴染まされてくるとき、そこに、徐々に自分らしさというものが立ち上がってくるのを感じる。その土地の自然、そして独自に編み上げられてきた「歴史」や「物語」に触れるなかで、その場所で生きるための「作法」や思想を身につける。内山さんも、本書のなかで、「作法」をとおして表現されるその土地独自の「思想」が、身体を介してどのようなかたちで受け継がれていくのかを次のように読み解いている。

　　村人たちは、どんな方法で自分たちの思想を表現しているのであろうか。わたしは、それは、〈作法〉をとおしてではないかという気がする。たとえば村人は山菜採りや茸狩りに森に入る、そのときには、採り方の作法がある。その作法のなかに、村人の自然に対する考え方が表現されている。それは木を伐るときでも、炭を焼くときでも同じであって、いまでも村人は、小正月にマユ玉を飾るための木としてヌルデの木を伐るが、他に利用できないこの木を使うことによって、森に対する負担を少なくするのだと村人は言う。そんなふうに、村には、川での作法、魚を捕るときの作法、畑づくりのときのさまざまな作法、村人同士の作法などがあって、それらが村に暮らす者の思想を表現しつづけているのである。考えてみれば、もともとは、作法は、思想と結びつきながら伝承されてきたものであった。たとえば昔は、食事の作法を厳しくしつけられた。食べ物を残すことは

もちろんのこと、さわぎながら食事をすることも、けっしてしてはいけなかった。それは、食事を、生命をいただくものだ、という厳かな思想があったからである。茶碗の中の米だけをみても、人間はおそらく何万という生命をいただかなければならない。だから、そういう人間のあり方を考えながら、いま自分の身体のなかへと移ってくれる生命に感謝する。この思想が食事の作法をつくりだした。ところが、近代から現代の思想は、このような、日々の暮らしとともにあった思想を無視したのである。その結果、思想は、文章という表現形式をもち、文章を書く思想家のものになった。そして、いつの間にか人間の上に君臨し、現実を支配する手段になっていった。[12]

　この文章に触れるとき、先に紹介した〔一般参加者K〕の方の発言——「自分の住んでいたベッドタウンにはいわゆるふるさと性のようなものが希薄で、それを自分にとっての〈ふるさと〉とはあまり感じられなかった」といった趣旨の発言が妙に思い起こされてくる。これまでの対話では、その土地で受け継がれてきた「物語」や「歴史」が一つの「作法」として自分自身の身体に馴染まされてくるとき、緩やかながら自分らしさというものが立ち上がると同時に、そこに、わたしたちがこだわる〈ふるさと〉の本来的な機能の存在が嗅ぎつけられていた。さらに付け足して言えば、おそらくそういった身体のレベルで結ばれるやりとりのどこかで、わたしたちは、〈ふるさと〉を形成する重要な契機である〈原体験〉や〈原風景〉に出逢うことになるのではないか。だからこそ、身体をとおしてなされるこれらのプロセスの存在に、わたしたちはなによりもふるさと性を感じとるのかもしれない。

---

12)　同上、32-33頁。

もしこのことが事実であるならば、仮に自分の住んできた場所が
ベッドタウンであったとしても、そこで生まれ、そこに住まう人々
と関係を結び、その土地独自の歴史や生き方、さらには作法を身に
つけながら日々の生活を営んでいくのであれば、そこが自分にとっ
ての〈ふるさと〉と感じられてもおかしくないはずである。しかし
ながら、〔一般参加者K〕の方は、実際のところそれが「〈ふるさと〉
とはあまり感じられない」と言う。もしかすると、そう感じてしま
うのは、先にあげた内山さんの言葉にあった、「命をいただく」など
といった「日々の暮らしとともにあった思想」を「近代から現代の
思想が無視」してきた結果、身体を介することなく、「思想が文章と
いう表現形式」に頼りきりになり、それがいつの間にか「文章を書
く思想家のもの」でしかなくなってしまったからなのではないか。
もしかすると、その土地で、「日々の暮らしとともにあった思想」が
身体の底から感受されない限り、それを自分にとっての〈ふるさと〉
だとみなす感覚もぼやけてしまうことになるのかもしれない。当日
の対話でも、身体をとおして獲得される作法の重要性について、次
のような対話のやりとりが繰り広げられている。

　〔一般参加者S〕：なんというか、どの土地においてもすごくプリ
　ミティヴな作法というか、亡くなった方をおくる、葬る、あ
　るいは誕生した子をその社会のなかに招き入れる際の祝いの儀
　式などといった、ある種、通過儀礼のような原始的な儀式、身
　の処し方、作法があるような気がします。そういった場面や作
　法に出くわすと、わたしたちは何となく〈ふるさと〉という存
　在の核心に触れたような感覚に陥るのではないでしょうか。わ
　たしは、これまでのみなさんのお話をお聞きしながら、そのよ
　うに考えていました。

〔一般参加者 T〕：これまで、〈ふるさと〉とアイデンティティの問題を接続して対話が進められていたように思います。そのことも含めてずっと考えていたのですが、そこには、身体のレベル、精神のレベルといったかたちで、二つのアイデンティティのレベルがあるように感じます。身体的なレベルでのアイデンティティは、その土地で生きるなかで感じてきた湿度であったり温度であったり、太陽の強さであったり空気であったりと、自分自身のからだを具体的にかたちづくってきたものだから拒否できない。でも、精神的なアイデンティティについてはもっと普遍性というか、広がりがあるように感じます。少し前に、〔一般参加者 G〕の方が、「故郷」という唱歌のなかで歌われている歌詞 ——「兎追ひし彼の山　小鮒釣りし彼の川　夢は今も巡りて　忘れ難き故郷」—— を耳にして自分の〈ふるさと〉を思い出し、涙を流されるご高齢の方々のお話を紹介されていました。もちろん、その高齢者の方々の多くはじっさいに自分自身で兎を追いかけ、小鮒釣りをした経験などないはずです。ですが、歌詞のなかで描かれるそれらの風景をさらに自分自身のなかで膨らませ、あたかもそれが自分にとっての「故郷」ででもあるかのように感情を移入させることで、それぞれがまったく異なった土地で、異なった経験をしてきたにもかかわらずそれらを共有できてしまう。これこそが、精神的なアイデンティティの特徴のように思います。何というか、わたしたちにより〈ふるさと〉を感じさせるふるさとっぽさやふるさと性というものは確かにあって、それらは言語化可能で、その要素を言葉にした瞬間に、つまり、固有名詞ではなく普通名詞とかで言い換えた途端に、普遍的なものとまではいかないにしても、どこか一般的なひろがりを獲得して、みんな、それぞれに異なった個別具体的な経験をしてきたにもかかわらず、そこに自分自身の

〈ふるさと〉を感じとり、涙してしまうのではないでしょうか。でも、このわたしが経験した〈原風景〉や〈原体験〉を下地に編み上げられてきた思想、つまり、自分という存在の核になっている思想は、やはり、身体的なレベルにおいて、その土地で個別具体的な生活を営むなかで獲得されてきたものをいろいろと材料にしながら、自分なりに加工し、組み合わせたりするなかで形づくられていくものなのではないか、そう感じています。

〔西村〕：アイデンティティと〈ふるさと〉の問題を、新たに身体と精神、二つのレベルから捉え返す切り口を挿し込まれたわけですね。なかでも、身体的なレベルで形成されるアイデンティティが、自分自身の思想および自分にとっての〈ふるさと〉の根幹をなしているのではないか、とも指摘されています。ご発言をお聞きしていると、やはりそこにも、先ほど取り上げた作法の問題とのつよい関連性がみてとれます。その土地における自然やコミュニティとの関わり方や作法もまた、まさに身体をとおして象られ、蓄積されていくのではないでしょうか。

　これはあくまで余談ですが、ぼくの大好きなフランスの思想家にロラン・バルト[13]という方がいるのですが、彼は、1970年に出版した『表徴の帝国』という本のなかで、身体のうえで繰り広げられる作法についておもしろい考えを提示しています。たとえば、日本人はお魚をいただくときに、つまりは命をいただくときに、二本の箸で魚の身をちゃんとほぐし、つまんでいただくという独特の作法を持っているとバルトは言います。「箸をあやつる動作のなかには、木や漆という箸の材質の柔らかさ

---

13)　ロラン・バルト（Roland Barthes, 1915-1980）。フランスの哲学者、批評家。著書に『零度の文学』（現代思潮社、1965年）、『明るい部屋－写真についての覚書』（みすず書房、1985年）などがある。

も手伝って、人が赤ん坊の身体を動かすときのような、配慮の
ゆきわたった抑制、母性的ななにものか、圧迫ではなくて、力
（動作を起こすものという意味での力）、これが存在する」[14]。そ
れは、ナイフとフォークで、いわば戦いや狩猟といったイメー
ジで、食べ物や自然に対して関わろうとするような西欧的な作
法とは決定的に異なっている。とくに、「食べ物を調理するため
に使われる料理人の長い箸に、そのことは、よく見てとれる。
この長い箸は、決して突き刺さない、分断しない、二つに割ら
ない、傷つけない。ただ、取りあげ、裏をかえし、運ぶだけで
ある。思うに箸というものは、分離するにあたって、西洋の食
卓のように切断して取りおさえるかわりに、二つに分け、ひき
はなし、取りあげるものなのである。箸は、決して食べものを
暴行しない」[15]。

　バルトはそのように西欧的な食卓の作法と日本のそれとの違
いから、食べ物（いのち）や自然に関する思想の根本的な差異
について触れています。なんというか、自然や生きものへの関
わり方、そしてその際に身体や道具をどう使うかということが、
ある種の作法として身体のうちに馴染まされてあるようなとこ
ろがあって、そのあたりの身体的なアイデンティティ、つまり
は身体を通して編み上げられていく作法、思想というものに、
〈ふるさと〉について考えていく際の重要な糸口が隠されている
ように感じます。

14）　ロラン・バルト（宗左近訳）『表徴の帝国』、ちくま学芸文庫、1996年、33頁。
15）　同上。

〈ふるさと〉は、わたしとともにある

　津波や原発による未曾有の被害の只中で、わたしたちはいままさに〈ふるさと〉を失いつつあるのではないか。これまで紹介してきた第7回「てつがくカフェ〜〈ふるさと〉を失う？〜」では、終始、そのような焦燥感や諦めの感覚を背後に感じながら対話が交わされてきた。そして、対話の最後にさしかかったところで、いよいよ今回のテーマである〈ふるさと〉を失うということの意味、さらには、いったん失った〈ふるさと〉を取り戻すことなどそもそも可能なのかどうかということについて、議論の照準が絞られていく。ちなみに、議論の出だしでは、これまでの対話のなかで再三にわたって確認されてきた、自分が生まれ育った場所という、〈ふるさと〉をその根底で支えているとみなされていたあの特徴的な要素が奪われてしまうと、いくらそのための努力をしたとしてもそれを再び取り戻すことなど到底不可能なことなのではないか、といった発言が相次いで交わされている。しかしながら、興味深いことに、さらに対話が深められていけばいくほど、次第に、これまでの対話のなかで丁寧に交わされてきたアイデンティティに関わる議論に再接続されるかたちで、むしろ〈ふるさと〉は、かりにその生まれ育った場所が失われ、二度とそこに戻れなくなったとしても、その場所で生活していくなかで身につけた〈作法〉や〈原風景〉、さらには〈原体験〉などをとおして独自にかたちづくられてきたこのわたしのうちに生き続けるのではないか、といった議論へと大きく展開していくことになる。精神的・身体的な記憶、作法、さらには〈原風景〉や〈原体験〉などを豊富に含み込んだこのわたしとともに〈ふるさと〉はある。

　また、当日の「てつがくカフェ」では、事前に参考資料として配布した辺見庸『瓦礫の中から言葉を ―― わたしの〈死者〉へ』（NHK

出版新書）から抜き出した文章を共有しつつ、「〈ふるさと〉を失う」
とわたしたちが言う場合、じっさいのところ何が失われてしまった
のかを丁寧にあぶり出す作業も並行して行っている。著書のなかで、
辺見は、このたびの震災によってそもそも「なにが壊されたのか」
といった直線的な問いかけに対して、自分自身で次のようにこたえ
ている。

　　故郷が海に呑まれる最初の映像に、わたしはしたたかにうちの
　　めされました。それは、外界が壊されただけではなく、わたし
　　の「内部」というか「奥」がごっそり深く抉られるという、生
　　まれてはじめての感覚でした。叫びたくても声を発することが
　　できません。ただ喉の奥で低く唸りつづけるしかありませんで
　　した。それは、言葉でなんとか語ろうとしても、いっかな語り
　　えない感覚です。表現の衝迫と無力感、挫折感がないまぜになっ
　　てよせあう、切なく苦しい感覚。出来事があまりにも巨大で、
　　あまりにも強力で、あまりにも深く、あまりにもありえないこ
　　とだったからです。できあいの語句と文法、構文ではまったく
　　表現不可能でした。大震災は人やモノだけではなく、既成の観
　　念、言葉、文法をも壊したのです。[16)]

　〈ふるさと〉を失う。それは単に「外界」の場所や町が失われたと
いうだけの話ではけっしてない。辺見にならっていえば、それはわ
たしたちの「内側」や「奥」を形成しているもの、さらには「既成
の観念」や「言葉」、「文法」もろとも「ごっそりと抉られてしまう」
経験と言える。そして辺見は、失われたもの、「壊されたもの」は、
むしろその「失われる」という経験を経由することで、いっそうわ

---

16)　辺見庸『瓦礫の中から言葉を──わたしの〈死者〉へ』、NHK 出版新書、2012
　　年、14-15 頁。

・・・・・・・・
たしのなかでその存在価値を際立たせてくるようなものとして捉え
返す。先ほどの文章の後に、辺見はそのことを自分のなかで再確認
するかのように、以下のような印象的な言葉を二つ、書き添えてい
る。

　　わたしは宮城県石巻市に生まれ育ちました。ですから、東北
　の三陸、それから福島の浜通り一帯まで、テレビや新聞にでて
　くる地名で、足を運んでいないところはほとんどない、という
　くらいによく知っています。
　　とりわけ、壊滅状態となった石巻市の南浜町は、高校までを
　すごしたところであって、わたしの感官の土台をこしらえ、触
　感、視感、嗅覚、予覚、発想、思考法、言葉の基本（母語の祖
　型）がつちかわれた大事な場所です。もっといえば、わたしの
　内面の原初の色合いを決定した海と川、大地と空と入江があっ
　た場所なのです。わたしにとって最初の光と影、音と色、はじ
　めての感触のすべてはそこにあったのです。それらはいまもか
　らだに刻まれています。〜略〜いま、場所と言いましたが、そ
　の場所にいたとき、わたしは場所をなにも意識していませんで
　した。3月11日のあの出来事をへて、わたしはついに思いいた
　りました。「場」（トポス）は、それを失ったときに、はじめて
　鮮やかな場になるのだな、と。2011年3月11日のあの大震災、
　あえて3・11と略称しようと思うけれども、3・11によって途
　方もない破壊にさらされた故郷、奪われた数えきれない命を思
　うときに、わたしにむくむくと「場」がたちあがってきまし
　た。[17]

---

17)　同上、16-17頁。

　じつは、石巻の空気とにおいと光で、わたしの肉と血と感性はあったのだなあということを、今度、思い知らされました。昔、映画監督のエミール・クストリッツァ監督と対談したときに、祖国とはなんだろうという話になって、クストリッツァ監督が、祖国とはテリトリーではなく、記憶なのだという意味のことを訥々と語ったのです。3・11 が起きてから、わたしはそれを想い出し、故郷もまた記憶のことなのだと気づきました。失われ、壊されてみて、はじめて鮮やかにたちあがってくる内面の風景 ── それが故郷というものではないでしょうか。

　わたしはおそらく他の人よりは多くの戦場を見てきている人間です。中国とベトナムの戦場も見た。カンボジアの戦場も、ボスニアの紛争も見た。ソマリアの内戦も見た。飢えて死んでいく子どもたちも見てきました。いつも奈落の底で、自分一個の存在の無力を思い知らされました。自分には精神の中心となる場がない。一介の故郷喪失者、たしかな想い出もなくなってしまったデラシネだ、根なし草だと思っていました。よくいえば、自分はコスモポリタンみたいなものだ、わたしにはルーツがないのだとさえ思ってきました。記憶の根拠になるものは本当はないのだというふうに思ってきたけれど、今度という今度は、それが覆されました。

　ああ、わたしは、この廃墟と瓦礫の源となる場から生まれてきたのだなあと思わされたし、わたしの記憶を証明してくれる、あかしてくれるものが、いま、壊されてしまったのだという失意が、自分が見つもる以上に非常に大きく重いものだということを、日々、痛いほど知らされているのです。わたしにも「場」があった、ということです。

　いまも、まだ慌てています。自分には立つ瀬がないとさえ思うようになっています。故郷は、誇りうるものでもない。突き

放すものでも排除するものでもない。しかし、自分の血と肉と骨と声を、考える方法を形成してきた場。そういう場が、あの大津波で壊されてしまったという思いは、わたしにとって永久に癒えない傷として残るだろうと思います。[18]

　「わたしの感官の土台をこしらえ、触感、視感、嗅覚、予覚、発想、思考法、言葉の基本（母語の祖型）がつちかわれた大事な場所（トポス）」は、「それを失ったときに、はじめて鮮やかな場」として「わたし」のなかで「むくむくとたちあがって」きた。「失われ、壊されてみて、はじめて鮮やかにたちあがってくる内面の風景 —— それが故郷」なのではないか。そして、興味深いことに辺見もまた、わたしたちと同様に、その「場所」で生まれ育っていくなかで経験した〈原風景〉や〈原体験〉を下地に身体の奥深いところでゆっくりと編み上げられ、「からだに刻み込まれ」てゆく「感官の土台」や作法、「考える方法」、さらには「わたし」という存在の核となる思想のすがたを丁寧に描き出そうと試みている。そう考えると、アイデンティティという切り口をもとに、「わたし」と「場所」との関連性から〈ふるさと〉のありようを捉え返そうとしてきたこれまでのわたしたちの対話の方向性もあながち間違ったものではなかったと言えるのではないか。じっさい、当日の対話は、以上の議論をふまえつつ、〈ふるさと〉再生の可能性がこれまでのアイデンティティに関する対話の内容から読みとれるのではないかといった期待のうちに閉じられている。

　〔一般参加者 U〕：みなさんの話をずっとお聴きしながら、〈ふるさと〉再生の可能性について、わたしなりに結論めいたことを

18）　同上、18-20 頁。

228

228

ずっと考えていたのですが、やはり、〈ふるさと〉の再生は、仮にその場所がなくなったとしても、そこに戻れなくなったとしても、その場所で生まれ育つなかで自分の身体や心のうちに刻み込まれてきたさまざまの作法や思想、そして、記憶や物語などといったかたちをとおして、身体のなかに、心のなかに、すなわちこのわたしのなかに存在し続けるものなのではないでしょうか。このわたしがあり続ける以上、〈ふるさと〉はつねになんらかのかたちと距離感、そして強度で、わたしとともに在り続けるのだと思います。

〔西村〕：これまでの対話ではあまり取り上げられてきませんでしたが、〈ふるさと〉とアイデンティティの関係性を問題にしようとするとき、確かに、いまおっしゃられた〈物語〉という切り口はすごく重要なキーワードになるなと思ってお聴きしていました。自分が何者であるかという、いわゆるアイデンティティの問題を扱う際には、やはり、自分が自分自身に語って聴かせる物語、すなわち自己物語という契機がきわめて重要なように思います。なぜなら、これはいままでの対話でも明らかにされてきたことですが、自己についての語りは、必然的に自分自身のルーツ、すなわち自分の〈ふるさと〉に関する語りを経由せざるを得ないように思うからです。自分のルーツがどこにあるのか、自分がどこで生まれ、誰と会い、またその場所でどのような人間関係を結び、自分なりの「感官の土台」や「思考」の具合を調整し、メンテナンスしてきたのか。そういった一連のプロセスを、しっかりとした自己物語といったかたちで丁寧に自分に向けて語り出そうとするとき、そこには、つねにそのかたわらで〈ふるさと〉が控え、息づいているように思います。

〔一般参加者 U〕：そうです。〈ふるさと〉は、それが自分という存在に引き寄せて語り直され続けるものである以上、必ず、その人とともにずっと在り続けるようなものだと思います。もはや自分が生まれ育ったその場所にたち還ることが困難になったとしても、わたしの記憶のなかのその場所は、自身のそのつどの気分や思いに影響を受けつつ、語りをとおしてさまざまに姿かたちを変え、その意味合いを変え、ずっと、生き続けるのだと思います。

　そう考えてみると、先ほど辺見が紹介していたクストリッツァ監督の「祖国とはテリトリーではなく、記憶なのだ」といった趣旨の言葉も妙に腑に落ちてくる。と同時にわたしは、この〔一般参加者 U〕の方の発言を聴きながら、ずっと、19 世紀英国を代表する女流詩人エリザベス・ブラウニングの言葉、「故郷や天国の名前は遠くに消え去った。ただ汝のいるところにのみ、一つの場が成り立つ」[19] という言葉を思い起こしてもいた。記憶の力を頼りに、このわたしという存在を介して「成り立つ」「一つの場」にこそ〈ふるさと〉再生の可能性を読み解くための重要な鍵が隠されてあるのではないか。さらにつけくわえて言うならば、このわたしという存在を介して生き続ける〈ふるさと〉がもっとも「鮮やかな場（トポス）」として立ち上がってくるのが、辺見自身も指摘していたようにその人がその存在をとくに意識せざるをえなくなってしまうようなとき、すなわちそれが壊され、失われてしまったという喪失感が「わたしにとって永久に癒えない傷」として深く刻み込まれたときなのではないか。もしそうであるなら、津波や原発による未曾有の被害によってまさに〈ふるさと〉を失いつつあることへの切迫感をひしひしと感じとっ

19）　エリザベス・ブラウニング（Elizabeth Barrett Browning, 1806-1861）。この言葉は、彼女の詩「The Face of All the World（Sonnet 7）」からの引用。

ているいまほど、〈ふるさと〉がわたしたちのうちでいっそう「鮮や
かな場」として立ち現れてくるタイミングは他にはないのかもしれ
ない。

　〈ふるさと〉は、わたしの記憶、身の処し方、作法、そして自分が
自分自身に語って聞かせる物語のうちに生き続ける。そしてその物
語は、ひとりよがりなものにならないためにも、より多くの他者に
よる語りをとおして幅広くわかちもたれ、補填されることを必要と
する。だからこそ、このわたしの記憶や物語を「証明してくれる、
あかしてくれるもの」や「場所（トポス）」、すなわち〈ふるさと〉
という「記憶の証拠」が「壊されてしまった」という事実に、わた
したちはことさら失意の念と危機感を覚えるのかもしれない。この
ことを受けて、ある参加者が「知己」という言葉をとおして次のよ
うな興味深い考えを最後に披露してくれた。

　〔一般参加者 V〕：東京から来たものです。こちらで何ヶ月か過
　ごさせていただいています。次回の「てつがくカフェ」での対
　話につなげるためにも、最後に、一言だけ言っておきたいと思
　います。
　　〈ふるさと〉はもう一度再生することができるかできないかと
　いうことですが、やはりそこには再生可能な部分とそうでない
　部分があるように思います。たとえば、自分自身が生まれ育っ
　た場所といった意味での〈ふるさと〉が奪われてしまった場合、
　なんらかの理由で仮にもうその場所に戻ることが叶わないのな
　らば、やはりそういった意味での〈ふるさと〉の再生は物理的
　には不可能ということになるのかもしれません。ただ、わたし
　たちはふるさと性やアイデンティティの問題、さらには物語や
　記憶としての〈ふるさと〉の可能性についても並行して対話を
　進めてきました。先ほどの、このわたしの「記憶の証拠」とし

ての「場所（トポス）」、〈ふるさと〉が「壊されてしまった」という事態に関してですが、わたしなりに言うと、そこで問題となっているのは知己ということなのではないかと思います。知己というのは、辞書的にはわたし自身のことをよく理解、知ってくれている知人といった程度の意味なのですが、これを〈ふるさと〉の問題に接続すると、このわたしの記憶や物語を支え、それを「証明してくれる、明かしてくれる」人やもの、空間といった意味として拡張して捉え返すことができるように思います。知己は、一般的な意味では知人、すなわち人のことを指すわけですが、わたしの感覚ではものや空間にたいしても知己というものがあると感じています。ものや空間、「場（トポス）」も、このわたしのことを知り、支えてくれる。つまり、それらもまた、わたしの記憶や物語の確かさをそのかたわらで証明してくれる、きわめて重要な存在として欠かすことができないものなのではないでしょうか。だからこそ辺見さんも指摘しておられたように、わたしたちは、その知己の存在を消失してしまうことへの危機感をことのほかつよく感じてしまうのではないでしょうか。

　わたしは、いわゆる転勤族の家庭で育ったため、幼い頃から短期住まいを繰り返してきました。しかし、そんな慌ただしい生活のなかでも、たとえば自分が住んでいた団地の1階のベランダ下の隙間に、1メートルくらいのものすごく暗い空間があったのをいまでもよく覚えています。そこに行くといつもすごく涼しくて、ひんやりした空気が漂っていました。先ほどの記憶や「場所（トポス）」に関するみなさんの話を聴きながら、わたしは、なぜかそのことをずっと思い返していました。おそらく、あの場所、あの空間もまた自分にとっては知己だったのだろうと思います。自分の、何か密やかなところをいまもなおずっと

知ってくれているような空間、もの、場所。たしかに、最初に
お話しさせていただいたように、そういった特定の場所が破壊
され、失われてしまうと、それらは二度と再生することはでき
ないのかもしれません。ですが、そのような、自分の密やかな
部分を知ってくれている知己の存在をどれだけ大切にケアして
いけるかが、今後、〈ふるさと〉再生の可能性を考えていくうえ
でとても重要な切り口になるような気がします。

　町が流され、わたしが知る、あるいはわたしのことを知る多くの
人も津波とともに流されてしまった。原発災害により、自分が生ま
れ育ったあの場所へとたち還ることももはや叶わない状況になった。
確かに、〈ふるさと〉を再生するのは相当に困難なことなのかもしれ
ない。しかしながら、わたしの存在を支えてくれていた人たちの存
在はわたしの記憶のうちにありありと生き続ける。わたしの記憶が
続くかぎり、あるいはわたしの物語がこれからも紡がれ続けていく
かぎり、わたしとの関わりのなかで、その場所の空気も、そして、
そこでともに生きてきた人々の振る舞いや作法もまた生き続ける。
わたしの記憶を、物語を、そしてわたしのことを憶えていてくれる
存在をどれだけ大切なものとして保持し続けていくことができるか。
わたしたちは、まさにいま、試されているのである。

第6章　震災と専門職
── 看護の〈専門性〉をマッサージする

切実な〈私〉と〈公〉、どちらを優先するべきか？

　東日本大震災による東京電力福島第一原発放射能漏洩事故の発生直後、国内外のメディアでは、連日、福島第一原発内で事故処理をする作業員たちの姿を報道していた。当時、福島に住んでいた知人が、それらの報道のなかでどうしても気になる発言があったと教えてくれた。それは、作業中にかなりの放射線量を浴びたためにすぐさま家族の待つ避難所へ退避させられた作業員からの、「残って懸命に作業する社員がいるなかで、自分だけがその持ち場を離れて出てきてしまうのは本当に苦渋の決断だった」という趣旨の発言である。その知人は、この発言を受けて自分自身の考えをつぎのように語ってくれた。

　　　その作業員の言葉には、まさに放射能という恐怖に晒されながらもなお〈公〉的な職務から撤退することへの〈負い目〉が表れている。このような〈負い目〉の感覚は、海外のメディアがこぞって事故発生直後から事故処理に取り組み続けた作業員たちの自己犠牲的な姿を、「フクシマ50」という名称を与えて賞賛の対象として報道していたことにもどこか繋がる[1]。また、

---

1) ちなみに、2011年3月16日のCBSイブニング・ニュースでは、チェルノブイリ大災害対策チームの元責任者でCBS核安全解説員のチェム・ダラス氏が日本政府関係者から聞いた話として、「フクシマ50」のうちのひとりが「職務だから死ぬことも恐れない」といった発言をしていたと報告してもいる。

原発事故直後、福島県南相馬市のある病院では 198 人いたスタッフのほとんどが避難し、看護師は 17 人だけになってしまったという報道もあった[2]。ある報道番組では、その病院に勤務する看護師たちが患者を守るために病院にとどまるか、それともわが子を放射線から守るために避難するか、その選択に引き裂かれる葛藤を特集していた。その看護師たちのうちにも、さきほどの「フクシマ 50」の作業員と同様、〈公〉より〈私〉を優先することへの〈負い目〉、あるいは〈罪悪感〉に引き裂かれる姿を容易に見出すことができる。[3]

　原発の作業員にしろ、看護師にしろ、そこでは、いわゆる公的な立場にあるものが非常事態においてもなお自分の私的な生活を優先することが許されないような、なにかその職種や専門性に由来する大きな力が働いていたように思われる。おそらくここでも、本書の第 4 章最終節において扱った、自らの生活を差し出し、何をおいても他人のために行動することをよしとする、これまでの社会が育んできた〈美徳〉とその教育の問題が深く関わっていることは間違いない。ウォール・ストリート・ジャーナル紙のコラムニストであるエリック・フェルテンの言葉をあらためて借りるならば、原発作業員や看護師らが感じた、おそらく職業的な立ち位置に由来する上記の〈負い目〉の感覚についても、第 4 章で試みた当事者性といった切り口からだけではなく、「忠誠心（loyalty）」などといった「厄介な美徳（vexing virtue）」[4] の文脈に再接続するかたちで丁寧に読み解

---

2) 「【特集】17 人の看護師の思い…南相馬市・大町病院」。2011 年 9 月 1 日にテレビ朝日「報道ステーション」で放映。

3) この言葉は、2011 年 11 月 27 日開催の第 5 回「考えるテーブル てつがくカフェ」（テーマ：「切実な〈私〉と〈公〉、どちらを選ぶべきか？」）告知チラシからのものである。

4) エリック・フェルテン（白川貴子訳）『忠誠心、このやっかいな美徳』、早川書

いていく必要がある。もちろん、わたしたちは、そういった問題意識から、この〈公〉と〈私〉との狭間で生じる公的な立ち位置に置かれているものが抱く〈負い目〉や〈罪悪感〉の根を手繰り寄せるために、第5回「考えるテーブル　てつがくカフェ」（2011年11月27日開催）において、まさに「切実な〈私〉と〈公〉、どちらを選ぶべきか？」といったテーマ設定のもと、対話を試みている。

　ただ、当日のじっさいの「てつがくカフェ」では、あの「厄介な美徳」の問題にくわえて、当人が職業上身につけている知識や技術の専門性の高さに依存してその〈公〉と〈私〉との境界線が揺れ動いていく別の困難さが存在しているのではないか、といった指摘が多くなされている。すなわち、先にあげた原発で働く技術者や医療専門職者の専門性は、一般人にはない特殊で専門的な知識や技術に基づくものであるため、公的な立ち位置から降りようと本人が試みたとしても、その専門的で特殊な知識や技能が一刻をあらそうような状況で多くの人にとって必要とされているのであれば、それを行うことのできる専門職者であるこの〈私〉が、どこまでも〈公〉人としてその問題にあたらざるをえなくなるという面倒な事態が生じてくるのもある意味当然のことなのではないか、という指摘である。

医療専門職者たちのとまどい

　上記のように、特定の職業や専門職の性格に付随して生じてくる〈負い目〉や〈美徳〉の根っこをあぶり出そうとする一連の対話の流れを推し進めていけばいくほど、いっそう明らかになってきたのが、これまで対話に何度も参加してくれた多くの医療従事者、なかでも

　房、2011年。

津波被害の酷かった沿岸地域や原発災害時下の過酷な状況のなかで医療支援に従事した医師や看護師などの医療専門職者の方々が、被災地支援に赴いた際に感じた自身の専門性に関わるとまどいの声をゆっくりと表に出しはじめ、あらためて、そのとまどいが何に由来するものなのかを自分たちの問題としてしっかりと捉え返す必要があるのではないかと感じはじめていた、という事実である。すなわち、いわゆる専門職（profession）と呼ばれる方々が、その高い専門性ゆえに〈公〉と〈私〉との狭間で自身の立ち位置のとりにくさに思い悩み、さらには自身の専門職という立ち位置が、思いもよらぬかたちで新たな負い目やとまどいの感覚を抱かせ続けていたのである。

　そこでわたしたちは、とくに、そういった医療専門職者たちのとまどいに応えるために、東日本大震災による原発災害時下において、原発から23km圏内の病院で「自主退避」の指示を受けながらも医療行為にあたった医師や、医療支援のために被災地に赴いた医療従事者などを中心に、被災地内外を問わず数多くの哲学的な対話の場を集中して拓いていくことになる。具体的には、災害支援が落ち着き始めた2014年あたりから、被災地支援に赴いた医療従事者との哲学対話を、宮城県の仙台市や石巻市、さらには京都、東京などといった被災地以外の地域にも範囲を広げつつ集中的に行いはじめる。思い浮かぶものだけでも列挙すれば、以下のようなものがあげられる。

- 2014年3月16日「震災と看護1：〈震災〉から〈看護〉を語ろう」（京都・ねこのて訪問看護ステーション）
- 2014年5月18日「震災と看護2：看護にとっての使命感とは？」（京都・ねこのて訪問看護ステーション）
- 2014年7月19日「震災と専門職1」
  話題提供：太田圭祐（名古屋大学医学部附属病院医師・当時）
  「原発制限区域内における唯一の災害拠点病院 ―― 実際どのよ

うに東日本大震災に対応したか？」（東京・日本赤十字看護大
学）
- 2014年8月23日「震災と看護3：看護のイメージ？」（京都・
チルコロ京都）
- 2014年9月6日　第37回「考えるテーブル　てつがくカフェ：
震災とケア」
話題提供：太田圭祐（名古屋大学医学部附属病院医師・当時）
（仙台市・せんだいメディアテーク）
- 2014年11月8日「震災と専門職2：〈専門職〉としての役割は
〈個人〉より重いか？」（東京・日本赤十字看護大学）
- 2015年3月21日「震災と専門職3：看護の専門性とは？」（東
京・日本赤十字看護大学）
- 2015年8月9日　「震災と専門職を問い直す」（仙台市・日本災
害看護学会第17回年次大会）

とくに京都と東京（日本赤十字看護大学）で開催した哲学対話で
は、あえて医療従事者の専門性とそこから生じてくる〈負い目〉を
問い直すために、「震災と看護」（京都）、「震災と専門職」（東京）と
いった緩やかなテーマを事前に設定して参加者を募り、それぞれ、3
回にわたってシリーズとして対話の場をひらいた。そのことで、回
を重ねるごとに参加者どうしの対話がいっそう深まり（対話の場も
育ち）、個々人の単なる思い悩みがそのつど明確な〈問い〉へと何度
も組み替えられ、またさまざまな角度から自身の専門性に関する問
い直しの機会を支えた。なかでも、2011年3月14日の福島第一原
発3号機の爆発を受けて、原発災害時下の放射能による恐怖のなか、
「安全」と「危険」の境界線で患者の生命を救い、地域医療を守るた
めに奔走した南相馬市立総合病院（当時）の太田圭祐医師を話題提
供者として迎えた日本赤十字看護大学での哲学対話（2014年7月19
日開催「震災と専門職1」）では、専門性の問題が〈公〉と〈私〉と

の狭間で揺れ動く医療専門職独特の〈負い目〉の問題へと組み直され、この問題がもつ多様さと困難さが対話の参加者によって徐々にあぶり出されてくることとなった。

　それらの対話のなかでやはりあきらかになってきたのが、支援・ケアに関する専門的な知識や技能をもっとも備えているともいえる看護職の方々が、逆に、さまざまな文脈において自らの専門性についてとまどい、またそれに関する問い直しを余儀なくされていた、という数多くの事実である。そのような問い直しの作業を看護職者たちにしつこく迫っていたものは何なのか。おそらくそこには、長期にわたる専門的な教育によって自身の専門性を保証する特別な知識や技能を備え、またそれらをどのような状況においても十分に発揮することが求められる医療専門職者の理想的な姿と、じっさいに被災地支援に赴くなかで、さまざまな要因から自分自身がその専門性を現地で充分に発揮することができないことへの不全感が大きな問題として関わっていたように思われる。

　さらに面倒なことに、ここでも、あの〈美徳〉に関わる問題がふたたび見え隠れし始める。「医師や看護師などといった医療専門職と呼ばれる人たちは、誰にでもできるわけではない専門的な知識や特殊な技能を備えているだけでなく、病に臥している患者や困難な状況に置かれている人たちをケアしたいという志もしくは意欲をつねに携えていなければならない」。これは、当の看護師本人だけではなく、むしろ社会一般の人たちが医療専門職者に対して強く抱いているイメージ像と言える。それだからこそ、震災時、とくにケアの専門職者である看護師には、何をおいてもみずからの専門的な技能を用いて被災者のために行動すべきであるといった献身的な心の構え、すなわち「忠誠心」などといった「厄介な美徳」が求められ、またそのことを自らにも過剰に課してしまっていたのではなかったか。その厄介な理想像と被災地でじっさいに自分自身がおかれている現

状との狭間で、多くの看護師が自らの専門性に対するとまどいの声
を挙げていたのではないか。もしそうならば、看護師などの医療専
門職者などに向けられるそのようなこわばったイメージを一刻も早
く問い直し、ほぐしていく必要がある。

凝り固まった専門職のイメージをマッサージする

　そもそも「忠誠心」などといった美徳に関わる事柄がことさらに
まとわりついてくるのが専門職の特徴とすら言えるのではないか。
たしかに、そう捉えることもできる。しかしながら、何ゆえ専門職
にこのような美徳といった観念がこびりついてくるのか、その理由
についてこたえるのは思いのほか困難な作業である。被災地におい
て、その専門性に由来した独特の〈負い目〉を抱え込まざるをえな
くなった医療専門職者たちの困難な状況を読み解いていくためにも、
まずここで、専門職と呼ばれる職業にみられる特徴的な要素を、と
くに美徳という観点からあぶり出し、共有しておくことにしたい。
　一般に医学教育や医療社会学などの文脈においては、「専門職は複
雑な知識体系への精通および熟練した技能の上に成り立つ労働を核
とする職業、複数の科学領域の知識あるいはその修得、ないしはそ
の科学を基盤とする実務が自分以外の他者への奉仕に用いられる天
職」と定義されることが多い。専門職に属する構成員は、自らの力
量、誠実さ、道徳、利他的奉仕、および自らの関与する分野におけ
る公益の増進に対して全力で貢献するという意志（commitment）を
保持し続けることを社会全体に向けて公約（profess）し、その意志
とその実践が専門職と社会との間の社会契約（social contract）の基
礎となる。すなわち、専門職による社会に対する献身的で利他的な
奉仕への見返りとして、社会の側は専門職に対してその実務におけ

る自律性（autonomy）と自己規制（self-regulation）の特権、さらに
は社会的な名声を与えるという相互関係（契約関係）が結ばれるの
である。[5]

　上記のように、専門職に関する説明には、「誠実さ、道徳、利他的
奉仕、および自らの関与する分野における公益の増進に対して全力
で貢献する」などといった美徳に関わる文言が必ずと言っていいほ
ど盛り込まれている。その背景には、いくつかの要因がある。

　歴史的にたどってみれば、もともと専門職という用語には、貴族
や聖職者などといった社会的地位の高い階級にある人々が、その高
い地位ゆえにもつ義務に基づいて社会的な奉仕を行うといった意味
合いがつよく込められていた。専門職に関するこのような捉え方を
象徴的に表したものとして、「高貴さは社会に対する義務や奉仕を強
制する」といった意味の「ノブレス・オブリージュ（noblesse
oblige）」[6]という言葉があげられる。したがってかれらは、みずから
の社会的な「地位」の標章としてその業務を遂行していたことから、
「地位専門職（status profession）」と呼ばれることもある。

　しかし、近代社会の成立以降、専門職の性格も大きな変化を遂げ
る。具体的には、あらたに「公益性あるいは奉仕という理念を引き
継ぎながらも、労働の対価として得た報酬に基づいてみずからの生

---

5)　Sylvia R Cruess, Sharon Johnston and Richard L Cruess. Professionalism for medicine:
　opportunities and obligations. The Medical Journal of Australia 2002; 177: 208–11.
　https://www.mja.com.au/journal/2002/177/4/professionalism-medicine-opportunities-and-
　obligations

6)　この考え方は近代以前から存在したが、言葉自体が広まったのは19世紀になっ
　てから、フランスで生まれたと言われる。フランス語の「noblesse（貴族）」と、
　「強いる」や「義務をおわせる」などの意味がある動詞「obliger」の3人称単数現
　在形の「oblige」を合成した言葉で、いわゆる法的拘束力をもつ義務や責任とは異
　なるが、欧米社会一般で共有されている基本的な道徳的価値観と言える。一説に
　は、『新約聖書』の「ルカによる福音書12章48節」にある、「すべて、多く与え
　られた者は多く請求され、多く任された者は、さらに多く要求されるであろう」
　に由来するとされる。

計を立てる」、いわゆる「職業専門職（occupational profession）」と
呼ばれる立場のものが現れてくる。代表的な存在としては、とくに
医師などの医療専門職や弁護士などの法律関係の専門職があげられ
る。かれらは、特殊な能力と知識を意のままに扱うことができるだ
けでなく、さらにそれらを社会に対して一つのサービス（奉仕）と
して提供し、教授（profess）することを公言（profess）していた。こ
ういった経緯があるからこそ、専門職には社会に対する奉仕や忠誠
心などといった美徳に関連した構えがその特徴として最初から数え
入れられることになるのである。

　専門職の特徴的な要素は、大まかに以下の二つに分類することが
できる。

(1) 専門的な知識と技能に関わる特徴

　専門職には、一般人にはない「特殊で専門的な知識や技術
（exclusive expertise）」が求められる。それらは、長期にわたる教育
訓練を通じて、高度に体系化もしくは理論化された知識であり、ま
たそれに基づく技術のことを指している。くわえて、それらの知識
は、同時に「制度化された専門的知識・技能（institutionalized
expertise）」でなければならず、その制度化の権限は、通常、一般社
会によって公的に承認されたセクターのみがもつとされる。もちろ
ん、専門職はそれらの知識や技術をもつだけでなく、その知識を実
践へと十分に反映できるものでなければならない。

(2) 専門職集団の組織化と組織維持に関わる特徴

　専門職の扱う技術はその特殊性ゆえに一般人とは乖離しがちであ
る。そのため、それ以外の職種の人間や社会が、その専門職の職務
内容や職務遂行の是非に関して干渉することは極めて困難といえる。
したがって、専門職の扱う特殊な知識や技能をどのように適切に運

用すべきかについて最も熟知し、また不正な行動が行われた際にも、それに対してもっともよい判断や対処の仕方を心得ているのは当の専門職集団内のメンバーたちでしかありえない、ということになる。そこから、専門職の構成員には、相互に各々の行動を監視し、また承認し合うことが義務づけられ、それにともない集団内における専門的知識や技術の扱いの一貫性を保証するための行動綱領（Code of Conduct）や倫理綱領などが必然的に求められてくる。そして、専門職はそれらをとおして内部の組織維持をはかるだけでなく、倫理綱領の存在をとおして、社会に対して自分たちの専門性がしっかりと倫理的に正当化可能なレベルのものであるかをつねに相互に監督しあっていることを社会に向けて表明、すなわち「宣誓（profess）」しているのである。ここから、専門職をもっとも特徴づけるものとされる、組織の「自律性」もしくは「自己指示（self-direction）性」という要素が透かし見えてくる[7]。社会における「専門家支配（professional dominance）」の制度的な構造を浮き彫りにし、またその弊害を問題にした社会学者のE・フリードソンは、専門職の「この自己指示あるいは自律というただ一つの条件から、専門職のたいていの定義に含まれるすべての他の制度的要素は事実上演繹ないし導出できる」、とさえ言っている。[8] もちろん、わたしたちがここで

---

7) ちなみに、専門職集団の「行動（倫理）綱領」などといった倫理規程が、「自律性」すなわち「社会的な管理を排除するための根拠」となり得るためには、何にもましてそれが次のような条件を備えたものとなっていなければならないとされる。①綱領は、規則的なものでなければならない。②綱領は、公共の利益を保護するとともに、その専門職のサービスを受ける人々の利益を保護するものでもなければならない。③綱領は、自己利益中心的なものであってはならない。④綱領は、具体的であり、かつ誠実なものでなければならない。⑤綱領は、強制力をもち、かつ実際にその効力が発揮されるものでなければならない。さらに、これらの５つの条件にくわえて、専門職集団は、この「倫理的な言質」を受け入れることを公に宣誓（profess）するものでなければならない。

8) E・フリードソン（新藤雄三・宝月誠訳）『医療と専門家支配』、恒星社厚生閣、2000年、124頁。

扱おうとしている専門職にまとわりつく忠誠心などといった美徳に
関わる特徴的な要素もまた、この専門職の「自己指示」ないしは「自
律性」という「ただ一つの条件」から「演繹ないし導出することが
できる」。そこには、専門職集団が組織の「自律性」とひきかえに、
社会に対する献身的な奉仕活動およびサービスを提供するという構
図が成立している。だからこそ、専門職の活動は患者やその家族だ
けではなく、幅広く公共の利益や公衆の善を目的とした愛他的な行
為や精神に基づくものでなければならないといった、美徳に関わる
イメージを必然的に身にまといやすくなるのである。

　専門職における「愛他的なサービス」あるいは「利他主義的な精
神」という美徳に関する特徴的な要素が生じてくる背景には、以上
のような経緯が考えられる。ちなみに、医療社会学の分野では、専
門職であることを裏付ける特徴的な要素として、①理論的な知識に
基づいた技能の使用、②それらの技能の教育と訓練の必要性、③試
験によって保証された専門職の能力、④専門的一貫性を保証する（倫
理）行動基準の作成、⑤利他（愛他）的なサービス、⑥不可避的な
公共的サービスへの義務、⑦資格化（制度化）された専門的知識と
技能、⑧同僚への忠誠、⑨メンバーを組織化する専門職集団（職能
集団）の存在などがあげられている。[9] もちろん、これらの〈特徴的
な要素〉が互いに連動しあうものであることはあらためて言うまで
もない。しかしながら、先に少しだけ言及した、被災地支援に赴い
た医療専門職者たちの戸惑いの声や〈負い目〉の感覚に触れれば触
れるほど、専門性に由来する〈負い目〉の厄介さの根が、上記①②
③の技術や能力といった要素以上に、むしろ④や⑤の利他的（愛他
的）なサービスなどといった美徳に関わる要素といっそう複雑に絡
まっているかのような印象を受けてきた。自身の専門性に由来する

9）　Millerson,G.L., T*he Qualifying Association*, London, Routledge & Kegan Paul, 1964/1998: 180.

〈負い目〉の感覚を抱き続ける医療専門職者たちの苦しみを解きほぐすためにも、何よりも、震災という非日常的な状況のなかで余計に凝り固まってしまった医療専門職者やその専門性に対するイメージを哲学対話において問い直し、また丁寧に吟味することでほぐす、すなわちマッサージしていく必要があるのである。以下、医療専門職者、とくに看護師たちと行ってきた哲学対話の内容を二つ、可能な限り紹介することにしたい。一つは、東日本大震災の発災直後に福島県南相馬市立総合病院にて災害医療に従事しておられた太田圭祐先生を招き、2014年7月19日、東京の日本赤十字看護大学において「震災と専門職1〜原発制限区域内における唯一の災害拠点病院——実際どのように東日本大震災に対応したか？」といったタイトルのもとで開催した哲学対話でのやりとり、そしてもう一つは、そこでの対話を受けて、2014年11月8日に同じく日本赤十字看護大学にて開催した「震災と専門職2：〈専門職〉としての役割は〈個人〉より重いか？」での対話である。いずれの対話においても、凝り固まった医療専門職者に対するイメージや看護の〈専門性〉、さらにはそこから生じてくる〈負い目〉の根っこが、参加者どうしによる粘り強い対話をとおしてゆっくりと解きほぐされ、マッサージされていく様子がみてとれる。

〈患者〉からではなく、〈専門職〉から逃げた？

　福島県浜通りにある南相馬市立総合病院において、発災当初から10日間にわたり過酷な状況下で救命医療活動を行ってきた医師の太田圭祐氏によれば、震災当時、福島第一原子力発電所の30km圏内にある南相馬市立総合病院（震災当時の病床数は約220床、医師14名、スタッフは病院全体で250名程度）では、3月14日の福島第一

原発 3 号機の水素爆発を受けて、経済産業省原子力安全・保安院が原発周辺 20km 以内に残っていた住民 600 人に屋内退避要請を出したこともあり、院長はじめ病院幹部から、「病院スタッフも含め、自主避難をしてもいい。スタッフ全員、自分の判断で逃げるように」という通達が出されたとのことである。まさに「この通達は、病院・患者を捨てて逃げて良いということ」を意味する。すなわちそれは、〈専門職〉としてそのまま病院に留まるのか、あるいは患者を置いて家族の元へと帰るのかのその選択が、まさに医師や看護師らの個人的な判断に委ねられた、ということに他ならない。そして、そのことは、職場を離れ、家族とともに避難した多くの看護師に、いまもなお厄介な〈負い目〉の感情を与え続けている[10]。このことについて、2014 年 7 月 19 日に東京（日本赤十字看護大学）で開催した哲学対話において、太田医師は次のように発言している。

　　南相馬市立総合病院は 220 床程度の小さな病院で、その当時医師は 14 名ほどしか居ませんでしたが、地域にはこの病院しかないので災害拠点病院としての役割も担っていました。地理的には海岸から 2.9 km、福島第一原発発電所から 23 km 地点に位置しています。震災による福島県全体での死者数は約 4000 人、なかでもわたしのいた南相馬市は、福島県の海沿いの地域で一番大きな都市であったこともその大きな要因なのでしょうが、県内で最も多い 1000 人以上の死者を出しています。市民の 1.5% が亡くなった、非常に大きな被害です。
　　発災直後から、院内のスタッフとともになんとか被災した方々への医療を行ってはいましたが、3 月 14 日の午前、一番の懸案事項だった福島第一原発 3 号機の水素爆発（3 月 14 日 11 時 1

---

10)　太田圭祐『南相馬 10 日間の救命医療〜津波・原発災害と闘った医師の記録』、時事通信社、2011 年、80-81 頁。

分、原子炉建屋のオペレーションフロアから上が、1号機と同じように水素爆発し大破）が起きます。じっさいにボンッという爆発音が聞こえたという人もスタッフのなかにはいたので、それなりの大きさの音だったのではないでしょうか。そしてそれ以降、南相馬でも空間放射線量が上昇し、原発から30㎞にあった病院は「屋内退避地区」に指定されます。そういった数値の上昇や爆発音などの情報にくわえ、現実的な被曝の可能性も頭のなかに過り始め、さすがにスタッフも恐怖に煽られてしまう。もちろんスタッフもまた被災者なので家族のもとへ行きたい、家族と運命をともにしたいと、目に見えるかたちで動揺し始めます。もちろん、うちの病院にも、救急医療の大前提として、たとえば大きな災害が発生し、救急隊や医療者が支援に赴く際には、支援を行う当事者が絶対に被災してはならないという考え方がありました。逆に自分が負傷してしまうこと、たとえば僕が医療者として被災地に入って、自分自身の安全が確保されていないにもかかわらず患者さんを助けに行くといったことは絶対にやってはいけないことなんです。そして、原発3号機原子炉建屋の水素爆発を受けて屋内退避の指示が出されたあのときの南相馬市立総合病院の状況が、まさにこれとまったく同じ状況、すなわち、医療従事者はもとより、院内のスタッフ全員の安全が確保されていないという状況に陥ったことが明らかになり、病院幹部の判断としては当然「病院解散」ということになります。そしてついに、病院側からスタッフに対して自主退避してもよい、言い方は悪いですが、実際のところ、スタッフは患者を置いて逃げてもよいという指示が出されます。ただ、それは強制ではなくあくまで本人、スタッフ自身が決めなさいということで、逆に、患者を取るか家族を取るかという究極の選択が当の医療従事者たちの判断に任せられるという過

酷な時間が訪れます。

　その指示が出たときは、もうスタッフの大半は悔しくて泣き崩れて、どう行動したらよいのか正解がわからず呆然とするばかりでした。僕自身もそのうちのひとりで、逃げようとも残ろうとも言えず、ただみんなはどう行動するのかと、まわりのスタッフの状況を見守ることしかできませんでした。家族のために逃げていく医師もおり、最終的に、病院全体で250名ほどいたスタッフのうち病院にとどまったのは4分の1程度、残り4分の3のスタッフは家族とともに避難していくことになります。そしてそこから、病院にとどまった有志たちによる自己犠牲による医療が始まります。

　そのときの過酷な状況をわかっていただけるエピソードを一つだけお話すると、「わたしは患者さんとともに病院に残る」と言っていた30歳ぐらいの看護師さんが来てくれたんですけれども、結局は旦那さんが病院に来られて、「子どもはどうするんだ、お前が病院に残って、お母さんとしての、母親としての役割はどうするんだ」って激しく詰め寄られた。まあ、その看護師さんもまた、言ってみれば〈聖職者〉としての義務感と〈母親〉としての責任感というディレンマのうちに立たされたわけで、最終的には妙な〈負い目〉を抱えて旦那さんとともに病院を後にされる。

　このようなディレンマのなかで自らが下した判断にいまも苦しんでいる医療従事者さんたちが意外に多くいらっしゃいます。いまだに、あのとき〈逃げる〉という選択をしてしまったことへの後悔、罪悪感、〈負い目〉を抱え、もう自分は看護師に戻れないんじゃないかと思い悩んでおられる方が実はたくさんおられます。その方たちのなかには、その後病院に戻って働いておられる方もいますが、何かの話しのきっかけで、泣きながらそ

の頃の話を、「あのときわたしは逃げちゃって」という話しを切り出される医療スタッフがたくさんおられ、ぼくは、本当にビックリしました。

　差し迫る放射能の脅威のなか、患者を残し、家族とともに病院から〈逃げる〉ことを選択した看護師が、いまだに当時の自分の選択に〈負い目〉を感じつづけ、「もう自分は看護師に戻れないんじゃないか」とまで思い悩み、苦しみ続ける。看護師を捉えて離さないこの種の〈負い目〉は、本当に、その場に身をおいた当事者がずっと背負い続けなければならないタイプの〈負い目〉なのであろうか、また、はたしてその〈負い目〉の根っこはどこにあるのか、そして、それを解消するためにはどのような処方箋を提示することができるのか。この回の哲学対話では、まさに、上記の太田医師の個人的な経験を参加者どうしでシェアした上で、他者との丁寧な対話をとおして、〈公（医療専門職者）〉と〈私〉との狭間で苦しむ医療専門職者（当事者）の困難さを粘り強くほぐしていくことになる。紙幅の関係上その詳細をここで述べることはできないが、なかでも、太田医師が発言された〈逃げる〉という言葉の意味内容について吟味しようとする以下のような興味深いやりとりもあり、対話の動きに新たな切り口と深まりをあたえた。

　〔参加者 A〕：何か、〈逃げる〉という言葉遣いそれ自体に、あたかもそれが悪いもの好ましくないものであるかのような前提があるように感じます。そして、ここで使われている〈逃げる（逃げた）〉という言葉が、実際のところご本人が誰に対して、また何に対して使われた言葉なのかというのが気になっています。おそらく、その看護師さんは患者さんに対して、つまり患者さんから〈逃げる〉という意味で使われたのかなとは思うのです

250

が、またそれによって何かしらの強い〈負い目〉を今も感じ続けておられるのはとても辛いことだと思いますが、ご家族のもとに戻れたという意味ではよかったのではないかとも思います。むしろその一方で病院にとどまり続けた医療スタッフの方々にも、何かこう、それとは違った〈負い目〉のようなものがあったのではないでしょうか。そして、それらの〈負い目〉は、相反する出どころをもつものとは言え、じつはそれらのいずれもが〈専門職〉がもつ独自の特性に由来するものなのかもしれない。なんとなくですが、そのあたりが少し気になります。

〔参加者B〕：先ほどの方が発言されていた〈逃げる〉ということに関してですが、たしかに、誰から逃げるのか、またそこから生じてくる〈負い目〉の感情についても、それがいったい何に由来した〈負い目〉なのかという違いがいろいろあるような気がします。先ほどの方は「患者さんから〈逃げる〉という意味ではないか」とご自身のお考えを話しておられましたが、わたし個人としては、今回の哲学対話のテーマにも据えられている「専門職」という切り口に引き寄せて考えれば、あのとき南相馬市立総合病院を離れることを最終的に選択なさった看護師さんの気持ちとしては、「患者さんから〈逃げる〉」という気持ちのさらにその奥深くで、他の看護師や医師などの同僚の医療スタッフさんたちから自分は〈逃げる（逃げた）〉という意識が強くくすぶっていたのではないかと感じます。より的確な言い方をすれば、その看護師の方は、自分は「専門職」から〈逃げる（逃げた）〉、とどこかで感じておられたのかもしれない。というのも、これはあくまでわたし個人の印象でしかないのですが、先ほどの太田先生のお話は、放射能の脅威のなかでやむを得ず病院を離れた看護師さんたちが、そのまま病院にとどまっ

て過酷な状況のなか医療行為を継続した看護師さんたちに対して
いまだに抱き続ける〈負い目〉、といった文脈での発言として
捉えていました。さらに自分でもまだよくわからないのですが、
その「専門職」から逃げたという〈負い目〉と、患者さんを残
して〈逃げた〉という表現でなされる〈負い目〉とははたして
同じものなのかどうか、あるいは、同じでないとするならば、
両者の違いはどこにあり、またそれらはどのような関係性をも
つものなのか、個人的にはそのあたりに非常に関心があります。
　そして、先ほどの方が最初におっしゃっていた、〈逃げる〉と
いう言葉それ自体に負のイメージというか、その前提として「悪
いイメージ」があるといったご発言についても非常に興味深く
聴いていました。たしかに〈逃げる〉という言葉にはそういっ
たイメージがあることは否めません。だからこそこの場では、
そのイメージそれ自体によって余計な苦しみや〈負い目〉を感
じている医療従事者の方々がおられるのであるならば、なおさ
らそういった善悪のイメージが場合によっては恣意的なもので
しかない可能性があることについても徹底的に問い直していく
べきだと感じています。わたし的には、この看護師さんの〈逃
げる（逃げた）〉という選択については、それがよかったのか悪
かったのかといった価値判断とは別の基準ではかられるべきで
はないかと考えています。そういった切り口からこの問題を丁
寧に問い直していくと、もしかしたら、この看護師さんがこれ
までずっと感じ続けておられる〈負い目〉――これこそが善悪
の価値基準に関わる言葉遣いではないでしょうか――をほぐす
ことができるように思います。

〔太田医師〕：じつは、ぼく自身もその選択、つまり〈逃げる〉
か〈とどまる〉かの選択について自分なりに一度ちゃんと向き

252

合って考えなければいけないと思い、今日ここに来させてもらったようなところがあります。先ほどお話しさせていただいたとおり、まさに自分も〈逃げる〉か〈とどまる〉かを選択する側にいました。そして、これまでみなさんの対話を聴きながらいろいろと当時の状況を思い起こしていたのですが、あの「自主退避」の指示が出たとき、ぼくが最終的に何を天秤に掛けていたかというと、変に誤解を与えてしまいそうですが、おそらくそれは〈患者さん〉ではなかったように思います。むしろぼくがそこで天秤にかけていたものは、もしかすると、これまで長年にわたって医学教育などをとおして擦り込まれてきた医師としてのあるべき姿というか、聖職者としてのイメージ、理想像、行動規範だったような気がします。自分としては、それらが病院に〈とどまる〉という選択に向かわせた。ただぼくの気持ちとしては、最後まで迷いに迷って、結局は、ぼくのというか、自分の、自己満足の、医療者としての理想像に突っ走っていったという感じだったように記憶しています。おそらく、他の医療者さんたちもそうだったのではないでしょうか。あの状況のなかで、自分の選択や行為が医療専門職者としての理想像やイメージに適ったものなのかどうか、周囲からの、社会からの、あるいは自分自身からの過度な問い直しを迫られていた（みずからにも迫っていた）ように思います。変なことだとは思うのですが、〈専門職〉という独特の職種に由来したこのような過剰な問い直しは、自分も家族とともに〈逃げる〉という当然の選択を思いとどまらせるほどに重いものだったんだと、これまでの対話を聴いていてあらためて実感しました。

〔西村〕：太田先生、ご発言ありがとうございます。先生の場合は患者さんから〈逃げる／逃げない〉ということよりも、むし

ろ「聖職者」(専門職者)としての理想像・イメージから〈逃げ
る〉か〈とどまる〉かといった選択として立ちはだかってきた、
という理解でよろしいでしょうか。たしかに、それが「聖職者」
と呼ばれるかどうかは別にしても、医師や看護師、弁護士、あ
るいは教員などの「専門職」とよばれる職業には「献身的」な
どといった独特のイメージがまとわりついていて、逆にそのイ
メージから自分自身の首を余計に自分で絞めつけてしまうよう
な厄介さ、息苦しさがありますよね。

〔太田〕:たしかにそうですね。一般の方は、あのような原発災
害時下の過酷な状況においても、医療専門職者は何をおいても
患者さんを一番に考えて病院に残るという選択をするに違いな
い、あるいは選択するべきであるとすら思っておられるかもし
れません。もちろん、先ほどの発言と矛盾するようですが、や
はり、ぼく自身も、これだけの患者さんを院内に残して他の医
療スタッフが自主退避してしまったので、第一に患者さんを守
らなければという気持ちも当然ありました。ですが、その気持
ちの内訳をより詳細にたどりなおしてみると、厳密には、聖職
者というか医療専門職者としての自分であり続けるのか、ある
いは、身につけたその専門職性を解いて、家族とともにあるプ
ライベートな自分を選ぶのかというような、その両者のあいだ
ですごく葛藤していたのではないかと思います。おそらく、病
院から〈逃げる〉ことでいまも感じ続けている医療スタッフの
〈負い目〉も、この専門職性に関わっているのではないでしょう
か。

そして、このような「専門職」にまとわりつくイメージに関する
対話のやりとりを受けて、ご自身も発災直後から宮城県石巻市など

の沿岸地域の医療支援に赴かれたある看護師の方が、太田先生が提示した〈専門職〉としての自分と〈プライベート〉な自分との葛藤の狭間で生じる〈負い目〉の根っこを職業上の理由、とくに前節で確認した専門職倫理の観点からさらに読み解かれた。

　　〔参加者 C〕：これまでみなさんが議論されていた「専門職のイメージ」についてですが、いわゆる医師や看護師などの専門職と呼ばれる人たちは、誰にでもできるわけではない特別な知識や技能をもっているからこそ、一般の人よりも余計に、何をさしおいても他人のために行動することが求められているような気がします。被災時などではとくにそうだと思います。そこには、専門職であるがゆえに課せられる高い倫理性、職業倫理というか、その特定の職業にまとわりついている「忠誠心」などといった厄介な〈美徳〉のようなものが過剰に顔を出しているような気がします。わたしたちも、実際のところ、震災直後は医師や看護師さんたちにそのような献身的な行動を当たり前のように求めてはいなかったでしょうか。職場を離れて避難する、〈逃げる〉ことを選択したこの看護師さんたちは、そういった高い倫理性に応えたかった／応えられなかったという気持ちが余計に強かったのではないでしょうか。それが、いまもタチの悪い〈負い目〉として体の深部で疼きつづけている。このような職業的な立場によって余計に苦しんでいる人たちについても、わたしたちは考えていくべきではないでしょうか。

　「震災と専門職」という緩やかなテーマを掲げてはじめた第 1 回目の哲学対話では、上記のような「専門職のイメージ」とそれにともなって生じる〈負い目〉の問題を軸に対話を展開していった。その後、さらに、災害支援に関わる個々人の具体的な経験や考えなどを

共有しながら、それらの根底につねに控えている、わたしたちが根本的に問い直し吟味すべき哲学的な〈問い〉を丁寧にたぐり寄せる作業へと着手した。ちなみに、上記の対話を受けて、当日の参加者のあいだで提出された自分たちなりの問いは、①緊急時に専門職性を持つ個人は自由に意思決定してもよいのか、②「専門職」の覚悟とは何か、③社会が求める役割はどこまで個人の自由意思を束縛できるのか、④社会での役割は個人よりも重いか、などであった。そして、時間の許す限り、これらの問いを導き出した個々人の意図やそこで使用されている言葉遣いの意味内容を参加者どうしでこまやかに調整し、そこから、個々それぞれの問いを貫いている一つの哲学的な〈問い〉を抽出する対話へと舵を切る。とくにこの回の参加者のあいだでは、先ほど触れた参加者Bさんが述べた──この看護師さんの〈逃げる〉という選択については、それがよかったのか悪かったのかといった善悪の価値判断とは別の基準ではかるべきではないか。そういった切り口からこの問題を丁寧に問い直していくと、もしかしたら、この看護師さんがこれまでずっと感じ続けておられる〈負い目〉をほぐすことができるのではないか──という考えを重要視する意見が多く、〈逃げる〉という選択を善い/悪いといった価値判断の問題としてではなく、むしろそれを〈専門職〉性の度合い、すなわち〈専門職〉性の重さ/軽さから捉え返すべきではないかとして、最終的に問うべき哲学的な〈問い〉を「〈専門職〉としての役割は〈個人〉より重いか」といった表現へと組み替えた。そして、当日の哲学対話の最後では、参加者どうしで導き出したこの〈問い〉を次回の哲学対話──「震災と専門職2」（2014年11月8日に日本赤十字看護大学にて開催）──においてさらに深く考察・吟味していくことを約束し、その場を解いた。

看護師のつくるたこ焼きの味 —— 看護の〈専門性〉を読み解く

　「〈専門職〉としての役割は〈個人〉より重いか」。2014 年 11 月 8 日に日本赤十字看護大学広尾キャンパスにて行った第 2 回目の哲学対話では、前回の哲学対話において参加者どうしで導き出したこの〈問い〉をもとにさらに対話が深められていく。この回の哲学対話では看護師の方々の参加が多かったこともあり、とくに〈専門職〉としての看護の役割、看護職のイメージに関する切り口から対話が展開していった。たとえ同様のテーマであったとしても、当日集まった参加者の顔ぶれによって対話の切り口や流れが大きく変わっていくこのライブ感は、哲学対話の重要な魅力の一つとして数え入れても差し支えない。

　さて、前章で述べた参加者 C（看護師）の方も発言していたように、〈専門職〉としての看護の役割もしくは看護職のイメージについて考える際にとくに気にかかるのが、医師などの他の医療専門職者にくらべて、看護職には「使命感」や「忠誠心」、さらには「献身的な態度」などといった〈美徳〉や〈倫理〉に関連したイメージがことさらまとわりついているかのような印象を受けるという点である[11]。看護という専門職に特別まとわりつくそれらのイメージが、原発災害時下で医療行為を行っていた看護師に対して、素直に自分の〈私〉的な生活を優先することを許さない、なにか別の大きな力として働いていたことは疑いえない。すなわち、自らの生活を差し出し、何をさしおいても他人のために行動することをよしとする、これまで社会のうちで、あるいは自分自身のうちでも知らず識らず育て上

11）　看護職にまとわりつく〈美徳〉の問題については、スザンヌ・ゴードン＆シオバン・ネルソン「看護における美徳の強調を超えて —— 看護は知識を要する仕事であるという認識を作る」、リディア・L・モーランド「看護における倫理の強調と失望」などの論文で取り上げられている。いずれの論文も『ケアの複雑性 —— 看護を再考する』（エルゼビア・ジャパン、2007 年）所収。

げてきた厄介な美徳のイメージが、〈逃げる〉ことを選んだ看護師に
いつまでもボディブローのように〈負い目〉の感覚をあたえ続ける。

　第2回目の哲学対話では、前回のこのような参加者間でのやりと
りをさらに展開させ、〈逃げる〉ことを選択した看護師が背負いこん
でしまうあのタチの悪い〈負い目〉の根っこには、看護師という職
業にまとわりつく厄介な美徳に関連した問題にくわえて、そもそも
看護職の専門性の度合いの問題、言い方をかえれば、その専門性の
あいまいさに由来する問題も深く関わっているのではないか、といっ
た議論へと軸足が移されていく。当日の参加者の発言のなかには、
被災地支援に赴いたにもかかわらず、看護師としての自らの専門性
をほとんど発揮できなかったと自分自身で勝手に思い悩んだり、ま
たそのことについて妙な〈負い目〉やとまどいを感じた、という声
が思いのほか多かった。ある参加者からは、同じく被災地支援に赴
いた知人の看護師の話などを例にしながら、看護師の専門性に関し
て被災地で感じたとまどいや違和感について以下のような印象深い
発言があった。

　〔参加者D〕：震災のとき、すごく切羽詰まって、自分も何かし
　なきゃって考えて、ご自分の仕事を辞められて、わざわざ東京
　から被災地の医療支援に来られた看護師さんがおられたんです。
　それで、その方が、沿岸地域の医療支援に回られた後で、「私は
　看護師ではありませんでした」っておっしゃるんです。わたし、
　もうびっくりして。よくよく聞いてみると、「私は被災地に行っ
　ても、何か専門的なケアをするわけでもなく、ただ被災地の方々
　のお話しを聞いていただけで、そのとき自分は看護師ではなかっ
　たのではないか」とずっと疑問を抱いていた、とのことでした。
　「わたし、被災地の現状を見て何かしなきゃと思ってここに来た
　んですけど、じっさいは、何もしてないんです」っておっしゃ

るんです。

　自分の仕事を投げうって、そのことで周囲の目とかいろいろと思い悩み、気にかけながら被災地に来たにもかかわらず、結局、「自分が被災地でやっていることは看護じゃない」みたいなことを言い出すってこと自体、逆に、そういう看護とか専門職、看護における専門性みたいなものの定義が被災地に赴いた看護師個々人のあいだで、きっと、ちょっとずつ違っていたりして、あいまいで、そしてさらにそのことで逆にまた苦しむみたいな、それもすごく今回の対話では大事な問題のように思うんですよね。

　それでわたし、その方に「それも看護なんじゃないですか」、「看護師として大事なことじゃないんですか」みたいな話をしたんです。でも、その方のお話を聴くうちに、「それって看護師じゃなくても誰にでも、なんて言ったらいいか、隣の近所の奥さんにでもできるじゃないですか」みたいな話になって、「それは別に、看護師としてのわたしじゃなくったってできるんですよね」みたいに切り返されちゃって、それ以上、わたし、何も言えなくなってしまって。

　こんなことを言うとみなさん驚かれるかもしれませんが、これまで被災地に医療支援に赴かれた看護師の多くの方から、こういったとまどいの声を度々耳にしてきました。たとえば先ほどの方とは別の例を挙げれば、大阪から福島県の南相馬のほうに支援に行ったある看護師さんがおられたんですけど、その方が、「被災地に行ってもわたしはとくに専門的に何かができたわけではなくて、ただ被災者の方や周りのスタッフを笑わせることしかできなくて、ただ笑わせるために何をしようかと考えて、大阪のたこ焼きを一生懸命焼いて笑わせてた」っておっしゃったんです。「でも、わたしはそのとき、はたして看護師をやって

いたのかどうか……。いや、看護師じゃなかったのかな」って、その方は、大阪人気質でしょうか、笑いを交えて話されておられましたけれど、とても戸惑われておられたようにも感じました。「たこ焼きを焼いて笑わせることぐらいしかできませんでした」みたいな言い方で……。それでわたしは、「それは看護師としても大事なことなんじゃないですか」みたいな話をその方にもしたのですが、最終的には、先ほどの東京から来られた看護師の方と同様に、「いや、でもわたしが思っていたのはそうではなくて」みたいに呟かれて、そのまま押し黙ってしまわれた。やはり、ここでも専門職としての看護のイメージというか、確固とした看護の専門性についての理想やイメージが一方にはあって、それといま自分がおかれている現状との間のズレが問題になっているのかなって思っていました。

　この発言は、前回の哲学対話で議論した内容と比較して捉え返すと、思いのほか示唆に富むものと言える。前回の対話では、原発災害状況下のなか患者を残して〈逃げる〉ことを選んだ看護師の〈負い目〉の根っこが、実は患者から〈逃げた〉というよりも自分自身の専門職から〈逃げた〉という点にこそ潜んでいるのではないか、という点があぶり出された。それに対して、今回の対話では、先ほどの発言がまさにそうであるように、自身の専門職から〈逃げた〉ことへの〈負い目〉とは逆に、むしろ被災地においてその理想の〈専門職〉へとたどり着くことすらできずにいた自分自身に対して抱く、これまでとは別の〈負い目〉の根っこが明らかにされたのである。そして、さらに難儀なことは、その当の看護における〈専門性〉なるものが実際のところはたして何を意味するのかが極めてあいまいだ、という点である。
　そもそも、先ほどの参加者Ｄの看護師が述べていたような「確固

とした看護の専門性」などありうるものなのであろうか。この問題
意識を軸にさまざまな観点から対話がさらに展開し、最終的に、あ
る参加者の次のような指摘をきっかけに、「看護の専門性」に関する
対話がいっそう深められていく。

　〔参加者 E〕：いま、D さんはご自身の発言のなかで、被災地支
　援において被災者の話を聞くばかりで自身の専門性がまったく
　発揮できずにいたことに思い悩んでいた看護師に接する際にも、
　あるいは自分はただ被災者の方々にたこ焼きを焼いて笑わせ続
　けていただけだとして自身の専門性にとまどいを抱いておられ
　た看護師に接する際にも、いずれの場合においても「それは看
　護師として大事なことなんじゃないですか」と声をかけられて
　おられました。わたしは、個人的にこの「看護師として大事な
　こと」というのがとても気になりました。もちろん「看護師と
　して大事なこと」がそのまま「看護の専門性」の内容になるわ
　けではないのでしょうが、いま問題になっている「あいまいな
　看護の専門性」を読み解くための一つの取っ掛かりとして、D
　さんが言っておられた「看護師として大事なこと」について考
　えてみることも必要な気がします。

　この発言に対して、前回の哲学対話にも参加してくださった参加
者 B さんがつぎのように応える。

　〔参加者 B〕：とくに「看護師として大事なこと」をいきなり指
　摘するのはなかなか難しそうですね。ただ、それが「看護師と
　して大事なこと」に繋がるかどうかはわかりませんが、専門職
　者としての看護師のうちに見出せる特徴的な要素みたいなもの
　なら少しは探っていけるかもしれません。わたしはいわゆる医

療専門職者ではないのでとくにそう感じるのかもしれませんが、やはり、医師と同様に看護師は人間の命や健康に直接的に関わることができるというところにその専門職としての特徴が一番あるように思います。わたし自身は非医療系の大学教員なので専門職と言えなくもないのですが、直接的にだれかの、わたしの場合でいえば学生の命に関わることができるという能力や資格が与えられているわけではありません。専門職としての看護師や医師は、長期にわたる教育訓練などを通じて、高度に体系化もしくは理論化された特殊で専門的な知識や技能を備えた存在と言えます。またそれらは、わたしのように自分なりのやり方で培ってきた専門的な知識や技能とは決定的に異なり、いわゆる国家試験などによってお墨付きを与えられた、制度化された専門的知識や技術でもなければなりません。まず、看護師の専門性は一番にそこに見定められるべきだと思います。

　ただ、わたしは医師でも看護師でもないのであくまで外部から見ての印象でしかありませんが、医師と看護師はある程度までは同じような専門職意識をもっているんじゃないかなとは想像するんですが、でもお医者さんと看護師さんそれぞれにお話を聞くと、やはり両者の専門職性は完全には同じではないような気がします。その違いが、むしろ専門職としての看護の特徴的な要素だと考えることもできるでしょうし、またそこに「看護師として大事なこと」が関わってくるのかもしれません。個人的に思うのは、人の命や健康に同じく関わるといっても、医師はやはり〈治療〉の方に軸足が置かれているのに対して、看護師はさらにその背後にある患者さん本人の〈生活〉や〈暮らし〉の方にも軸足が移っていくような感じがしています。

〔参加者F〕：今のお話をうかがって、なるほどそういった側面

は確かにあるなと思いながら、自分自身が被災地支援に関わっていたときのことをいろいろと思い返していました。わたしの勤務している職場ではとくに被災地の仮設住宅の訪問に行っていたのですが、そのとき実際に自分が何をやっていたかを振り返ってみると、たとえば、仮設に住んでおられる方に猫を飼っておられる方がいて、この苦しい状況のなかでその人にとって猫の存在がとても大きく重要な位置を占めていることがわかっていたので、その猫の餌やりを一緒にやったりとか、またあるときは仮設のかたの話をおうかがいするなかでお金の問題や引越しの相談を受けたりだとか、ときには代わりに買い物に行くなど、結構多岐にわたって活動していたことを記憶しています。もちろん、仮設住宅には他の職種の人と一緒に訪問することもあるので、たとえば肩が凝っている方がおられたら「じゃあマッサージしますよ」って言っても、「来週リハビリの先生が来るから、その人にちょっといろいろやってもらったらいいよ」みたいなそういったアドバイスをしたりして一応棲み分けはしています。お金の相談でも、「ここまでだったらわかるけど、あとはワーカーさんのほうが詳しいかもしれないから、その話はじゃあ来週ね」みたいな感じで。ですが、その仮設エリアだけの話ではなくて、どのエリアにおいても相談の範囲っていうのがやっぱりグーっと生活全般にまで食い込んできて、いっそう幅広く、しかも多様になってくるので、それをいちいちこれは看護師の仕事じゃないとかこれはそうだとかいった線引きをすることもまた違うように感じていました。わたしなりの感覚で言えば、もちろんそれは病院内ではなくあくまで被災地支援という文脈での話なのかもしれませんが、「看護師として大事なこと」は、むしろそういった生活に関わるような切り口から結ばれた被災者や患者さんとの間柄を土台としながら、逆にそこからその人

に合った医療や支援の内容を組み替えてみたり、また介入の強さみたいなもののさじ加減を柔軟に調整できたりするところにこそあるような気がします。そして、これがわたしの一番言いたいことなんですが、一見、そういった何でも屋みたいに立ち回っているかのように見える看護の仕事の背後には、やはり、先ほどの方が医療専門職としての特徴的な要素として一番に挙げておられた「命や健康に直接的に関わることができる能力や資格が看護師にはある」という点を忘れてはならないということです。何と言ったらいいのかよくわかりませんが、看護師は、被災者の生活にまつわるすべてのことに関わる単なる何でも屋なんかではけっしてなくて、被災者や患者さんの命や健康が損なわれそうなときには、つまり、いざというときはその専門的な知識や技能を的確に発揮してくれる、頼りになる何でも屋さんだということです。

〔参加者B〕：命や健康に関して「いざというときに頼りになる何でも屋さん」ですか、とても面白い。だから同じ専門職であったとしても非医療系の大学教員のわたしなんかじゃやっぱりダメなんだ。仮に被災者の方々のいろんな相談に乗れたとしても、「そういえばなんかここのところ眠れないんですよね」とか、あるいは「ここが痛いんですよね」っていうふうになったときに、わたしにはまったくわからないし、対応できない。もちろん、最初からあまり期待されてもいないような。だけど看護師さんだったら、最終的にはそういったところにもしっかりと対応してもらえるという頼りがいみたいなものが確かにあって、だから、生活全般に関わる「何でも屋さん」なんだけれども、やっぱり看護師さんが一番いいっていうふうにおっしゃる方がおられるとすると、きっとそこには、やっぱりこの人は体や心の健

康のことがわかる、あるいは病気のことがわかってるっていう
見積もりというか、安心感があるんだろうと思います。

〔参加者 G〕：わたしも看護師なんですが、単に生活全般に関わ
る「何でも屋さん」ではなくて、その一つ一つの行為の背後に
つねに命や健康に関する確かな知識や技能が控えている支援っ
ていう感じ、すごく同感します。そういった意味からすれば、
さっきのたこ焼きの話なんか、わたしに言わせれば最も看護師
の専門的な仕事じゃんって思います。たこ焼きを焼いてみんな
を笑わせたりしてね。だって、そうすることで被災者の健康に
関してものすごい重要な行為をなさっているわけですし。

　たしかに、歴史的にみれば、やはり看護の仕事の中核には医
学的な知識やケアに関する専門的な知識、技術の蓄積っていう
のがあることは間違いないことだと思います。ただ、みなさん
のお話をお聞きしながら、問題というか、これからの課題かな
と感じたのは、やはり看護の専門性を支えるもう一つの側面、
つまり幅広く患者さんの生活や暮らし全般へと関わりを広げて
いく際の看護師としての作法というか手順、またそれを支える
専門的な知識や技能に関する学的な蓄積っていうのがまだまだ
追いついていないような気がします。もちろんそれは、これか
らわたしたちがつくっていかないといけないのかなとも思って
います。そして、その際にさらに厄介な問題になりそうかなと
思うのが、命や健康に関わる看護の医学的な側面と、患者さん
の生活や暮らし全般にも関わっていくような看護の側面との境
界が思いのほかあいまいな状態で留め置かれたままで、両者の
関係性についての議論があまり活発に行われてはこなかったと
いうことです。あいまいさというかファジーというか、もちろ
んそれはそれで悪くはないのかもしれませんが、やはり看護師

の専門性を語るうえでは、これからはその両者の関係性について、あるいは看護師として両者にどう関わっていくべきかに関する議論も丁寧に進めていくべきなんじゃないかなって思いました。

〔参加者 H〕：命や健康に直接的に関わっていくような看護の動きと、患者さんの生活や暮らし全般に関わっていこうとする看護の動き。そう考えると、むしろ看護の専門性っていうのは、そのいずれかを揺れ動くようなものとして捉えればよいのでしょうか。あるいは、看護の専門性というのはその状況が変わると同じように変わってしまうようなものなのでしょうか。たとえば被災地支援のように、いくぶん生活の方に軸足が置かれているような状況と、平時での、病棟内における看護のように医療の側面が強い場合とでは看護の専門性は変化するのでしょうか、そのあたりが、少し疑問に思いました。

〔参加者 B〕：おそらく、これまでのみなさんの対話の流れに沿って考えると、看護の専門性はそのいずれとも若干異なっているように思います。単なる言葉のニュアンスの問題なのかもしれませんが、やはり、看護の専門性は、単に命や健康の領域もしくは生活の領域のいずれかを「揺れ動く」ような、状況まかせの受け身的なものではなくて、むしろ、いま自分がどのような状況に看護師として置かれているのかを瞬時に感じとり、目の前にいる相手のニーズなどもしっかりと考慮しながら、その状況にあわせて的確に応答できるという一つの〈能力〉のように思いますが、どうでしょう。そして、これにつけ加えてもう一つ言えば、わたしは先ほど、「医師と同様に看護師は人間の命や健康に直接的に関わることができるというところにその専門職

としての特徴がある」と発言しました。それに対して別の参加
者の方が、看護師とは、目の前にいる患者さんや被災者の方々
のそれぞれの生活や暮らしにいくら広範囲に関わったとしても、
やはりその背後には命や健康に直接的に関わることができる能
力や資格が与えられた存在として、「いざとなったら頼りになる
何でも屋さん」だと言い添えてくださいました。そう考えると、
先ほどの言い換えになるかもしれませんが、看護の専門性それ
自体が「状況によって変化する」のではなく、むしろその状況
の変化に臨機応変に対応し、自分の持っている専門的な知識や
技能の手数を増やしたり減らしたり、さらには、ときには医療
的な面を前面に押し出したり、またときにはそれを背後に隠し
たりと、その対応のさじ加減をうまく調整すること、それこそ
がいつも変わらずある看護の専門性だと思うんです。だとすれ
ば、先ほどの方がおっしゃっておられたように「看護の専門性
それ自体が変わる」という表現は、少し具合が悪いように感じ
ます。

　こうして、〈専門職〉に関する第2回目の哲学対話では、「看護の
専門性」を問う際にとくに見受けられるその〈あいまいさ〉を、む
しろ命や健康、さらには患者の生活や暮らしに幅広く関わる看護師
特有の柔軟な応答能力によるものとして積極的に捉え返した。具体
的に言えばそれは、目の前にいる患者や被災者のおかれている状況
やニーズにそのつど的確に対応し、医療やケアに関わる自身の知識
や技能を臨機応変に調整・提示できる資質や能力と理解される。そ
う考えると、看護師は自身の専門性の〈あいまいさ〉に翻弄される
どころか、むしろその〈あいまいさ〉のなかを積極的に分け入り、
状況に合わせてそのつど自身の身のこなし方や力の込め方までも柔
軟に変化させていくような、きわめて〈やわらかい〉対応能力を備

えた専門職者と言えるのではないだろうか。〈あいまいさ〉ではなく、むしろその身のこなしの〈やわらかさ〉にこそ専門職としての看護の特徴がある。もしそうだとするならば、この回の哲学対話の最初で問題にされていた「看護師にとって大事なこと」の内容も同時に透かし見えてくることになる。なぜなら、その〈やわらか〉な身のこなしには、何にもまして、今自分がおかれている状況のなかで発揮すべき専門的な知識・技能は何なのか、またそれにどれほどの力を込めるべきなのか、あるいはむしろ専門的な技能を脇において、患者の生活のレベルに沿ったケアのあり方に軸足を移すべきなのではないかなど、多くの選択肢を瞬時に比較・検討できるようにするための遠近法的な視点こそが「看護師にとって大事なこと」として求められてくるからである。

　関西風のたこ焼きをつくり、ただただ被災者を笑わせるばかりだったとして専門職者としての自身の立ち位置にとまどいを感じていたあの看護師は、本人も気がつかないところで、まさに今この状況で何が必要なのかを的確に感じとり、先に述べた「看護師にとって大事なこと」をしっかりとこなしていたのではないか。もしそうであるなら、あの看護師が、「わたし看護師ではありませんでした」としてタチの悪い〈負い目〉をいつまでも感じ続ける必要などまったくないのである。それどころか、むしろ看護の専門性を存分に発揮していたとさえ言える。そう考えると、あのとき、あの看護師がつくったたこ焼きの味は、〈あいまい〉でぼやけた味などではけっしてなく、震災で過酷な状況におかれている被災者の方々に間違いなくしっかりとした確かな旨味を感じさせていたのではないだろうか。哲学対話をとおして、凝り固まった専門職者観を根本的に問い直し、マッサージしていくこのような営みが、遠回しにではあれ当事者の〈負い目〉をほぐすことへと繋がっていく。そして、さらにこの対話は、当初の〈問い〉であった「切実な〈私〉と〈公〉、どちらを優先する

べきか？」もしくは「〈専門職〉としての役割は〈個人〉より重い
か」といったテーマへと再び接続され、「震災と専門職」を切り口と
した第 3 回目の哲学対話（2015 年 3 月 21 日に日本赤十字看護大学
にて開催）などを通していっそう吟味され続けていくことになるの
である。残念ながら、その詳細についてここで触れるだけの余裕は
ないが、後に続くいくつかの対話では、今回の対話でその成果とし
て獲得された「看護師にとって大事なこと」の内容、すなわち、看
護の専門性が〈医療〉と〈生活〉に関わる二つのアプローチを同時
に股に掛けつつ、目の前にいる患者や被災者のおかれている状況や
ニーズにそのつど的確に対応し、医療やケアに関わる自身の知識や
技能を臨機応変に調整・提示できる資質およびその高度な対応能力
のうちに見定めることができるとするあの考え方をもとに、とくに、
〈専門職〉としての看護師は他の医療従事者にくらべて被災者や患者
の〈生活〉および〈暮らし〉の具合にまで関心の触手が延ばされ、
またその状況やニーズが専門的に見えすぎるがゆえに、他の医療従
事者にくらべ、自身の〈個人〉というあり方をなげうってまでも被
災者の〈生活〉全般にまでも深く介入し続けなければならないといっ
た前のめりさを呼び込むのではないか、といった数多くの興味深い
指摘が活発に提示されてもいる。わたしたちは、これらのさらなる
問いに応えるべく、「震災と専門職」に関する哲学対話の場を粘り強
くひらき続けていかなければならない。

第7章　〈割り切れなさ〉を生きる

エリザベス・テーラーの死

　「震災という〈出来事〉」(作成日時、2011 年 3 月 24 日)。

　これは、東日本大震災の発災後、被災地において震災に関連した「てつがくカフェ」をはじめることを決心したとき、自身のパソコンのデスクトップ上に何気なく残したフォルダに付けた名前である。作成した日時まで鮮明に憶えているのは、その作業のすぐ後に、どこを開いてもおびただしい数の震災関連の記事で埋め尽くされた新聞の紙面の片隅に、「リズ」の愛称で世界中から親しまれた女優、「エリザベス・テーラー死去」の記事を見つけたときの動揺がいまも鮮明に頭から離れないからである。マイク・ニコルズ監督の映画『ヴァージニア・ウルフなんかこわくない (Who's Afraid of Virginia Woolf ?)』で主演を果たしたときの彼女の演技の豪快さに惚れ込み、すぐさまファンになった。ジョージ・スティーヴンス監督の『ジャイアンツ』という映画 (1956 年公開) で共演したロック・ハドソンがエイズで他界したことをきっかけに、エイズ撲滅運動などの社会活動にも尽力してきた彼女がもしまだ存命であったなら、この東日本大震災という未曾有の〈出来事〉を前に何を思い、またどのようなアクションを起こしたのだろうかとひとり妄想に耽って過ごしたことをいまも忘れることができない。

　「(2011 年) 3 月 14 日、死亡、1,697 人以上」、「(2011 年) 3 月 18 日、死亡、5,694 人以上」、「(2011 年) 3 月 22 日、死亡、8,805 人」(いずれも「朝日新聞」調べ)。震災翌日の 3 月 12 日以降から、新聞

の紙面は日を追うごとに数千人単位で跳ね上がる死傷者の数を上書きし続ける。ある意味においてそれは、特定の個人の顔を思い描きにくい、〈数字〉という切り口によって一般化された「大勢の死」に晒され続けていた時期とも言える。そんななか、ハリウッド女優というまさにその「特定の顔」を前面に差し出してくる死が、被災地から遠く離れた彼の地でひっそりと迎えられていたことを告げる小さな報せに、当時、妙な違和感と新鮮さとを同時に感じ取っていた。

　「土葬　宮城県容認へ　火葬場　稼働できず」(2011 年 3 月 17 日「読売新聞」夕刊)、「宮城県　被災者に県外避難要請へ」(2011 年 3 月 19 日「河北新報」)、「窮迫する医療現場　物資欠乏　危機的に」、「9 日ぶり 2 人救出　石巻　80 歳祖母　16 歳孫の少年」(2011 年 3 月 21 日「河北新報」)、「お年寄り　寒さ限界　気仙沼の施設 10 人死亡」、「陸前高田　15 人死亡　施設間移動で体力消耗か」(2011 年 3 月 23 日「朝日新聞」朝刊)。このような衝撃的な見出しとともに、メディアは、連日、被災地(被災者)の悲惨な状況を伝え続けていく。それらの記事は、どれも読む者を圧倒する。しかし、その裏側で、このように被災地(者)で起きていることを克明に報せ続けることが、被災地(者)の過酷さをいっそう際立たせると同時に、それ以外の地域との格差や隔たりをいっそう押し広げることにもならないかと気が気でなかった。いま思えばそれは、本書の第 4 章「なぜ逃げなかったのか」でも再三にわたって触れてきた、震災という事実を直接的な被害を受けた〈被災者〉のみに限定し、震災に関連した議論はすべてその〈被災者〉による語りや考えを軸に進められるべきであるとする、あの〈当事者＝被災者〉主義に対する違和感とどこか深いところで繋がっていたのかもしれない。

　災害という事実を、自然の脅威に晒され、翻弄された〈当事者＝被災者〉の直接的な経験のうちに閉じてしまってはならない。むしろ災害は、被災の内外、被災の当事者であるかないかに関わりなく、

インフラや社会制度の脆弱性にはじまり、政治、経済、宗教、法律、歴史、そして多くの人々の感情や思考、思想、哲学、倫理、芸術、そしてわたしたちの死生観をも含めた価値観全体にまで及ぶとてつもなく広範で、しかもそれぞれの領域において根本的な問い直しを迫ってくるようなものである。そうであるからこそ、災害を多層的で、しかも複雑多岐にわたる〈出来事〉として捉え返す必要がある。もちろん、それぞれの人に、それぞれの立ち位置および問題関心からの〈出来事〉が立ち上がる。そしてそこでは、きれいごとや一筋縄では済まされないような割り切れなさや「わからなさ」が蠢く。本書の第 1 章ですでに紹介した作家の辺見庸もまた、未曾有の大震災をとおして身の回りに生じる「出来事と己の関係のありようがなにかよくわからない」と言っている。

> 自分の位置、居場所がわからない。GPS（全地球測位システム）はある。地図もある。3G 電話もある。衛星写真もある。あふれるほどの映像、データ、シミュレーション、精緻な解析がある。インターネットを開けば、あらゆる種類の心象、見解、報告、分析、予測、予言、占いのたぐいが、広告といっしょになって目にとびこんできます。が、見れば見るほどわからなくなる。わたしたちがいま、どういう性質の危機にあるのか、その危機の深さ、位置、それが歴史の連続性のなかでどこに所在するかがわからない。どうかすると、自分とはいったいなにものかさえあいまいになってくる。[1]

　たとえば、わたし自身も、未曾有の震災のうちで自分のことを被災の〈当事者〉と呼ぶべきなのかどうかなど、これまでいくつもの

[1]　辺見庸『瓦礫の中から言葉を —— わたしの〈死者〉へ』、NHK 出版新書、2012 年、23 頁。

割り切れなさや「わからなさ」を引き摺りつつ生きてきた。2011年3月24日に何気なく自身のパソコンのデスクトップ上に残したあの「震災という〈出来事〉」というフォルダ名は、まさに、当時なんとなく被災地を軸に国内全体を覆っていた、この割り切れなさや「わからなさ」に真摯に臨むことを最初から断念しているかのような態度に対する、自分なりの危機意識の表明とも言える。

〈出来事〉という言葉へのこだわり

　〈出来事〉という言葉遣いのうちに込めていた自身の漠然とした思いが、ある日をさかいに、予期せぬかたちで確信めいたものへとすがたを変える。

　発災から5年ほど経ったある日、仕事帰りにたまたま立ち寄ったミュージアム・ショップの書籍売り場で、「出来事と写真」という力強い文字が表紙に刻み込まれた一冊の本が目に留まり、釘付けになる。『出来事と写真』[2]、まさにそれが本のタイトルであった。この本は、写真家の畠山直哉[3]さんと作家の大竹昭子[4]さんが、東日本大震

　2)　畠山直哉×大竹昭子『写真と出来事』、赤々舎、2016年。
　3)　岩手県陸前高田市出身。筑波大学時代に、戦前の新興写真・前衛写真の正統な後継者とも言われた写真家の大辻清司に師事。大学卒業後は東京を拠点に、自然、都市、写真の関わりあいに主眼をおいて制作活動を行う。1997年に写真集『LIME WORKS』、写真展「都市のマケット」により第22回木村伊兵衛賞受賞。2001年には世界最大の国際美術展であるヴェネツィア・ビエンナーレに、日本代表のひとりとして選出されている。同年、写真集『Underground』により第42回毎日芸術賞受賞。2011年、個展「Natural Stories」で芸術選奨文部科学大臣賞受賞。東日本大震災以降は、2012年に『気仙川』、2015年に『陸前高田 2011-2014』などを刊行している。
　4)　東京都生まれ。1979年から81年までニューヨークに滞在し、写真撮影、文筆活動をはじめる。ノンフィクション、エッセイ、小説、写真評論など、ジャンルを横断して執筆する。おもな著書に『眼の狩人』新潮社／ちくま文庫、『図鑑少年』小学館／中公文庫、『彼らが写真を手にした切実さを』平凡社、『日和下駄と

災という未曾有の災害を機に揺れ動く「写真」や「芸術（活動）」の意味について向き合った対談録として編まれたものである。もちろんそれは、単なる写真論におさまるようなものではない。そこでは、哲学や心理学、芸術学、そして精神医学などといったさまざまな視点から、震災以降を生きるわたしたちを取り巻く割り切れなさや生きにくさの根っこがひとりの写真家の目をとおしていくつもの〈問い〉にかたちを変え、手繰り寄せられている。対談という体裁をとりながらも、内容的にみれば容易には噛み砕けそうもない〈問い〉のかたまりに圧倒される、きわめて厄介な本と言える。それは、読み手に対してこたえの出ない問いに臨み続けるだけの耐性を、気の利いた言い方を選べば、「思考の肺活量」をつよく求める。

　もともと畠山さんは、1986 年から 94 年にかけて日本国内に散在する石灰石鉱山やセメント工場などを撮影した写真集『LIME WORKS』[5]、東京・渋谷の地底 5m にひそかに流れる闇の川をおさめた『Underground』[6]、さらには連々とそびえる都会のマンションや高層建築ビル群などを捉えた作品を国内外の展覧会において積極的に発表し、自然と人との見えざる繋がり、そして「都市」をテーマに現代世界のありようを根本的に問い直す作品を世に送り出してきた写真家としてよく知られていた。しかし、2011 年の東日本大震災によって故郷である岩手県・陸前高田にある実家が津波で流され、またその際に母親を喪うという堪え難い経験に見舞われてからというもの、畠山さんは「何かその出来事性みたいなものに身をあずけるしかないような」感覚にとらわれ、目の前の事態に「巻き込まれる」と同時に、「その流れを巻き込まれながらもよく見てみたい」と強く

スニーカー』洋泉社、『ニューヨーク 1980』赤々舎、などがある。また、東日本大震災後に「ことばのポトラック」をスタートさせ、多くの詩人や作家がことばを持ち寄るイベントを定期的に行っている。
5)　畠山直哉『LIME WORKS』、青幻舎、2008 年。
6)　畠山直哉『Underground』、メディアファクトリー、2000 年。

感じはじめる[7]。そして、足繁く故郷へと立ち還り、変わりゆく陸前高田の風景の意味をあらためて〈写真〉を切り口に捉え返そうと試みる。そうした「巻き込まれる」ことのなかから見えてきたものは、のちに『気仙川』[8]や『陸前高田 2011-2014』[9]などといった写真集のうちに、さらには先に紹介した『出来事と写真』といった書籍のうちにまとめられ、そのつどいくつもの〈問い〉をわたしたちに投げかけた。そして、そのいくつもの〈問い〉の背後で通奏低音のように響いていたものこそが、震災を、それぞれの人間のうちに立ち上がるさまざまの割り切れない感情や問いをも含み込んだ「出来事」として根本的に捉え返すべきだとする、つよい問題意識だったのではないか。この本に書き記された対談のなかで、畠山さんは「出来事」についてつぎのように発言している。

　　僕が今回陸前高田の写真を撮ったのは、ひとえにここが僕の生まれて育った場所だからです。これは作品とかいい写真とか、写真家であり続けることとか、そういうアイデンティティの問題、あるいは心理の問題を超えた、何か「出来事」なんです。生じてしまった出来事に関わらざるを得ない状況というのはたしかにあると思うんです。[10]

　畠山さんのこの思いに対して、作家の大竹昭子さんはつぎのように応える。

　　都写美（東京都写真美術館）のトークで畠山さんが「（震災とい

　7）　畠山直哉×大竹昭子『写真と出来事』、赤々舎、2016 年、106-107 頁。
　8）　畠山直哉『気仙川』、河出書房新社、2012 年。
　9）　畠山直哉『陸前高田 2011-2014』、河出書房新社、2015 年。
　10）　同上、106 頁。

　　う）予想しなかった出来事に直面して自分自身を差し出したい
　　と思った」と語ったのが頭に残っていました。整理できている
　　こともできていないことも含めて丸ごと差し出し、いわばまな
　　板の鯉になって見る者に問いかけようとした彼の行為に、今度
　　はわたしたちが答える番だと思った。[11]

　畠山さんの問いかけに「今度はわたしたちが答える番」。大竹さん
のこの言葉は、まさに震災以降をさまざまな思いや割り切れなさの
なかで生きる自分自身に対しても言えることなのではないか。「LIME
WORKS」や「BLAST」など、写真家としての畠山さんの仕事には
以前から関心があったが、この本との出合いをとおして、畠山さん
の存在や戸惑い、またほぼ自問に近い数々の直線的な問いかけは、
震災から 5 年経ったあの頃の、自身の立ち位置や心持ちを測る際の
重要な参照軸となった。
　エリザベス・テーラーがこの世を去った翌日、2011 年 3 月 24 日
に作成した「震災という〈出来事〉」というあのフォルダに、それ以
降、写真家・畠山直哉の仕事に関連したおびただしい数の資料が保
存され続けることになる。そして、期せずしてそれらの資料が存分
に活かされるときがやって来る。2016 年 11 月、「せんだいメディア
テーク」で開催されることとなった企画展「畠山直哉 写真展 まっ
ぷたつの風景」に関連し、3 回シリーズで「てつがくカフェ」を始
動させることが決定したからである。それらに通底するテーマは、
まさに震災という〈出来事〉のうちにあらわれる「割り切れなさ」
や「わからなさ」であった。

---

11)　同上、11-12 頁。

〈わかりやすさ〉に抗う ── 「畠山直哉 写真展　まっぷたつの風景」

　後に続く本章の理解を助けるために、少々長めではあるが、2016年11月3日から翌年1月8日に、せんだいメディアテーク6階ギャラリー4200にて開催された「畠山直哉写真展　まっぷたつの風景」の展覧会ステイトメントをまずは書き添えておく。

　写真家・畠山直哉は、1980年代から石灰石鉱山や工場、都市のビル群や地下空間などのシリーズを発表し続けてきました。そこには、私たちが普段は見ることのできない場所の、壮大でときには畏怖を感じさせるような光景が写し出されています。また、2011年の震災以降、故郷の陸前高田を撮影し続ける姿勢には、大きな変化を強いられた東北地方やこの国が共有できる課題が多く潜んでいます。

　畠山は「もの」あるいは「事象」に目を凝らします。それが人為的なものであれ自然の営為であれ、起源を問い直すかのように静かに見つめ、作品として結晶化し、わたしたちの社会、文明、そして生に対する開かれた「問い」として投げかけてきました。本展では、その問いかけにこそ着目したいと思います。

　本展タイトル「まっぷたつの風景」は、イタロ・カルヴィーノ『まっぷたつの子爵』から採られました。畠山自身も愛するこの寓話は、物事にすぐ白黒をつけようとしたがる私たちに、注意を促します。たとえば、私たちは誰でも善悪や美醜など二つの面を持っているのに、他人に対してはその一方だけしか見ようとしないところがあります。物事を無理矢理まっぷたつに分けてしまえば、物事は成り立たなくなってしまうのにです。本展では、これと同じことが「風景に対しても言える」という

写真 4　畠山直哉展「まっぷたつの風景」
（提供：せんだいメディアテーク、撮影：畠山直哉）

仮説のもとに展示を構成します。

　「風景は、ただそこにあったものではなく、人間が歌を詠んだり絵にしたり写真を撮ったりするたびに、新しく生まれている」と畠山は主張します。人の表現に応じて「風景」は生まれ、美しさや残酷さ、不思議さや不条理さといったものとして、その都度新しい姿を現すというのです。震災以降、変貌する故郷を撮影し続けてきた畠山の「風景」には、過去からの大きな断絶が見て取れますが、同時にそこに、「風景」の持つ二面性や両義性、未来の「風景」への気配を感じ取ることができるかもしれません。

　初期から現在まで約 200 点の作品群と対話の場を通じて、畠山直哉という一人の写真家が取り組む「風景」が、現在の私たちの社会にとって、どのような意味を持つのかを考える機会となればと思います。[12]

---

12)　畠山直哉『まっぷたつの風景』、せんだいメディアテーク・赤々舎、2017 年、122 頁。

写真5 「まっぷたつの風景」会場風景
（提供：せんだいメディアテーク、撮影：畠山直哉）

　ちなみに、上記の展覧会ステイトメントの最後に記載されている「私たちの社会にとっての風景の意味」への問いかけを、畠山さん自身の言葉で言い換えればつぎのようになる。

　　風景は、果たして善と悪に分かれることがあるのだろうか？　それ以前に、風景に対して人間的な倫理や道徳の観念をもって接することはできるのだろうか？　風景の美は、人間を踏みにじるような自然災害のあとでも、同じ美なのだろうか？　大津波によって引き裂かれた風景が、仮に一つの全体に戻ったとして、そのときの眺めは、一体どのような感慨を僕たちに与えてくるのだろうか？　それは幸福や慈しみに満ちたものか？　それとも気が抜けるほど、なんでもないものか？[13]

---

13)　同上、114頁。

　そしてこの問いは、「風景の意味」を問う以上の問いをさらに含み込む。本展における「まっぷたつ」という切り口が問いかけるのは、震災以降を生きるわたしたちを覆う〈割り切れなさ〉全般にまでおよぶ。それは、本展覧会の 3 回シリーズで行った「てつがくカフェ」において、第 1 回目の「シネマてつがくカフェ」で扱ったドキュメンタリー映画『未来をなぞる　写真家・畠山直哉』[14] での畠山さん自身の発言を聞くだけでも十分理解することができる。映画に収録されている成安造形大学の講演シーンなどのなかで、畠山さんは、自分自身の立ち位置も含め、震災の〈当事者〉とは何なのかを写真をとおして問いかけている。

　　僕は、自分がどれほどの〈当事者〉であるのかはっきりと説明できない。自分が生まれて暮らした大事な街が、全て消えた。でもそれが消えた瞬間のことを僕は見ていない。確かに、肉親や実家を失った。でも役所からは、あなたは被災者ではないと言われた。ですから、皆さんが想像しているよりは、僕は宙ぶらりんな立場にいます。いま、被災当事者という言葉が出てきましたが、実は〈当事者〉という言葉ほど、ここ 2 年半、僕を考え込ませている言葉はないんです。

　　たとえ〈当事者〉のすがたを写真にとっても、その人の過去の体験や記憶までは写真には写りません。これも真実ですね。同じように、もし〈当事者〉が写真を撮っても、それにまつわる本人による体験の記憶が写真に写るわけではない。これも真実でしょう。こう考えてみると、写真家というのは、なんとも絶望的な努力とともに、見えないものを写そうとしているのではないか、という気持ちになってきます。被災者以外の人間、

14)　ドキュメンタリー映画『未来をなぞる　写真家・畠山直哉』（監督・畠山容平）、2015 年。87 分。

つまり〈当事者〉以外の人間が、被災地に対して何ができるか
と考えたときに生まれてしまう心理的なモヤモヤがあります。
たとえば〈負い目〉とか〈引け目〉とか遠慮とか恐れとか〈罪
悪感〉。いずれにしろそのような心理が必要な行動を躊躇させて
しまうことがけっこうあるんですね。社会的には必要な行動で、
そうすることが正しいと誰もが思う。でも心理的にブレーキが
掛かってしまう。こういうことを考えると、〈当事者〉に関わる
さまざまなモヤモヤはけっこう内面的なお話、つまり考えて何
とかなる話じゃないかと僕は思います。つまり必死になって考
えたらやがて方法が現われる単なる内面的な悩みではないかと。
でも、実際のところ、それで〈当事者〉の問題に関してハッキ
リとこうすべきであるという提案が出てこないのが自分でも歯
がゆくて。この問題にはモヤモヤとか居心地の悪さとかが付き
物だと、だからしょうがないよと議論を中断したくなるくらい
ですが、それでも、こういうモヤモヤとか居心地の悪さの中に
こそ、僕たちが考えなければならない真の問題があると、僕は
そう信じて話を続けています。

　そう考えてみると、本展覧会のテーマとして掲げられている「まっ
ぷたつの風景」というタイトルには、思いのほか深い意味が込めら
れていることに気づかされる。そして、この「まっぷたつの風景」
という写真展のタイトルやそこに込められた意図が、畠山さんご自
身の愛読書であるイタリアの作家、イタロ・カルヴィーノの『まっ
ぷたつの子爵』[15]から採られたものだと学芸員の方から聞かされた

15）　イタロ・カルヴィーノ『まっぷたつの子爵』、晶文社、1997年。畠山さんご自
　身は、この小説をつぎのように説明している。「カルヴィーノの作品は、タイトル
　こそ物騒だが、最後まで読めば、ただ物騒なだけの作品ではないということが、
　誰にでもわかるようになっている。戦場での砲撃によって、悪の半身と善の半身
　に引き裂かれてしまった子爵が、自分の領地に戻ってから起こすさまざまな騒動

き、わたしのなかでは、すぐにつぎのようなニーチェの言葉が思い
浮かんでいた。

> おお、聖なる単純よ！ 何という稀有な単純化と偽造のうちに人
> 間は生きていることか！ ひとたびこの不思議に眼を向けた者な
> ら、ついに驚嘆して措く能わざるものがあろう！ 何とわれわれ
> は身の周りの一切を明朗に、自由に、軽快に、単純に作り上げ
> たことか！[16]

「『単純な物言い』の権化は呪われるがいい」[17]。畠山さん自身も、
写真集『陸前高田 2011-2014』の「あとがき」のなかでこのような
言葉を書き付け、ニーチェと同様、物事にすぐに白黒をつけてすべ
てを単純化してしまうわたしたちの態度に強い違和感を示している。
「誰でも善悪や美醜などの二つの面を持っているのに」、「物事にすぐ
に白黒をつけ」て目先の〈わかりやすさ〉と引き変えに人間や出来
事の複雑さを易々と譲り渡してしまうようなわたしたちの気の緩み
（「稀有な単純化と偽造」）に警鐘を鳴らすという点において、両者の
心構えはまさに同じ関心から産み落とされた双生児のようなものと
言えなくもない。そして、この関心を震災の前と後とを跨ぐ写真と
いう切り口からさらに問い直していこうとするのが、この「畠山直
哉 写真展 まっぷたつの風景」の基本的な構えだったように思う。

の末、ひとりの娘をめぐって決闘をする羽目になり、お互いに傷つけ合って倒れ
た後、外科医の手によって縫合され、元通りの体に戻るというわかりやすい物語
の中に、たとえば単なる悪が次第に甘美で爽快な悪となり、単なる善が次第に押
しつけがましい独善となり、それらがひとつに縫い合わされたとき、気が抜ける
ほど『善くも悪くもない』人格が現れる、といったように、人を考え込まさずに
はおかないような、印象的な描写がちりばめられているのだ。畠山直哉『まっぷ
たつの風景』せんだいメディアテーク・赤々舎、2017 年、113-114 頁。
16）　ニーチェ『善悪の彼岸』、岩波文庫、1970 年、45 頁。
17）　畠山直哉『陸前高田 2011-2014』、河出書房新書、2015 年、153 頁。

じつは、この〈わかりやすさ〉に抗う構えこそが、これまで被災地でおこなってきた「てつがくカフェ」の当初からの姿勢でもあった。「稀有な単純化」によって凝り固まりつつあった震災という〈出来事〉をいかにほぐしていくか。被災地において震災に関連した「てつがくカフェ」を始動させた背景には、まさにこういった問題意識がその根底にあったからだと思われる。〈わかりやすさ（「聖なる単純」）〉は、むしろ私たちの思考を閉じさせるもっとも警戒すべきものですらあった。

　さらに畠山さんは、別のところで、震災以降、自分自身が物事に白黒をつけようとする世間の物言いや態度を徹底して忌避するような「気むずかしい男」になったとも述べている。

　　大津波によって、僕は自分が、なんだか以前よりも複雑な人間になったと感じている。複雑といっても、別に良いこと、というわけではない。むしろ良いこと、悪いことと単純に言い当てることができないような事象が、自分の目の前に大量に出現し、それに手をこまねいたり考え込んだりしているうちに、世間で交わされている単純な物言いのほとんどが、紋切型の欺瞞や無駄としか聞こえなくなってしまった。そのような気むずかしい男になってしまったということだ。

　　傍から見たら「気難しい男」にしか見えないだろうけれど、じつは僕が感じる欺瞞や無駄とは、僕自身の思考や行動も含めて反省的に感じ取られるものであって、その点で常に「本当にこれでいいのか？」と、僕に自問を強いてくるような性質のものだ。それに対して自分の心は「わからない」と即答する場合がほとんどであり、その後はたいがい、押し黙ってうつむくこ

とになる。[18]

　しかし、この「押し黙り」や「うつむき」をある種の〈あきらめ〉へと繋げてしまってはならない。わたしたちは、むしろこの「うつむき」のなかに、震災以降、とくにわたしたちを取り巻いているこの「割り切れなさ」に丁寧に寄り添い、いまこそそれを徹底的に問い直すべきであるとする畠山さんの強い気概を読み込むべきではないか。

〈ともに考える〉ために残された「写真」

　写真展に関連した「てつがくカフェ」の企画が立ち上がったときから、個人的には、今回の展示を構成する畠山さんの写真すべてが（それが震災前のものであろうとそれ以後のものであろうと）、他者とともに「考える」ために残され、また差し出されたものに違いないという確信めいたものがあった。それどころか、これらの写真は震災以降を生きるわたしたちが現在の状況を深く読み解く（哲学対話をする）ための「資料」としてこそその存在価値が与えられる、とすら感じていた。なぜなら、すでに紹介した『出来事と写真』という対談録のなかで、畠山さん自身がつぎのような発言をしていたことを知っていたからである。

　　いちばんショックだったのは、それまでなんでもないと思っていたものが（震災という〈出来事〉をとおして）急に別の意味を帯びてきたこと。津波が起こったことで、それまで微笑まし

18）　畠山直哉『陸前高田 2011-2014』、河出書房新書、2015 年、154 頁。

いものとして箱[19] に入れてあった写真が、突如、異なった意味をもってしまった。それまで、僕の人生にはそういうことはあまり起こらなかったんです。その出来事の大きな意味を、自分ひとりだけのものにしないで、ほかの人と話し合いをするときの資料のようなものとして残すことができないか、そういうふうに考えたんです。[20]

　震災という「その出来事の大きな意味を、自分ひとりだけのものにしないで」、写真を「ほかの人と話し合いをするときの資料のようなものとして残すことができないか」[21]。畠山さんは、自身の写真を、後世にわたって震災についてともに考え続けるための「資料」、もしくはそれを興すきっかけと位置付ける。事実、畠山さんは、震災以降の自分自身の活動をテーマに撮られたドキュメンタリー映画『未来をなぞる　写真家・畠山直哉』においても、「気の長い議論のために撮られる写真があってもいい、というよりも僕にはそれが必要だ」といった趣旨の発言をしている。

　震災の「出来事性」に「巻き込まれながら」も、同時に「その流れを見る」ために、写真を契機にそこから身を引き離す。そして、そこで見たもの、見えてきたものを「自分ひとり」で抱え込まずに他者とともに考えられるよう、ひらいていく。震災以降の畠山さんの仕事（写真）は、それこそ複雑な関係性や「隔たり」、さらには過去と未来という時間軸をも新たに撚り合わせていく、ある種の「メ

---

19)　ちなみに、写真を入れていたこの箱に、畠山さんは「un petit coin du monde（地球＝世界の小さな一角）」というラベルを貼っていたと言っている。畠山さんは、『気仙川』の「あとがき」のなかでも、これらの写真は自分自身の「記憶を助けるため」のものとしてではなく、「想像力の助け」、「自分の過去や時間にかんして反省（リフレクション）するための手がかり」になるものだと捉えている。畠山直哉『気仙川』、河出書房新社、2012 年。

20)　畠山直哉×大竹昭子『写真と出来事』、赤々舎、41 頁。

21)　同上、41 頁。

ディウム（媒質）」のような役割を果たそうとしているかのようである。それらは、「震災の光景を訪ねて歩いて東北の太平洋沿岸部を回っているような」「世間一般が言うところの震災写真」とは決定的に異なる[22]。またこの構えは、これまでわたしたちが行ってきた活動（「てつがくカフェ」）に対して十分過ぎるほどのお墨付きを与えてくれているかのようにも感じられた。そしてわたしたちは、このお墨付きを盾に、畠山さんの写真を「資料」にしながら、以下3回にわたって「わかりやすさ」に抗う〈対話の場〉をさらに拓いていくことになる。

第1回目（2016年11月19日開催）は、映画『未来をなぞる　写真家・畠山直哉』を鑑賞後、そこでの参加者の感想を頼りに、まずは震災以降を生きるわたしたちがこの写真展から何を読み解いていくのか、今後3回にわたる対話の基調を共有する作業を丁寧に行う。

続く第2回目では、「『畠山直哉 写真展 まっぷたつの風景』から『割り切れなさ』を問う」をテーマに、震災以降とくに「物事に白黒をつけようとする世間の物言いや態度」を批判的に吟味し、現状を覆う「割り切れなさ」にいかに抗っていくことが可能かを問題にした。

そして一連の対話の最後にあたる第3回目の「てつがくカフェ」では、震災という「未曾有の出来事」によってこれまでの価値基準すらもが擦り減ってしまったこの状況のなかで、「稀有な単純化と偽造」という誘惑に足元を絡め取られることなく、果たして何を頼りに、またどのような構えでわたしたちは「明日」に臨んでいけばよいのかについて確認した。参加者のほとんどが、何かこの場に即効的な成果や解決策を期待して来られたわけではないことは容易に理解できた。おそらく、震災という〈出来事〉によって生じた課題や

22）　畠山直哉×大竹昭子『出来事と写真』、赤々舎、2016年、106頁。

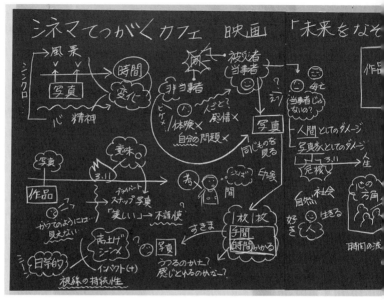

写真6　映画「未来をなぞる　写真家 畠山直哉」から考える
（提供：せんだいメディアテーク、板書：近田真美子）

問題を他者とともに考え、あえてその「割り切れなさ」のなかに身を晒し続けることそれ自体のうちに何かの意味を見出していたのであろう。その表情は、畠山さんの今回の一連の写真が、まさに〈ともに考える〉ためにこそ差し出されたものであることをわたし以上に感じ取っているようで、頼もしかった。

手に負えない／手間がかかる／手間をかける

　「気の長い議論のために撮られる写真があってもいい、というよりも僕にはそれが必要だ」。ドキュメンタリー映画『未来をなぞる　写

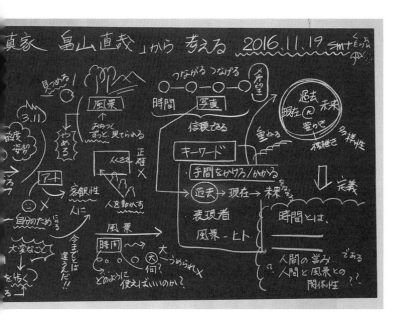

真家・畠山直哉』のなかで畠山さんはそのような発言をしていた。
「長い議論のために撮られる写真」。この言葉が何かの予言になった
のか、第 1 回目の「てつがくカフェ」では、ドキュメンタリー映画
『未来をなぞる　写真家・畠山直哉』を鑑賞した後に、参加者どうし
の対話から震災という〈出来事〉に臨んでいくときの〈時間〉のあ
・
り方 / かけ方がテーマとして導き出され、文字通り「長い議論」の
・・・・・・・・・
深みへと分け入っていく。しかし、「議論」に「長い」時間がかかる
というその事実を一番に受け入れ、それに誠実に向き合うための「手
・
間を惜しまないこと」、その忍耐強さを最重視することこそが、まさ
・・・・・・・・
に第 1 回目の「てつがくカフェ」で参加者がこの映画から読み取っ
たことでもあった。

シリーズ第1回目の「てつがくカフェ」は、震災後の目の前の風景が〈時間〉とともに変化していくことあるいは以前の風景と断絶することの意味や、それを写真や風景のうちに読み取ろうとする、見ようとするわたしたち「人間の営み」という文脈のなかで対話が進められていった。もちろん、そこには、あらゆる基準や尺度が崩壊してしまった現在の状況のなかで、震災後の〈時間〉のあり方に戸惑い、未だにそれにうまく寄り添えない（関われない）でいるという、戸惑いの声もあった。ある女性の参加者が、そのことについてつぎのように発言してくださったことがとくに印象に残っている。

　　〔一般参加者〕：わたしは陸前高田で被災しました。あれほどの被害を受けて、震災以降、自分にとって〈時間〉が経過するということがいったい何を意味するのか、ちっともわからないまま、すごく混沌としたまま今日まで生きてきました。「明日」という言葉を聞いても、きっと「明日」も「今日」と同じくらいのものでしかないといった感じで毎日を生きていて、あれから、〈時間〉ということの意味がもう、どのように〈時間〉を使っていったらいいのか、自分のために、生活のために、〈時間〉をどのように使ったらいいのかが混乱して、日々わからなくなっていくんです。

　単に〈時間〉が「過ぎる」や「流れる」といった表現ではなく、その方が、あえて「〈時間〉を（自分が）使う」という主体的な関わりを強く意識させる言葉遣いを選ばれた背景には、おそらく、自分のいま現在の立ち位置（心持ち）と〈時間〉の流れとが震災以降繋がっておらず、その断絶や滞りを何か意識的に（主体的に）修復していかなければ自分がもたないといった危うさを感じとっていたからに違いない。そこには、震災によって滞ってしまった「今日」「明

日」という人間的な〈時間〉の流れを保証してくれる「意味」の欠
如が見え隠れしている。

　その女性の発言を受けて、今度は別の参加者が、震災以降、多く
の価値基準がその信頼性を失ってしまったいま、今後、この「手に
負えなさ」に対して何かしらの「意味」を補っていくには相当の「手
間がかかる」のではないか、といった〈時間〉の問題を別次元へと
展開させる発言で応えられた。そして、さらにそこに〈意味〉を補っ
ていくためには、その「手間がかかる」といった事実の確認だけで
はなく、そこからもう一歩踏み込み、積極的に「手間をかけていく」
ことによってしか果たされないのではないかといった考えにまで参
加者たちの〈対話〉が深まっていく。

　被災した状況や震災に対する立ち位置や関心の度合いの差が複雑
に入り組み、またさまざまな思いや思考、そして言い澱みが一気に
出くわす「てつがくカフェ」での〈対話〉の流れを一言で記述する
ことなど相当ナンセンスな作業である。しかし、そのことを重々承
知のうえであえて言うならば、第1回目の〈対話〉は、このような
震災以降の〈時間〉の「手に負えなさ」の確認から「手間がかかる」
という〈事実〉の確認、そして、最終的にそこに「手間をかけてい
く」といった〈人間的な営み〉のなかでそれを編み直していくこと
の重要性へと〈対話〉が展開していった。「手に負えない」、「手間が
かかる」、「手間をかける」。〈時間〉と人間的な営みとの関係性が
「手」という切り口から捉え返されていくプロセスに立ち会えたこと
は、ファシリテーターとしても本当に貴重な体験だったように思う。

　ちなみにその一方で、上記のような〈時間〉に関する議論の深ま
りに呼応するかのように、畠山さんの「写真（作品）」の意味や表現
者としての構えについても〈対話〉が及んでいた。なかでも、とく
に興味深かったのは、畠山さんの仕事（写真）はそれこそ「手間が
かかって」いるもので、「〈時間〉を飛ばさない」からこそ信頼でき

るといったある参加者の発言であった。

　定期的に被災地を訪れているというその参加者は、その地を訪れるたびに復興工事によって「風景が劇的に変わり、それにあわせて〈時間〉が飛んでしまった」という感覚を覚えると言う。そして、その「飛んでしまった〈時間〉」の隙間を自分自身では繕い切れないがゆえに、いっそう震災後の〈時間〉に寄り添えなくなるのではないかと自問する。しかし、畠山さんは、作家が拵える独りよがりのストーリーによってその隙間を強引に埋め合わせようとするのではなく、あえて、日々淡々とした創作をこなし続けることをとおして、その変化に忠実に寄り添い、断絶した「時間（風景）を繋ぎ続けている」（「時間を飛ばさない」）。だからこそ、畠山さんの写真（作品）は信頼に耐えうるものなのではないか。この発言は、震災以降わたしたちが直面している〈意味の欠如〉が、過剰な〈意味の上塗り〉によって解消されてしまうことがあってはならないという戒めの言葉のようにも響く。〈意味〉は求められなければならないが、過剰に求めすぎてはならない。そして、シリーズ第2回目の「てつがくカフェ」でも、まさにこの〈意味〉の問題が〈対話〉の中心に据え付けられることになる。

〈意味〉への乾き ── 「ただ生きる」から「どう生きるか」へ

　「『単純な物言い』の権化は呪われるがいい」。

　すでに触れたように、畠山さんは自身の写真集『陸前高田 2011-2014』の「あとがき」のなかでそのように書付け、自分自身が、東日本大震災以降、単純にはその良し悪しを言い当てることができない「割り切れなさ」を前に「手をこまねいたり考え込んだりしているうちに」、とくに物事に白黒をつけてすべてを単純化してしまう世

間の物言いや態度を徹底して忌避する「気難しい男」になったと述べている[23]。

　興味深いことに、第 2 回目の「てつがくカフェ（展覧会『まっぷたつの風景』から『割り切れなさ』を問う）」でも、まさにその「気難しさ」こそが、震災以降わたしたちを悩ませ続けている「割り切れなさ」に臨む態度としてもっとも誠実な構えであることが確認される。そしてそこでも、前回の 1 回目の議論を引き継ぎながら、〈事実〉と〈人間的な営み〉との二つの切り口から「割り切れなさ」の性格とその根っこが炙り出されていく。

　かつてニーチェは、『ツァラトゥストラはこう言った』のなかで、「万物は神的な偶然の足で踊る」として、「およそ万物を支配し動かしている神的な『永遠の意志』など（この世には）ありえず」、こうした「目的」という呪縛に囚われた「奴隷制から万物を救いだしてやった」と言い放っている[24]。そして、その〈事実〉を「運命愛」といったかたちで受け容れ、「肯定する」ことをわたしたちに説く。しかし、そうして目の前の〈事実〉の本質を暴き出し、またそれを敢然と受け容れることのできる突き抜けた精神の持ち主の前にあっては、おそらく、この「割り切れなさ」という人間特有の心のありようなどいささかも生じてはこないのではないか。また、物事は「両義的もしくは多義的で・あ・る・」、さらには現実の世界は「不条理で・あ・る・」などといった目の前の〈事実〉を単に確認するだけのレベルに留まり続ける場合でも、それは同様のことであろう。そう考えると、震災以降、とくにわたしたちを捉えて離さないこの厄介な「割り切れなさ」は、震災によって自然の偶然性や現実の不条理さに深く晒されたのちに、その〈事実〉と自分自身との関係性のうちに何らかの〈意味〉を見出そうと前のめりになったときにはじめて生じてく

23)　畠山直哉『陸前高田 2011-2014』、河出書房新書、2015 年、154 頁。
24)　ニーチェ『ツァラトゥストラはこう言った（下）』、岩波文庫、35-36 頁。

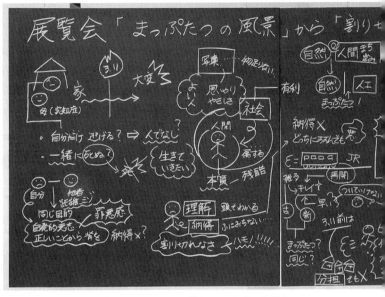

写真7　展覧会「まっぷたつの風景」から「割り切れなさ」を問う
（提供：せんだいメディアテーク、板書：近田真美子）

るような類のものと言える。〈事実〉と、そしてそこに何かしらの
〈意味〉を見出そうとするわたしたちの〈営み〉の狭間にこそ、「割
り切れなさ」の生まれる素地が息づいているのである。震災以降、
わたしたちはその狭間をこれまで経験したことのないような過酷な
状況のなかで問い直し、取り繕おうとしているのではないか。そし
て、その「手間のかかる」作業に粘り強く臨み続けるだけの肺活量
が途絶えるとき、わたしたちの「物言い」は一気に「単純化された」
ものへと裏返ってしまうのかもしれない。「割り切れなさ」に関する
わたしたちのこのような感覚を、ある参加者は「ただ生きる」から
「どう生きるか」への移行の狭間で襲われる「怠さ」といった表現で
言い換えてくれた。

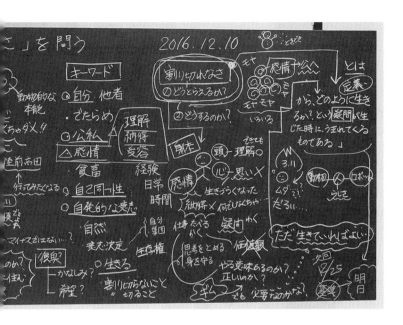

〔一般参加者〕：畠山さんが「未曾有の出来事」とおっしゃる自
然の猛威によって、これまでわたしたちが頼ってきた価値観が
崩れ去り、たしかな拠り所を失ったことを機にわたしはある種
の〈怠さ〉のなかを生きているような気がします。震災後しば
らく、わたしは避難所にいました。不謹慎かもしれないですが、
その避難所にいたときがわたしにとって一番幸せだったように
思うのです。なぜなら、そこでは、みんなが同じ状況、条件の
なかに置かれ、何の疑問も抱くことなく、毎日食べて寝て、た
だ生きていさえすればそれでよかったのですから。そして、本
当にわたしが〈怠く〉なったのは、その避難所を出てからなん
です。再びこの社会にぽんと放り出されたとき、あらためて、

295

自分がこれからまた何のために生きていくのか、そして、どう
生きていくべきなのかなどといった面倒な〈意味〉を問い始め
たころからなんです。

　「ただ生きる」から「どう生きるか」へ。その狭間で「割り切れな
さ」は生じる。その方の言う「本当の〈怠さ〉」とは、あれほどの
〈出来事〉を経験してもなお、ふたたび自分の人生に〈意味〉の乾き
を覚え、性懲りも無くそれを求めようとする（求めざるをえない）
人間の性のようなものへの虚しさ（諦め）に因るものなのかもしれ
ない。
　〈意味の乾き〉を覚える。しかし、それが完全に潤されることもま
たありえない。だからこそ、「手をこまねいたり考え込んだりする」
という一見後ろ向きにも見えそうな態度を積極的に捉え返し、「割り
切れなさ」を深く自らのうちに抱え込み、畠山さんの言うように「気
難しく」それに臨み続けていくほかないのである。

Free Beer Tomorrow ── けっして来ない「明日」を夢見る

　しかし、その先にはたして何があるというのか。畠山さんは、わ
たしたちに、その行く先（方角）を「明日」という言葉遣いをとお
して捉え返すよう、促す。
　「大津波や原発事故をもし『未曽有の出来事』と言うのなら、それ
に対しては『未曽有の物言い』が用意されなければならない」。「未
曽有」なのだから、当然それは、これまでの古さ／新しさを決定し
ていた基準や言葉遣いさえも超えた、さらには「良い悪い、正しい
正しくないすら『わからない』ような『未知の方角』」に向けて歩み
出していかなければならない。まさにそれは、これまでの「物言い」

では到底たどり着くことができないような、「明日」というものに向けて歩み出していくことにほかならないのだ[25]。

畠山さんの促しに応え、シリーズ最後の「てつがくカフェ」でも、〈見る〉という人間的な営みをとおして、「明日」について対話が深められていく。

ある参加者が、数分前に大地震が起こったことすら綺麗に忘れ、今後のことなどを憂いて慌てふためく家族を宥めながら、先のことも気にせずいまだけを幸せそうに過ごし続ける認知症の家族の例をあげて、そもそもわたしたちには「明日」を〈見る〉必要などないのではないか、むしろそれがわたしたちの不安や苦しみを生む元凶なのではないかと参加者に向けて直線的に問いかける。

それに応えて他の参加者が、〈見る〉必要／不必要という次元の話だけではなく、わたしたちはどうしても「明日」というものを〈見たい〉もしくは〈見ざるをえない〉と感じてしまう厄介な存在なのではないか、と切り返す。そして、わたしたちがこのような状況のなかにあってもなお「明日」というものを気にかけてしまうのは、それが最後までわたしたちには〈見えない〉もの、すなわちいつまでたってもわたしたちの手元に決して到来しえないようなものだからなのではないか、と対話を展開させる。けっして来るはずのない「明日」を〈見よう〉とすることで、はじめてわたしたちは少しばかり前のめりになることができ、目の前の〈出来事〉や自分という存在にそれなりの〈意味〉を与えることが可能となる。裏を返して言えば、わたしがわたしであるためには、常に到来しない「明日」という不安定なものを構造的にその内側に深く抱え込まざるを得ない、ということなのである。

3回にわたる一連の「てつがくカフェ」の最後で、畠山さんが、イ

---

25) 畠山直哉『陸前高田 2011-2014』、河出書房新書、2015 年、155 頁。

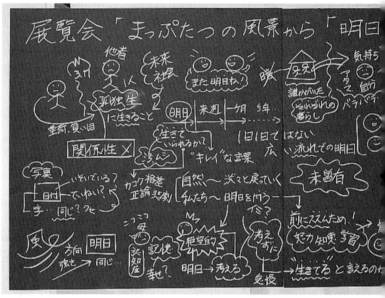

写真8　展覧会「まっぷたつの風景」から「明日」を問う
（提供：せんだいメディアテーク、板書：近田真美子）

ギリスのパブの店先によく掲げられている「Free Beer Tomorrow」という文字の刻まれた看板を例に挙げ、挨拶をしてくれた。

　毎晩、「明日はビールがタダなんだ」とワクワクしながら眠りにつく。しかし、翌日店を訪ねても同じ看板が掲げられているだけで、「タダのビール」はまた明日へと先延ばしにされる。毎日毎日その繰り返し。「明日」への期待は常にはぐらかされ続ける。しかし、畠山さんは、震災直後から、そうして「少しでも明日を感じさせてくれるものがあるだけで充分だった」と言う。[26]。それは、正面切って目

---

26)　畠山さんは、『陸前高田 2011-2014』のあとがき「陸前高田　バイオグラフィカル・ランドスケイプ」のなかで、同様の発言をしている。「僕がいま切実に見たい、聞きたい、手に入れたい、と願っているのは、昔のような、あの晴れがましい『新

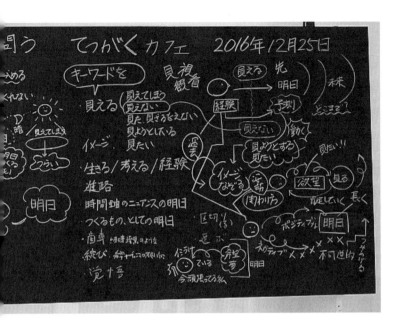

　の前の状況に過剰な〈意味〉を求めようと躍起になるのではなく、かといって「怠さ」に身を任せてすべてを諦めてしまうのでもない、「明日」という不安定な要素に常に自分を開いておくことの大切さを訴えていたのだと思う。

　「単純な物言い」を振りかざしてすべてをわかったものであるかのように閉ざしてしまうのではなく、少しでも不安定なところに身を晒しておくことの重要性。しかし、それは過去の出来事や目の前に広がる現在の状況をまったく無視し、ただ闇雲に「明日」を夢見る

しさ』なのではない。新しくなどなくともよい。ただ『明日』を感じさせるものでありさえすれば」。畠山直哉『陸前高田 2011-2014』、河出書房新書、2015年、155頁。

こととは決して同じではない。それは、過去や現在の出来事などの
〈意味〉を「気難しく」も律儀に問い直し、そのうちに、常に〈新し
い意味〉を呼び込むことのできる新鮮な態度によってこそ支えられ
るものなのである。

> 何か新しいものを見るという点ではなく、古いもの、古くから
> 知られているもの、誰にでも見えているが見過ごされているも
> のを、新しいものであるかのように見るという点が、真に独創
> 的な頭脳の抜きん出ている所以である。[27]

「聖なる単純」を嘲笑ったニーチェは、まさにそのことを最初から
感じ取っていた。そういった意味からすれば、「明日」へは、一方で
「古いもの」へと目を凝らしつつ、それらを丁寧に問い直しながら、
むしろ後ろ向きで進んでいくのがふさわしいのかもしれない。畠山
さん自身もまた、震災以降の〈割り切れなさ〉を生きるわたしたち
には、まさにこのような歩みがいま求められているのではないかと
自問している。

> 出来事としての東日本大震災の後では、今この世にいる人間す
> べてが「生存者」であるように僕には見える。生存者同士の間
> では「前を向こう」と励まし合い、お互いに手を差しのべなが
> ら歩く、そんな温かさが何よりも大事であることは言うまでも
> ないけれど、僕にはこの「前を向く」ことがなかなか難しい。
> 東京にいる時はほとんど暗室で、ネガを探してはプリントを焼
> くという時間を過ごしている僕は、自分の過去とつきあう時間
> が圧倒的に多く、人といっしょに歩く時でも、言ってみれば僕

---

27) ニーチェ『ニーチェ全集6　人間的、あまりに人間的II』、ちくま学芸文庫、1994
年、150頁。

写真 9　てつがくカフェ終了後に挨拶をする畠山直哉氏
（提供：せんだいメディアテーク）

だけが「後ろを向いたまま」後ずさりするように歩いているような気になる。背後からやってくる未来に、背中の神経を集中させながらも、僕は来し方が遠く小さくなってゆく光景から目を話すことができない。誰かに「前を向いた方がいい」と言われても、その度に僕はたぶん「もう少しだけこのまま後ろ向きに歩かせて下さい」とことわり続けるだろう。[28]

　そして、今回の展覧会の一連の「てつがくカフェ」もまた、何か一から新しいものを見ようとする突拍子もないものではなく、過去の風景に目を凝らし、目の前の「出来事」に忠実に寄り添いうことでそこに「新しい意味」を呼び込もうとする淡々とした営みであったように思う。欠如でも過剰でもなく、適度な〈意味〉はまさにこういった律儀さのなかにこそ宿るのである。

28）　畠山直哉「あとがきにかえて」『気仙川』、河出書房新社、2012 年。

第8章　震災という〈出来事〉をほぐす

災害を〈出来事〉として捉える

　2011 年の東日本大震災からいまにいたるまで、被災地を中心に震災に関連した哲学対話の場 ——「考えるテーブル　てつがくカフェ」を拓き続けてきた。この「てつがくカフェ」が誕生した経緯やその詳細についてはすでに第1章で触れたが、10 年近くにわたるその活動から得たものは、粘り強く災害という問題およびそこから見えてくる課題に臨み続けていくためには、災害の直接的な当事者だけではなく、幅広く、それに関心を寄せるすべての者が何十年先までもしっかりとそのことについて根本的に問い直し、また考え続けることを可能にするような、ある意味において耐久性に優れた〈問い〉をそれぞれのうちで丁寧に仕上げていくことが極めて重要だ、という実感である。被災地での「てつがくカフェ」は、まさにそういった〈問い〉を練り上げ、吟味し続ける場として機能し続けてきたのではないか。本章では、被災地において行ってきたその哲学対話がどのような意図や方法のもとで震災の〈出来事〉をほぐしていったのかについてあらためて振り返る。また、本章の最後では、これまで被災地で行ってきた「てつがくカフェ」のなかで緩やかに形成されてきた哲学対話の流れと作法についてもあわせて触れておきたい。
　あらためて言うまでもなく、災害は、単なる自然現象に因る危機事象 —— 損害を引き起こす種、防災学では「誘因」と呼ばれる ——といった観点からだけで説明し尽くされるようなものではけっしてない。災害は、それが直接的なものであろうとなかろうと、外的な

要因により何らかの被害や影響を被ったと感じる具体的な個人と自然現象との狭間で、まさに目の前に広がる事態にどう臨み、場合によってはそこから距離を取りながら自分なりに問いかけ、考え、語り、そして意味付けていくかという個々人の不断の捉え返しのなかではじめてたち上がってくる性質のものだからである。

　災害と聞くと、わたしたちはすぐさま死亡や行方不明、あるいは負傷などといった人的な被害にはじまり、家屋の倒壊、道路損壊、堤防の決壊などといった直接的で、しかも物理的な被害のみを思い浮かべがちである。しかしながら、災害は、それらの直接的な被害に対応する際にあらためて露呈化する、自然現象に対する社会の脆弱性や対策の不十分さ ―― 防災学では、これらは災害の「素因」と呼ばれる ―― に因るところも大きい。ちなみに、「災害リスクの削減（Disaster Risk Reduction）」に積極的に取り組んでいるユネスコ（UNESCO）もまた、「ナチュラル・ハザード（自然現象・危機事象）」と「ナチュラル・ディザスター（自然災害）」とを区別することで、災害の特性をより明確に際立たせている。ユネスコによれば、「ナチュラル・ハザード」とは地震や津波、火山噴火や洪水、干ばつなどといった「大気、地質学、水文学（水理学）的な原因により、太陽、地球、地域、国家あるいは地方のそれぞれのスケールにおいて急速に、もしくは緩慢なかたちで襲来する諸事象により引き起こされる、自然に発生する物理的現象」と解釈される。それに対して「ナチュラル・ディザスター（自然災害）」は、むしろそれらの「自然に発生する物理的現象」およびその危機事象・外力（ハザード）が社会に及ぼす影響や、自然現象に対する社会の脆弱性（vulnerability）もしくは対策の不十分さ（insufficient）などが複合的に合わさり生じてくる結果のことを意味する[1]。そして、それらにくわえて、これは

1)　詳しくは、つぎのUNESCOのサイトを参照のこと。https://whc.unesco.org/en/disaster-risk-reduction/

前章においても触れたが、災害の特性としてとくに重要視しておきたいのは、それが自然の脅威に晒され、翻弄され、また不断の問い直しを迫られることになる具体的な人間の感情や思考、思想、そして死生観をも含めた価値観全体にまで多大な影響を及ぼす、きわめて複雑で多様な側面を備えた一つの〈出来事〉としてそれぞれのうちに立ち上がってくるものに他ならない、という事実である。

均された〈出来事〉を掘り起こす

　このように、災害というものを物理的な被害やその直接的な当事者のみの問題として限定せず、それぞれの立ち位置に基づく、それぞれの関心（問題意識）からの問いかけをとおして立ちあがる一つの〈出来事〉全体だと捉えるならば、その〈出来事〉をいかにして自分なりに問いかけ、語り直し、また自身のなかにしっかりと落とし込めるかによって、災害という〈出来事〉の困難さの強度もまた人それぞれに大きく揺れ動いていくことになる。しかしながら、目の前に立ちはだかる困難な状況に対する自分自身の立ち位置をしっかりと見定め、またそれらを自分の言葉で丁寧に語りはじめることなどそうそうできるものではない。それどころか、むしろ被害の原因（素因）やその範囲、さらにはそれが継続する期間などの要素が複雑に絡みあえば絡みあうほど、目の前の事態と自分自身との距離感を保つことがいっそう難しいものとなる。たとえば、本書で扱ってきた東日本大地震では、沿岸地域の甚大な津波被害にくわえて、東京電力福島第一原発放射能漏洩事故という複雑な事態が勃発する。それにより、放射線量が極めて高いレベルの地域が広範囲にまで及

ぶことになり、いわゆる「帰還困難地域」や「居住制限区域」[2]と呼ばれるエリアの指定が相つぐ。政府によって立ち入りが全面的に禁止もしくは期限つきで制限されるというこのような事態は、長年住み馴れ、また自身の価値観を深くかたちづくってくれた〈ふるさと〉を失うという、これまでにわたしたちが経験したことのないような厄介な問いをわたしたちに投げかける（この問題については、第5章「〈ふるさと〉を失う？」で触れている）。こういった複雑な状況を前に、むしろ多くの者は、この事態を自分自身のなかでどのように問いかけ、また自分なりに意味づけし直すのか、その切り口を見出すことにすら難儀し、割り切れなさのなかを生き続けることを余儀なくされる。災害という〈出来事〉がわれわれに課す苦しみの根っこは、まさにこのような割り切れなさのなかにこそ巣くっていると言っても過言ではない。

　しかし、わたしたちは、ときにそのような割り切れなさに耐え切れず、目の前の状況を自分なりの問いかけや言葉をもとに粘り強く考え続けることを断念し、そのかわりに、被災者の苦しみや心理状態などを理解・説明するために導かれた専門的な学術用語や、災害による悲惨な状況を統べるような視点から一気に言い当てようとする思想家たちの気の利いた大きな物言いに便乗し、事態を理解した気分になってやり過ごそうとする。場合によっては、到底受け入れられないような現実の不条理さを馴染みのない宗教的な言葉遣いに

---

2) 「帰還困難地域」とは、年間に換算した放射線量が2011年度末で50ミリシーベルトを超えていた区域。「放射線量が非常に高いレベルにあることから、バリケードなど物理的な防護措置を実施し、避難を求めている区域」のこと。「居住制限区域」とは「将来的に住民の方が帰還し、コミュニティを再建することを目指して、除染を計画的に実施するとともに、早期の復旧が不可欠な基盤施設の復旧を目指す区域」。そのほかに、「復旧・復興のための支援策を迅速に実施し、住民の方が帰還できるための環境整備を目指す区域」として、「避難指示解除準備区域」という区分もある。「ふくしま復興ステーション　復興情報ポータルサイト」参照。
http://www.pref.fukushima.lg.jp/site/portal/list271-840.html

頼りながらなんとか読み解いていこうとするものもいる。

　もちろん、それ自体はけっして悪いことではない。しかしながら、そこには体のよい、誰もが問うような一般化された問いや自身に不慣れな言葉遣い、さらには他者の気の利いた思考（思想）があるだけで、そこでは個々人にとっての〈出来事〉も平板化され、割り切れなさが解決するどころかその違和感や障りの感覚そのものが最初からなかったかのように解消され、均されてしまう。震災という〈出来事〉は、自分の置かれている現状や感触のなかから選び出されてくる、まさに自分自身に手応えのある言葉遣いに信頼を寄せながら何ごとかを語り出し（もちろん言い澱みもある）、問いかけ、そして思考するなかで編みあげられてくる。そう考えると、被災地において、この平板化された言葉遣いをとおして個々人の戸惑いが一気に均されていく感じは控えめにみても好ましい状況とは言えない。東日本大震災以降、ながらく被災地で過ごしていると、思いのほかそういった個々人の問いかけや思考を逞しくすることを手助けするような場（機会）が少ないことに驚かされた。あらためて、過度に均されてしまった震災という〈出来事〉を深く掘り起こし、個々人それぞれにとって手応えのある言葉遣いや問いかけをもとに導かれる思考のプロセスに寄り添えるような場（機会）を拵えていく必要がある。そして、まさにその場こそが、東日本大震災の被災地を中心に発災直後から準備し、またそれ以降10年近くにわたって開催し続けてきた「てつがくカフェ」という哲学的な対話実践の場にほかならなかった、というわけである。

〈出来事〉の強張りをほぐす

　残念なことに、災害という〈出来事〉は上記のように平板化され

た言葉遣いをとおしてその個別性が均されてしまう危険性があるだけでなく、ある種の強張り、凝集（散らばっているものが一か所に凝り集まること）のような過程にも晒されうる。

　すでに述べたことからもあきらかなように、災害という〈出来事〉は、なにも被災地で起こっていること、もしくはその地で被災者が直接経験していることのみを意味するものではない。東日本大震災以降、被災地で過ごすなかで漠然と感じていたのが、実際に家屋の倒壊や家族を亡くしたなど、直接的に被災に遭遇した者のみが震災の〈当事者〉であるかのような貧相な〈当事者〉観が幅を利かせ[3]、いつのまにか、それ以外の人たちは震災について何事かを語ることすら憚られるような窮屈な雰囲気であった。そこでは、同じ苦しみを共有したものによってのみ結ばれる奇妙な共同体が形成されていくかのようで、ある種の危機感すら感じさせた。震災を契機に、さまざまな人がそれについて何かを感じ、想いを馳せ、思考をめぐらせ、ときには目を逸らしながらも、行動を起こす。もちろんそこには、いくつもの戸惑いや負い目の感情もあったに違いない。そういったことからしても、本来、被災者であろうがなかろうが、震災という〈出来事〉はすべてのものにとってさまざまな文脈や時間軸、さらには関心の度合いにしたがってそれぞれに立ち現れてくるはずのものである。そういった震災という〈出来事〉の広範さ（多様さ）が、あたかも被災地（者）の経験することのみが〈出来事〉であるかのように切り縮められ、なにか、被災地（者）という〈核〉のよ

3）　そういった危機感については、わたし自身、早くから周囲に対しても言及していたようである。実際、2011 年 6 月 18 日に「せんだいメディアテーク」にて開催した震災後初の「てつがくカフェ」終了後に受けたインタビューでもそのことについて触れている。https://www.youtube.com/watch?v=0nKXygpzFOA（「わすれン！ストーリーズ 015 てつがくカフェ@せんだい　西村高宏」）。「目の前で起きていること、見えていることが、被害にあっていることが〈震災の出来事〉すべてであるかのような、〈出来事〉の縮減がおこっている」。

うなものへと強張っていく様に、なんとも言えない危機感を抱かず
にはおられなかった。そこには、まさに災害という〈出来事〉が凝
集していくさまが見てとれた。いま思えば、震災から数ヶ月後から
これまで、さまざまな批判を浴びながらも被災地で震災に関連した
「てつがくカフェ」という〈対話の場〉を拓き続けてこられたのは、
そういった貧相な〈当事者〉観や〈出来事〉観を粘り強く問い直し、
少しでもほぐしていけたらという強い思いや危機感が働いていたか
らに違いない。

〈伝える〉から、ともに〈考える〉へ

　被災地において、自身の経験や関心から導かれる個別の言葉遣い
（問いかけ）に信頼を寄せながら、哲学的な対話という手法のもとに
あらためて災害について深く〈考える〉という営みは、一見すると
きわめて後ろ向きで、しかも直接的な支援にはほとんど繋がらない
かのようにさえ思われた。しかしながら、震災以降、ことさらこの
試みに期待し、粘り強く継続してきた背景には、つぎのような別の
理由もある。
　災害には、発災から時間が経つにつれて、その裏側で〈風化〉と
いう問題がどうしてもつきまとう。災害の問題や、またそこからみ
えてくる課題を後世にしっかりと繋いでいくには、一度、災害を〈伝
える〉という発想から離れる必要がある。直接的な被害を被った狭
い意味での当事者によって、被災地で経験したその惨状やそこから
見えてきた問題を、それ以外の者に向けて一方的に〈伝える〉とい
うアプローチからだけで〈風化〉という難題を乗り越えられるほど
事態は単純ではない。
　災害もしくは防災に関わる活動は、これまで、いかにしてその被

害や課題を後世に伝えるかということに軸足を置きすぎてきたのではないか。そのため、伝える側と伝えられる側といった一方向的な関係性ばかりが際立ち、またそれだからこそ、被害について語り、伝えることのできる者（あるいはそれを許される者）の資格や当事者性の問題などが余計に問い質され続けることになる。そしてそのことが、災害の問題や課題への関わり方において、被災地／被災地外といったかたちでその立ち位置や経験値の違いをいたずらに際立たせ、災害についてともに〈考える〉という雰囲気を著しく阻害してきたようにすら思われる。

　さらに、このような伝える側／伝えられる側、当事者／非当事者といった二項対立的な枠組によって支えられるアプローチは、そのはじまりから当事者が災害を〈伝える〉というあり方を意識しすぎてしまい、苦しみの根っこが複雑に絡み合う災害という〈出来事〉の多様さを単なる伝えやすさや説明のしやすさ、さらには相手にとって理解しやすいかどうかだけを基準に強引に編み直してしまう傾向すらある。そこでは、震災という〈出来事〉が多くの者にとってわかりやすい（理解しやすい）ものへと平明化されてしまうだけでなく、そもそもこのアプローチのもとでは、災害への問題意識や関心を風化させることなく持続させていくためには必然的に災害を伝える側（当事者側）の力量や努力に依存するかたちをとらざるをえない。災害によって直接的な被害を受けた者の側にのみ過度の負担を強いるこのようなアプローチが、それでなくても抗うことがきわめて困難な〈風化〉という負の力に耐えうるとは到底思われない。だからこそ、〈風化〉の力に抗い、災害の問題やまたそこからみえてくる課題を後世にしっかりと繋いでいくためには、上記のような事実を〈伝える〉という発想からいったん距離をとり、当事者／非当事者といった枠組みすらも注意深くほどいていきながら、災害に関心を寄せるすべての者がそれぞれの立場からともに〈考え〉、またそれ

をとおして自分なりの考えを継続的に逞しくしていけるような場（機会）を設けることへとその試みの比重を移すべきではないのか。

　ただ、ここで言う「自分なりの考えを逞しくする」とは、けっしてひとりだけで考えるということを意味しない。それどころか、それは、ひとりのうちに閉じたままでは到底不可能な、他者とともに〈考える〉という開かれた契機のなかでこそはじめて果たされうるようなものと理解しておくべきである。いたずらに自分ひとりで悶々と悩みつづけ、あてどなく自分の思いつきや関心を捏ねくりまわすだけで自身の考えが逞しくなることなど、まずありえない。

それぞれの思考のプロセスに寄り添う

　そういったいくつかの思いに後押しされ、2011 年以降、仙台市にある複合文化施設「せんだいメディアテーク（仙台市教育委員会管轄）」などと連携してはじめたのが、これまで述べてきた震災に関連した哲学的対話実践の取り組み（「考えるテーブル　てつがくカフェ」）というわけである。そこでは、被災地内外の区別を可能な限り棚上げにし、当事者／非当事者間の隔たりそれ自体も問いの俎上にあげながら、それぞれの関心から集まった参加者ひとりひとりが、震災という〈出来事〉を自分自身の言葉で捉え、他者との対話をとおして、考える。もちろん、発災直後から、当事者と非当事者とのあいだに横たわる隔たりが分かち難いものとしてとどまり続けていることを否定するつもりはない。それどころか、むしろその隔たりは、それぞれの内側へとさらに強張っていくと同時に、時間が経てば経つほどさまざまなコンテクストや利害関係のもとに多方面へと広がり、いっそう厄介なものとして増幅し続けている。

　しかし、東日本大震災の被災地において、これまで 10 年近くにわ

たり活動し続けてきた震災に関連した「てつがくカフェ」は、ある意味においてこのような隔たりや強張りをほぐすような役割を担ってきたのではないか。なぜならそれは、わたしたちが日々当たり前のこと（自明のこと）として捉えている事柄や前提に対してきわめて遡行的な問いを投げかけることで、逆に、それぞれの参加者が現実の目の前の状況からなんとか距離をとり、具体的な被害の有無や程度の差異をいったん棚上げにすることを可能にする、極めて抽象的なレベルだからこそ結ばれうる場を提供してくれるからである。じっさい、震災直後に開催した第1回目の「てつがくカフェ」（2011年6月開催）では、津波で自宅家屋や自身が経営する工場が流された沿岸地域の被災者や家族を喪った方々にくわえて、沿岸地域ほどには直接的な被害を被ることがなかったがゆえに、逆に自身を震災の被害者（当事者）と位置付けることにある種の違和感や負い目を抱き続けてきた内陸部の住民たち（彼らは自身のことを「プチ被災者」と呼んでいた）、さらには、海外も含め、被災地外から瓦礫撤去や医療行為などの具体的支援で訪れている者などすべての者が一堂に会し、互いの立ち位置を越えて共通のテーマについてともに考え、対話をとおしてそれぞれの思いや言葉を交わらせてきた。

　ただ、対話といっても、それが単なる他者に向けて語り出される、言葉だけによるやりとりを意味するものでないことは明確に述べておく必要がある。むしろ対話とは、自分の身をまさにその場へと預け、他の参加者とともにそこに居合わせることだけでも開かれうるような交流の場とみなされるべきである。すなわちそこは、あまりの苦しさに、未だ一つの言葉さえも吐き出すにまで至らない参加者の言い澱みや声の震え、からだの強張りなど、さまざまな身体的なレベルでの交流の可能性も考慮される。震災について、各個人が自分固有の実感、体験、信条、そして価値観に基づいて何ごとかを語り出すことは思いのほか困難な作業となる。それだからこそ、自分

自身のなかで感触のよい言葉が零れ落ち、手応えのある問いが立ち
あがってくる時間やタイミングもまたそれぞれの人間のうちで異な
ることは間違いない。ひとりひとりの言葉や思考が熟すために欠か
すことのできない、それぞれにとっての貴重な時間やタイミングを
無視して、強引に外から言葉を引き出そうと急かしてみたり、誰か
他の人間によって象られた思考の鋳型をもとに、当人のなかでまだ
カタチすらなしていない漠然とした思いを無理やり鋳造して本人に
提示してみせたりしたところで、はたしてそれに何の意味があると
言うのか。事実、これまで、被災地で開催してきた震災に関連した
「てつがくカフェ」では、最後の最後まで一言も語らず、他の参加者
の発言にだけ耳を傾け、それを頼りにあらためて自分の心の内奥に
あるわだかまりのようなものをなんとか探り当てようと踠きながら
時間を過ごす参加者もおられた。自分自身にとって手応えのある言
葉や考えが熟す時間、プロセスは、それぞれに異なる。だからこそ
「てつがくカフェ」では、それぞれに異なる思考のプロセスに丁寧に
寄り添うことをもっとも重要な作法として据えつけ、語り出さずと
もただそこに居合わせようとする人々もまた対話の一参加者として
積極的に評価してきた。

　対話という営みをそのように見定めるのであれば、当然のことな
がら「てつがくカフェ」は参加者のさまざまな意見を一つの方向へ
とまとめ上げていくような、いわゆる合意形成の場とは決定的に異
なるものとなる。またそれは、最初から賛成／反対に分かたれたか
たちで議論が進められる討論（ディベート）とも異なるに違いない。
なぜなら対話は、そもそもの最初から「個人間の『小さな差異』を
大切にする」営みに他ならないからである。

　〈対話〉は各個人が抱く意見の「小さな差異」を確認しながら
ゆっくりと忍耐強く進む。「党派的な討論が虚しいのは、各個人

がもつ微妙な襞を削りとってしまうから」である。「個人が個人
の実感にもとづいて発するかけがえのない言葉を、意見 A ない
し意見 B というふうに暴力的に分類し平均化してしまうからだ。
賛成か反対かという結論のみに力点をおいて、各個人がそこに
至る独特の過程を大切にしないからだ。[4]

統べることなく ── 「臨床哲学」という試み

「各個人が持つ微妙な襞」を削りとらないよう、心懸けること。こ
れは「てつがくカフェ」という対話の場においてだけでなく、本書
を編むにあたってもとくに気に掛けてきた重要な構えと言える。
本書は、2011 年の東日本大震災から今にいたるまで、10 年近くに
わたり、東日本大震災の被災地においてさまざまな境遇の参加者と
ともに拓いてきた哲学的対話実践の試み（てつがくカフェ）を一つ
の〈記録〉といったかたちで提示し、それを頼りに読者ひとりひと
りが災害に関する自身の立ち位置や関心の所在をあらためて確認し、
それぞれにとっての問いや思考を逞しくしていくきっかけにでもな
ればと考え、まとめはじめた。
ただ、震災に関連した対話の場では、おびただしい数の言葉や声、
そして言い澱みの瞬間があった。ときには、あまりの辛さから、自
分にもその出どころすらわからない宛先のない怒りや、もはやすべ
ての思考を閉じてしまいたくなるほどの諦めといったさまざまの感
情が吐き出されることもあった。しかしながら、その一方で、それ
ぞれの参加者が醸し出す雰囲気や立ち居振る舞い、そしてそこから
語り出される数々の言葉の背後には、つねに、参加者独自の思考が

4）　中島義道『〈対話〉のない社会』、PHP 新書、1997 年、129 頁。

それぞれのペースで存在しているに違いないといった確信めいたものがあった。それだからこそ余計に、本書を残すにあたって、目の前にある参加者それぞれの生きた言葉遣いや思考を完全に無視して（「各個人が持つ微妙な襞」を削りとって）、それらを気のきいた哲学者や思想家の巧みなレトリックをもとに一つの解釈（思想）にまで仕立て上げてしまうことのないよう、徹底して配慮してきたつもりである。正直なところを言えば、いまもなお、被災地での対話を一冊の本にまとめるというこの企てそれ自体が、まさにあの対話の場で、それぞれにとっての震災という〈出来事〉にこまやかに立ち会おうと試みてきた「てつがくカフェ」の本来的な意図を著しく傷つけ、裏切ってしまうのではないかといった躊躇がある。そしてその躊躇は、間違いなく、本書の試みがいわゆる哲学的な理論や専門用語を上から（現場とは離れた抽象的な視点からトップダウンで）振りかざし、複雑で混沌とした現場を非関与的な立場から強引に整理するような「上からの哲学」となることをけっして許しはしないであろう。

　それぞれの震災という〈出来事〉を統べる（「各個人が持つ微妙な襞」を削りとってしまう）ことだけは絶対に避ける必要がある。そういった意味からすれば、逆に、本書が災害に臨む体系的な哲学のすがたを指し示すものとなることを期待するのもまた無理な話であろう。むしろ本書で示されるのは、深く人々の苦しみや関心が立ち上がる「臨床」という場に寄り添い、また「同等に哲学する者（an equally philosophizing person）」[5] としてそこに居合わせることを決意した人々によって編み上げられる対話に信頼を寄せて進む、「臨床哲学」という試みに他ならない。

　哲学は個々の具体的な事象（出来事）に臨むなかで、事象（出来

---

5) Ruchmann, Eckart. "Foundations Of Philosophical Counseling." *Inquiry* Vol. 17. No. 3, Spring 1998. p. 25.

事）の方から規定され、それら事象（出来事）との関わりのなかで更新され続ける営みである。そういった意味では、それぞれの〈出来事〉が立ち上がる「現場」に徹底して立ち会おうとする「臨床哲学」の試みこそが、哲学がもともと備えておくべきこのような性格にもっとも敏感な営みと言えるのではないか。

哲学の〈支援〉のスピード？

　「仙台短編映画祭」[6]と連携して「震災以降の表現活動」を考える「てつがくカフェ」（2012年9月15日開催）をひらいたり、さらには「〈3.11以降〉読書会『震災を読み解くために』」を立ち上げ、震災以降の被災地の状況を〈読みの力〉を共有することで捉え返していく場（読書会）を設けるなど、これまで被災地で開催し続けてきた「てつがくカフェ」は幾度となく新たなフェイズを迎えてきた。2012年10月には、茨城県の水戸芸術館現代美術センター企画展「3・11とアーティスト：進行形の記録」と連携し、「シネマてつがくカフェ＠みと」を開催してもいる[7]。そこでは、藤井光監督のドキュメンタリー映画『プロジェクト FUKUSHIMA !』を鑑賞後、この映画が訴える問題性を参加者どうしで探り当てながら、「FUKUSHIMA」について参加者とともに問い直した。このような拡がりや進み具合の背景にあるものを、震災が長期化しているという時間的なものに見定めることもできるし、あるいは震災という〈出来事〉の多様な側面に促された当然の帰結と解釈することもできる。その具体的な流れは、わたしたちの「てつがくカフェ＠せんだい」というグループの中から、この度の震災に関連した特定の問題関心に照準を合わ

6）　http://www.shortpiece.com/
7）　https://www.arttowermito.or.jp/gallery/lineup/article_4112.html

せた新たなカフェが徐々に立ち上がりつつあることからも窺える。たとえば、震災直後から被災地でケア活動に従事していた看護師たちが、その過酷な状況のなかで経験した言葉にならない自身の感情や問題意識などをあらためて問い直し、考え、さらにそれを土台に単なる専門用語（看護学の術語）に回収されない血の通った自分たちの〈ことば〉を編み直していこうとする、「東日本大震災を〈考える〉ナースの会」[8] もその一つである。ちなみに、2012 年 6 月 30 日に開催された第 4 回「東日本大震災を〈考える〉ナースの会」では、「専門職倫理を考える～『患者のために』はどこまで通用するか」がテーマとして設定されていた。そこでは、今回の災害時においてもなお看護師という職業にまとわりついて離れなかった「献身的」といった美徳の観念そのものにまで批判の矛先が向けられ、看護師が自らの職業や専門性などを語る際にこれまで疑うことすら思い至らなかった〈前提〉への問い直しの作業が試みられた。この試みは、わたしたちが「震災と美徳」というテーマ設定のもとに「せんだいメディアテーク」で行った哲学対話（2012 年 4 月 29 日に開催した第 10 回「てつがくカフェ～震災と美徳」）に対する専門職者側からのリプライとも言える。

　さらに、哲学独特の〈支援〉のあり方や進み具合を感じさせるものとして、2013 年 10 月から 1 年間をかけて 6 回シリーズで開催した「震災とセクシュアリティ」に関する哲学対話（6 回シリーズ）の存在が思い起こされる。被災地での「てつがくカフェ」は、さまざまな団体との連携を繰り返すなかで、場の拵え方をそのつど修正してきた経緯がある。宮城県仙台市を拠点に、セクシュアルマイノリ

8）　この会は、もともと「てつがくカフェ@せんだい」のスタッフでもあり、震災直後から石巻などに災害支援に行っていた看護師で、当時、東北福祉大学の看護系教員でもあった近田真美子氏と、本書の第 3 章「〈支援〉とはなにか？」でも紹介したキャンナス（全国訪問ボランティアナースの会）仙台中央代表の鳴海幸氏によって立ち上げられたものである。http://nurse311.blog.fc2.com/

ティに関わる活動を展開してきたレインボーアーカイブ東北[9]との
「てつがくカフェ〜震災とセクシュアリティ」もその一例と言える。
とはいえ、なぜこの時期に「セクシュアリティ」に関する哲学対話
の場が1年近くにもわたって繰り広げられることになったのか。そ
のきっかけをつくったのは、発災から2年後に開催した第21回目の
「てつがくカフェ〜震災を問い続けること」(2013年5月6日開催)
のなかで、ある参加者から投げかけられた次のような発言である。

> これまで、被災地や避難所でのセクシュアルマイノリティがど
> のようであったかということについては、ほとんどと言ってい
> いほど問われてきたことはなかったように思います。そもそも
> 問われていない人が、私たちのようにまだまだたくさんいるの
> ではないでしょうか。

　主催者のひとりとしてその場に居合わせたわたしは、この「問わ
れていない人」という表現自体からも十分に汲み取れる、発言者自
身が被災地で経験してきた過酷な状況はもとより、セクシュアルマ
イノリティの方々が震災という非日常的な状況のなかで、避難所の
トイレや風呂などを利用する際にいちいち直面していた困難さ、さ
らには、これまでは〈公〉にせずにおれた自身のセクシュアリティ
に関する立ち位置が、震災によるコミュニティの崩壊にともない、

---

9)　レズビアン・ゲイ・バイセクシュアル・トランスジェンダーなど，多様な性の
　当事者たちの生の声を集積・記録・発信する団体。東日本大震災の経験に関する
　手記の集積・発信を中心に活動を展開している。可視化されていない地方の当事
　者の存在を広くアピールすることで、違いを認めあい尊重しあう、より生きやす
　い社会をめざしている。宮城県仙台市を拠点に活動している4団体「東北 HIV コ
　ミュニケーションズ」「やろっこ」「Anego」「♀×♀お茶っこ飲み会・仙台」が中
　心となり 2013 年（平成 25 年）6 月に設立された。(「♀×♀お茶っこ飲み会・仙
　台」のブログより。https://blog.goo.ne.jp/ochakkonomi/c/17faa579ad6a0290eea14c
　f7616ef)

予期せぬかたちで〈公〉になってしまうのではないかといった不安に密かに苦しみ続けてきたという事実にまったく思いが及んでおらず、激しく動揺した。そういった背景から、レインボーアーカイブ東北、性と人権ネットワーク ESTO、♀×♂お茶っこ飲み会・仙台などの関連する団体の後ろ盾を得ながら、「震災とセクシュアリティ」を切り口とした「てつがくカフェ」を、幅広く一般の参加者も交えて、しかも、せんだいメディアテークという〈公〉の場で 6 回にわたって開催する[10] ことになる。しかしながら、「震災とセクシュアリティ」に関する哲学対話を重ねれば重ねるほど、どこまでいってもそれが明確な思考のやりとりにまで深まっていかないもどかしさを感じ続けた。そして、しばらく考えた後、その居心地の悪さの根っこが、どうやら先ほどの発言にもあった「問われていない人」という表現から読み取れる複数の意味に由来するものなのではないかと思い至る。

　セクシュアルマイノリティという「問われていない人」。被災地でこのような状況が生じていた背景には、これまで培われてきた規範（norm）や価値観を疑わず、それどころかその規範からあぶれてしまうような生き方を abnormal なものとして関心の埒外に一気に追い遣ってきたマジョリティ側の無頓着さ、ぞんざいさが関わっていることは間違いない。そういった意味でなら、たしかにこのマジョリティ側の粗略さを糾弾し、「問われていない人」としての自らの存在を「問われるべき存在」として社会の只中に明示し（明確に声をあげ）、凝り固まったマジョリティ側の規範を脱臼させるべく社会に対

---

10)　「てつがくカフェ〜震災とセクシュアリティ」は、せんだいメディアテーク自主企画と連動して開催されたものである。2013 年 10 月 27 日の第 1 回目から、翌年 2014 年 10 月 26 日の第 6 回目まで、おおよそ 1 年間にわたって開催された。ちなみに、このシリーズでのファシリテーターをすべて務めてくれたのが、「てつがくカフェ@せんだい」のスタッフとして活動していた八木まどかさん（東北大学学生・当時）である。

して徹底的に抗っていく姿勢を採ることはきわめて重要なことと言える。しかしながら、厄介なことに、この「問われていない人」という表現にはそれとは別の意味が深く込められて在ることに、一連の「てつがくカフェ」の後半にまで来てやっと気づかされることになる。すなわちそこには、自分自身の考えにおいて、あえて「問われていない人」というあり方を選択したまま生きていたい、このまま問われずにいたいという切実な願いのようなものが潜んでいたのである。厳密にいえば、「震災とセクシュアリティ」に関連した「てつがくカフェ」の参加者のうちには、社会から明確に「問われるべき存在」になる前に（逆に言えば、明確に社会を問い質す存在になる前に）、まずは、自分自身のうちでしっかりと自身の生き方やセクシュアリティに関わる事柄に向き合い、整理したいと考える人たちが少なからずおられた、ということである。そのような参加者が発する声は、社会に、あるいは特定の他者へと向けられていないがゆえに明確な宛先をもたず、あてどなく会場内をさまよう。セクシュアリティを切り口にシリーズで開催した「てつがくカフェ」の際に毎回感じていたあのもどかしさや居心地の悪さは、おそらく、そういった参加者のあてどなくさまよういくつもの声に触れ続けていたからなのではないか。

　「てつがくカフェ（哲学対話）」は、他者との対話をとおして各々の考え方や価値観の違いを論理的に際立たせようとする意図が強く働いているためか、期せずしてそういった自らを「問われるべき存在」として前面に差し出すことに躊躇する声までも強引に〈公〉の場に引きずり出してしまう。なぜなら、そもそも自分自身の考えや立ち位置を逞しくしていくためには、必然的に、自分との差異を際立たせてくれる明確な他者（宛先）の存在を必要とするからである。レインボーアーカイブ東北などと連携して開催したこれらの哲学対話では、まさに、自らの立ち位置に戸惑い、宛先の定まらない声に

も耳をそばだて、マジョリティ側の価値観や評価基準とは別の流れのなかでたゆたう生き方それ自体をも肯定的に捉えようとする哲学対話の新たな構え、場の開き方を学ばせてもらったように思う。そこでの対話には、あいまいさを許容し、不確かなものを投げ出さない忍耐強さがあった。

カミングアウトしようがしまいが、あるいはマイノリティであろうがなかろうが、セクシュアリティに関する宛先の定まらない声を、そういった二分法的な考え方やそれ自体良いか悪いかの価値判断さえも棚上げにして、その戸惑いのまま受け容れる。だからこそレインボーアーカイブ東北の試みには、さまよう声を自分たちの都合の良いように回収し、さらにそれをなんらかの主義・主張にまで強引にまとめ上げてしまうことがないようにセーブする、注意深さや謙虚さがある。大事な態度だと思う。被災地において、何よりもまず自分自身の立ち位置や考え方を際立たせることばかりに気を取られてきた「てつがくカフェ」の活動を、これほどまでに問い直させる活動はなかったのではないか。これからも、被災地で継続的に行っている「てつがくカフェ」の活動の重要な参照軸として、レインボーアーカイブ東北の試みを気にかけ続けたい。

「震災という未曾有の被害を前に、哲学なんてなんの役にも立たない。哲学で津波に流された人々や家屋を失った被災者を救えるわけがない。そんな活動に意味は無い」。第1章でも触れたように、震災をテーマにした「てつがくカフェ」を開催しようとしたとき、一部の被災者の方からはこのような批判を受けた。しかし、いざ活動を始めると多くの市民の方（被災者の方）が「考えるテーブル てつがくカフェ」に参加され、初期の頃は毎回80名以上の参加者があり、さまざまな対話が行われてきた[11)]。先に触れた、レインボーアーカイ

---

11) もちろん、わたしたちはそれだけで満足するつもりはない。これまで、わたしたちは、せんだいメディアテークと連携しつつ、「てつがくカフェ」という対話の

ブ東北と連携して開催した「てつがくカフェ」でも、それぞれの考えを可能な限り分かちもつことができるよう粘り強い対話が繰りひろげられた。確かに、ラ・ロシュフコーの言うように、哲学は「今起こっている災い」に対して直接的な〈支援〉はできないのかも知れない。しかしながら、哲学には哲学独自の〈支援〉の在り方やスピードがあるのではないか。そういった点に自覚的になってこそ、被災地で〈対話の場〉を拓くという試みの意味がよりいっそう明らかになってくるような気がする。

哲学対話の流れと作法 ── 当事者の価値観を〈ほぐす〉ために

　無批判に他人の意見や思想家による大きな見解に乗っかるのではなく、他者との対話をとおしてそれぞれの考え方の違いを丁寧にたどり直し、そこからあらためて際立ってくる自身の価値観や思考の具合をメンテナンスしていく。さまざまの割り切れない思いや苦しみを当面のあいだやり過ごすために、ときに多くの者が支持する一般的な価値観や問題意識へと収束しがちな災害という非日常的な状況のなかにあっては、とくに自分自身の価値観や思考の強度が試されるがゆえに、それらを遡行的に問い直す哲学的な対話（ダイアローグ）の場が欠かせない。そこで、本章を閉じる前に、これまで被災

場が聴覚障害を抱えておられる方々にも可能な限りストレスのない場になるよう、「要約筆記」という新たな試みを取り入れてもきた。震災以降、被災地で対話の場をひらくにあたって、やはり障害を抱えておられるかたがたも避難所などでさまざまな経験をされ、健常者にはわかりにくい、障害を抱えたかた独自の〈震災〉経験というものがあったはずである（とくに「被災弱者」の問題は大きい問題であった）。毎回とは言わないが、「考えるテーブル てつがくカフェ」のチラシに「要約筆記あり」と記載すると耳の不自由な方などが参加されはじめ、会場前のスクリーンに映し出される要約筆記の文字を頼りにご自分の考えをしっかりと話され、ときには対話の流れそのものを作られたこともあった。

地や医療現場などで行ってきた「てつがくカフェ」において、緩やかに形成されてきた哲学対話の流れと作法について簡単に紹介しておくことにしたい。

　よく知られているように、ダイアローグという言葉は問答や対話などを意味するギリシャ語の「ディアロゴス」に由来する。「ディア」とは「～を通して」、「分かちもつ」という意味であり、「ロゴス」とはもともと「集める」という意味のギリシャ語の動詞レゲインから派生した名詞で、「比率」や「法則」、「言葉」、「論理」などを意味する。そして、「ディアロゴス」とはそれらふたつの言葉からなる合成語で、文字通りに訳せば「ロゴス（理）を分かちもつ」ということになる。

　しかし、「ロゴス（理）を分かちもつ」ことは思いのほか難儀な営みである。というのも、そもそも対話は「お互いの細かい事情や来歴を知った者どうしのさらなる合意形成」を目指す〈会話〉とは決定的に異なり、むしろなんら共通の足場ももたない者どうしのあいだで、それぞれに異なった価値観をすり合わせるなかでいっそう際立ってきた差異を頼りに開始される困難なコミュニケーションに他ならないからである[12]。対話のこの困難さについて、哲学者の鷲田清一はつぎのように言っている。

　　対話は、他人と同じ考え、同じ気持ちになるために試みられるのではない。語りあえば語りあうほど他人と自分との違いがより微細に分かるようになること、それが対話だ。「わかりあえない」「伝わらない」という戸惑いや痛みから出発すること、それは、不可解なものに身を開くことなのだ。[13]

12)　平田オリザ『対話のレッスン』、講談社学術文庫、2015 年、168-169 頁。
13)　鷲田清一「対話の可能性」、せんだいメディアテーク HP より。https://www.smt.jp/dialogues/

そう考えると、対話が「ロゴスを分かちもつ」営みだとされる真
意がみえてくる。対話は、複数の異なった経験やそこから導き出さ
れる個々人のロゴス（理）をしっかりと交わらせ、お互いの考え方
の差異を丁寧に選りわけ、際立たせていくとともに、他者の考えを
自身のロゴス（理）の矛盾点や曖昧さを修正するための一つの〈鏡〉
として参照しながら、最終的に個々人の思考がいっそう逞しくなる
ことを後押しするような新たなロゴスを分かちもつことを目指す。
だからこそ対話は、一方的に自分の価値観を主張し、その価値観と
論理によって相手が説得され、強引な合一化が果たされることを最
終的な目的とするディベート（討論）とは決定的に異なる。むしろ
「対話は、自分の価値観と、相手の価値観をすり合わせることによっ
て、新しい第三の価値観とでもいうべきものを作り上げることを目
標としている。だから、対話においては、自分の価値観が変わって
いくことを潔しとし、さらにはその変化に喜びさえも見いだせなけ
ればならない」[14]。
　したがって対話は、本来的に情報の交換や共有、さらには人間関
係の交流 ―― たとえば、医療現場でいえば医療者－患者・家族間、
さらには専門職者間などにおける情報の伝達および人間交流のため
だけではなく、目の前の出来事に対して遡行的な問いを投げかける
ことをとおして根本的な問題点を顕在化させ、対話する前に自身が
もっていた意見（想定）や価値観・規範を揺さぶり、最終的に新た
な見方（考え方）を呼び込むためにこそ行われるべきものである。
そのような〈対話〉の動きにおいては、当然のことながら「医師と
して」「看護師として」「教員として」「公務員として」などといった
社会的な役割関係や自分自身の価値観それ自体を不問のまま留め置
くことなど許されない。哲学対話では自身が依って立つ価値観や世

---

14)　平田オリザ『対話のレッスン』、講談社学術文庫、2015 年、170 頁。

界観を根本的に問い直し吟味する（ほぐす）ことにこそその試みの
比重が置かれる。

　哲学対話の実践には、いくつかの共通の作法や対話促進のための
仕掛けのようなものが存在する。ここで、これまでの実践経験のな
かで筆者らが緩やかに獲得してきた哲学対話の具体的な仕掛けや場
のつくり方、手順、さらには哲学対話を進めていく際に必要とされ
る作法について簡単に触れておきたい。もちろん、すべての哲学対
話が以下のように進められるわけではない。今後、さまざまな場面
や関心、とくに災害や医療などといった複雑な問題や価値観が絡ま
りあう〈現場〉のなかで哲学対話を試みようと考えている読者の方々
にとって、何かの参考になればと思う。

(1) 〈場〉を設える

　哲学対話は、他者との〈対話〉をとおしてその背後にある哲学的
な諸問題や当事者も気がつかなかったような自身の価値観の吟味へ
とたどり着くことを目的とする。そのため、哲学対話では、参加者
とともに、より短時間で正しく（深く）思考を展開・深化させてい
く必要があり、そういった背景からファシリテーター（進行役）に
はあえて哲学・倫理学を専門とする者、またその実践に関わってい
る者を据えるようにしている。もちろん、その際にファシリテーター
が参加者に対して何らかの哲学的な知識を与えたり、また本人に代
わって議論を組み立てたりすることなどない。しかしながら、ファ
シリテーターは参加者がいたずらに自身の思考を拗らせてしまうこ
となく、正しく思考のプロセスを踏み、また的確に思考を深化させ
ていけるようにつねに支援する。なかでも、同じ表現や言葉遣いで
あったとしても、参加者のあいだでその言葉に込めている意味内容
は大きく異なるものである。対話をしっかりと噛み合わせるために
も、対話の交通整理役を担うファシリテーターには、それらの言葉

写真 10　板書をする近田真美子さん
（提供：せんだいメディアテーク）

の意味内容をそのつど丁寧に調整することを厭わない忍耐強さが求められる。

　くわえて、筆者らが行っている哲学対話では、対話の流れ全体や参加者の言葉（思考）の交通整理を担うファシリテーターとは別に、参加者の思考や言葉の動きを可視化するための仕掛けとして、グラフィックを専門に担当するファシリテーター（便宜的に「ファシリテーション・グラフィック」と呼んできた）をたてるところにある。「てつがくカフェ」では、会場の設えを「フィッシュボウル（金魚鉢）」と呼ばれる半円形の座席の配置にし、その前方に、参加者の重要な言葉遣いや思考の動きを見失わないように、また何度も振り返ってそれを参加者どうしで問い直せるようにホワイトボード[15]などを数台配置する。すなわち、グラフィック担当者は、対話の流れを実際

15）　せんだいメディアテークで開催してきた震災に関連した哲学対話「考えるテーブル てつがくカフェ」では、毎回、会場に大きな黒板を設置していた。この黒板は、美術家の奈良美智などとのプロジェクトでも著名な豊嶋秀樹さんのデザインによるものである。

に動かしていくファシリテーターとともに、ホワイトボード上で対話を整理する重要な役割を担っている[16]。

(2) テーマを据える

哲学対話では個人の世界観や価値観の問題に即座に照準を絞って思考を深められるように、日々の生活や業務のなかで、たとえば医療現場であれば事例検討やカンファレンス、あるいは日々の業務のなかで感じた価値に関する個人的な悩みや戸惑い、または漠然とした問題意識を、他の多くの参加者（たとえば医療スタッフ）や当事者もアクセスでき、またともに考えることができるような明確なテーマとして設定（共有）する作業を必要とする。テーマの設定は、実際の哲学対話のなかで決めるのでも、事前に準備しておくのでも、何れでもよい。ただし、テーマは日々の生活や業務のなかで当事者が実際に思い悩み、感じている問題関心をもとに設定されることが望ましい。ちなみに、いわゆる病院内のスタッフ研修というかたちで哲学対話を射し込む場合には、管理職クラスの立場にあるものが、院内においてあらためて深く問い直したい問題や課題をテーマとして掲げる場合もある。これまで筆者らが被災地とともに病院や在宅ケアクリニックなどで行ってきた哲学対話においては、医療スタッフや利用者（患者）などが日々の業務やケアのなかで具体的に感じてきた問題意識をもとに、たとえば「死を目前にした人に寄り添うとは」や「看取り」について、あるいは「生活の質とは何か」、「生き切るとは」、「聴くとは」、さらには「医療にとっての使命感」や「医師・看護師の専門性」などがテーマとして設定されていた。

---

16)　哲学対話における「ファシリテーション・グラフィック」の機能については、近田真美子「思考を鍛える道具としてのファシリテーション・グラフィック」『主任看護師　管理・教育・義務』、日総研 Vol.28 No.5、2019 年、67-71 頁に詳しく紹介されている。

(3) 対等で安全な〈場〉を準備する

　哲学対話の導入部分では、まずは設定されたテーマに関連した自分自身の経験や考えなどを自由に発言、共有する時間を豊富に設ける。そのためには、何よりも日々の生活内（医療現場内）の硬直化した関係性をいったん解除し、対等な雰囲気のなかで〈対話〉が進められるような場を拓いていくための工夫が必要である。可能なかぎり、社会における役割関係を解除し（自分の属性を軽視するわけではない）、〈対話〉が促進されるようなフラットな対人関係（そこに集う誰もが平等な立場で考えて語ることが可能な場）にすることが重要である。残念なことに、わたしたちの日常生活でのコミュニケーションの多くには権力関係がまとわりついている。その道の権威の人の意見だから、あるいは会社や院内の上司の意見だからと、何かにつけて相手の地位を忖度して自分の考えを押し殺してしまう場合もある。また、逆に、わたしたち自身も、何らかの社会的な役割関係のもとで自分の考えをまとめ上げ、他者に対しても社会的な何者かとして自身の考えを述べがちである。これでは、当然のことながら深く互いの価値観を問い直そうとする哲学対話の場は成立しにくい。哲学対話ではそういった余計な権力関係を均して、すべての参加者が「対等性の作法」に基づき、ただ単に各々のロゴス（言葉）にだけ信頼を寄せて〈対話〉が交わされる場を意識的に拵えようとする構えが必要である。また、これまで支配的であった役割関係やパワーバランスをいったん解くわけであるから、それぞれが自分自身の考えや価値観を述べやすくするような雰囲気をつくりだすこと、具体的には、どのような考えであっても自分の考えが聞き入れられたという感触をそれぞれの参加者が抱けるよう、可能なかぎり「知的で安全な場（intellectual safety）」にすることを心がける。

（4）話す－聴く－分ける

　ファシリテータの舵取りのもと、対等で安全な場づくりへの意識が参加者どうしのあいだで共有されたら、いよいよ設定されたテーマについて対話を開始する。そこでは、可能なかぎり他の参加者の考えや言葉遣い、さらには言い澱みまでも粘り強く聴き取り、感じ取り、またその一方では自身の考えを具体的な宛先に向けて丁寧に述べるよう気を配る。自分自身の頭のなかだけで捏ねくり回した独りよがりな考えや思いを一つの熟慮した意見にまでまとめ上げ（反省的に捉え返し）、それらを具体的な宛先に向けて、すなわち他の参加者に向けてわかりやすく、しかも論理的な道筋や根拠を示しながら丁寧に声（言葉）に出してみる。

　とはいえ、〈対話〉を進めていくなかで、思いのほかこの作業が難しいことに気づかされる。自身の頭の中では気の利いた考えが思い浮かんでいるように感じていても、いざそれを特定の他者に向けて説明しはじめると、自分でも恐ろしくなるくらいにしどろもどろになってしまったという経験は、誰にでも一度はあるのではないか。しかし、その一方で、他の宛先に向けて自分自身が語っている声（言葉）をあらためて自らの耳で捉え返すことによって、自身の考えが思いのほかまとまっていなかったという事実、あるいは自分の思考の癖や偏り、さらには、自分の思考のどこに論理の矛盾や飛躍があるのかなどを丁寧に確認できるというメリットもある。すなわち、そういったしどろもどろ感は、他者との対話をとおしてさらに自分自身の考えを逞しくしていきたいという、本人の強い動機や思考の肺活量へと繋がっていく可能性がある。

　その際、とくに重要なのは、他の参加者の言葉（声）を好意的な関心のもとに粘り強く聴くよう心がけることである。対話においてもっとも重要な作法はこの〈聴く〉という態度にこそあるといっても過言ではない。わたしたちは、この〈聴く〉という作業がことの

ほか苦手である。自分でも他人の話を聴いているように思っていて
も、じっさいのところはほとんど聴いていないということはよくあ
ることである。たとえば他者の迂々しい語りが終わるのをジリジリ
として最後まで待ちきれず、相手の話を強引に遮って、「あなたが言
いたいことはこれですよね」といったかたちで他者の言葉を自分自
身の言葉遣いや気の利いた専門用語などへと変換し、それをふたた
び他者の前に差し出してしまうことすらある。当の参加者が、なぜ
あえてその言葉を選んで自分自身の考えを述べようとしているのか、
そういった繊細な配慮に無頓着な状況のなかで個々人の経験に裏打
ちされた豊かな対話が成立することなどまずありえない。

　〈話す－聴く〉の作業においては、無批判に他者の意見や考えに同
調するのではなく、むしろ対話をとおして自分と他者とのあいだに
見えてくる考え方や価値観の違いを微細に選り分けていくことを心
がける。粘り強く他者の声（言葉）を聴き、場合によっては論理的
な矛盾や無理な推論などがある場合にはそれを問い質しながら、自
身の考えと他者の考えとの類似点や相違点を丁寧に洗い出し、選り
分け、さらにそれらの差異を批判的（クリティカル）に吟味してゆ
くことが重要である。なにより、「クリティーク（批判）」という言
葉の語源がギリシャ語で「分ける」を意味する「クリネイン
（krinein）」にあるという事実は、対話を遂行するうえで十分共有さ
れておくべきことのように思われる。

(5) 考え方の切り口を共有する

　テーマに関する自由な対話（話す－聴く－分ける）がある程度熟
してきたところで、徐々に抽象度を上げながら、いよいよ哲学的な
思考を深めていく作業へと移行する。個々人の具体的な悩みや問題
意識を滔々と述べ続けるだけで対話が深まることなどありえない。
またそれが自分自身にとっての重要な問題であればあるほど、それ

らを根本的なところに立ち還ってあらためて問い直し、吟味することは極めて困難となるに違いない。なかでも、もっとも避けたいのは自分でその悩みや問題意識をどこからどう問うてよいのかを見定めることができずに、ひとりでいたずらに悶々とし続ける無限ループのような難儀な状況に嵌まり込んでしまうことである。このような状況は、なんとしても避けなければならない。したがって、哲学対話のつぎのステップとして、自分の問題関心や悩みをあらためて自分自身から「分離（detach）」、対象化し、しっかりとした思考のプロセスを踏んでいけるような新たな局面へと〈対話〉を展開していく必要がある[17]。

　筆者らが行っている哲学対話では、このような重要な局面を「キーワードの共有」という作業のうちに見出している。この「キーワードの共有」という段階を機に、〈対話〉が一気に深まっていく。

　具体的には、ファシリテーション・グラフィックによって目の前のボードに書き記された参加者によるこれまでの言葉遣いや考え、さらには思考の動きなどをあらためて確認し直し、そこから、設定

---

17)　このような考えは、オランダやイギリスで「哲学カウンセリング」のトレーニングを受け、現在はパリ近郊で哲学カウンセラーとして活動しているアネット・プリンス−バッカー（Prins-Bakker, Anette）による「問題と自分の同一視（identification）」およびそこからの「分離（detach）」という考え方から着想を得たものである。プリンス−バッカーは、「哲学カンセリング」の実践のなかで、彼女が「同一視の問題」と呼ぶものに出会ったという。この言葉で彼女が言おうとしているのは、クライエントが自分自身を「問題と同一視」する——すなわち、問題にどっぷり取り込まれてしまっているために、問題はもはやその生活の一面にすぎないのではなく、「彼らの存在全体を占拠するまでに増大してしまっている」——ということである。もはや単に彼らが「問題を持っている」のではなく、問題が彼らを完全に支配してしまっているのである。プリンス−バッカーは、クライエントが、自分の問題に向かって哲学的精査検討に取りかかることができるためには、まずは「その問題を詳細に特徴づけ、感情的負担を軽減し、さらに問題から自分自身を『分離する（detach）』ことができなければならない」と言う。Prins-Bakker, Anette. 1995. "Philosophy in Marriage Counseling" *Essays on Philosophical Counseling*, Ran Lahav and Maria da Venza Tillmanns,ed., University Press of America.

したテーマについて哲学的（遡行的）な思考を深めていく際に絶対に欠かすことができないと思われるキーワード、すなわち考え方の切り口を探り出し、そのキーワードがなぜ重要であるかの根拠（理由）も明示しながら、他の参加者とともにそれらを共有していく。一見、テーマについて自由に、しかも何気なく発言してきたように思われる言葉のうちにも、哲学的な思考を深めていく際にけっして欠かすことのできないキーワードや考え方の切り口、さらには重要な問題設定などがちりばめられて存在しているものである。〈対話〉の前半で出された自分たちの数々の言葉や考えをもう一度丁寧に掘り起こし、今後さらに思考を深めていく際のしっかりとした切り口として参加者どうしで共有する。もちろん、キーワードは単に言葉（ワード）として列挙されるだけではない。それは、参加者どうしのあいだで際立ってきた考え方の差異が対立軸というかたちで描き出される場合もあるだろうし、逆に似通った言葉であっても違った意味内容で使っている言葉遣いの差異を精査する目的で、並列的に示される場合もある。そして〈対話〉の参加者は、何度もブラッシュアップされ、最終的に整えられた幾つかの確かなキーワード（切り口）を拠りどころにしながら、一気に思考の深みへと分け入っていく。考え方の切り口を共有することで思考がいたずらにブレるという厄介な状況が回避できる。それどころか、しっかりとした切り口や視点がいくつも獲得できれば、それだけテーマを多角的に捉えることができ、正しく、健やかに各々が自身の思考を逞しくしていくことが可能となる。もちろん、これらのキーワードは、自身の価値観を問い直す際にも重要な切り口となる。

(6) 吟味・玩味する

つぎのステップでは、共有されたキーワードを、先に挙げた〈話す－聴く－分ける〉という作法をしっかりと気に留めつつ、参加者

どうしの対話をとおして一つ一つ徹底的に〈吟味〉し、そこに込められている意味内容や言葉の使用法などを明らかにし、整理・分類していく。ここではとくに、あらゆる前提を棚上げにし、すべてを根源的な死角から問い直し、〈吟味・玩味〉しようとする哲学本来の特性を最大限に活かすことが求められる。哲学という営みは、まさに目の前の出来事や自分自身の世界観や価値観から距離をとり、それをあらためてどれだけ「味わう（玩味する）」[18]ことができるかによってその思考の強度や深化の具合が測られる。

(7) 思考の〈参照軸〉を立てる

　そして、最終的に「対話は、自分の価値観と相手の価値観とをすり合わせることによって、新しい第三の価値観とでもいうべきものを作り上げる（ロゴスを分かちもつ）ことを目標とする。だから、対話においては、自分の価値観が変わっていくことを潔しとし、さらにはその変化に喜びさえも見いだせなければならない」[19]。そういった意味からすれば、〈対話〉は一方的に自分の価値観を主張し、その価値観と論理によって相手が説得され、強引な合一化が果たされることを最終的な目的とするディベート（討論）とは根本的に異なる営みと言える。もちろん、それが、打楽器（percussion）や脳震盪（concussion）と語源を同じくしていることからも窺えるような、他

---

18)　哲学に対するこのようなアイデアはとくに目新しいものではないが、20世紀後半を代表する思想家であるジャン＝フランソワ・リオタール（Jean-Francois Lyotard）は、1964年10月から11月にかけてソルボンヌ大学で行った講義録のなかで、この「味わうこと」の重要性について触れている。そもそも哲学（philosophia）や智恵（sophia, sophon）という言葉に含まれている "soph-" という言葉は、「ラテン語の sap- や sapare の語源、フランス語の『知（savoir）』や『味わう（savourer）』の語源と同じ」ものである。そういった意味からすれば「saphon な人とは、味わうことができる人のこと」を指すと言える。*Pourquoi Philosopher?*, Presses Universitaires de France. ジャン＝フランソワ・リオタール（松葉祥一訳）『なぜ哲学するのか？』、法政大学出版局、2014年、49頁。
19)　平田オリザ『対話のレッスン』、講談社学術文庫、2015年、170頁。

者を叩き、打ち負かそうとする「ディスカッション（discussion）」とも異なるものであることは言うまでもない[20]。

　哲学対話の最後の段階では、まさにその「新しい第三の価値観とでもいうべきものを作り上げる」作業へと身を乗り出す。具体的に言えば、これまでの対話のなかで吟味してきた言葉遣い（キーワード）や思考をもとに、設定されたテーマに関する参加者どうしの緩やかな〈定義〉をつくり上げていくことになる。たとえば、仮に哲学対話のテーマが「医療者の専門性」に関するものであった場合には、その〈専門性〉について、ホワイトボード上に参加者どうしで一つの〈定義〉（場合によっては新たな〈問い〉）を練り上げていく。もちろんそれは、参加者による最終的な合意形成といった類のものではけっしてない。むしろそれは、複数の参加者とともに考える哲学対話という場を解いた後にも、参加者それぞれがその〈定義〉を確固とした〈照会先〉としながら、それまでの他者との対話のなかで自分自身が展開してきた思考のプロセスや価値観の変遷具合を確認し、今度はひとりだけでもしっかりと吟味し続けることを可能にする、思考の〈参照軸〉とでも呼べそうなものなのである。もちろん、最終的に作り上げられた〈定義〉と自分自身の考えに大きな隔たりが生じる場合がある。またそれが、当初自分が抱いていた価値観からは大きく異なったものとなる場合も十分に予想される。しかしながら、この振れ幅こそが、他者との哲学対話をとおして自分自身の価値観がいかにほぐされてきたかを明らかにしてくれる一つの尺度となり、またそこから新たな〈問い〉の切り口が導かれ、自分自身の価値観の吟味がいっそう深まっていくのである。哲学対話の目的は、まさにここにあると言える。

---

20)　デヴィッド・ボーム『ダイアローグ　対立から共生へ、議論から対話へ』、英治出版、2007年、45-46頁。

喪服を着替えて
──おわりにかえて

「実はわたし、今日は喪服を着替えてからここに来たんです。」

2011 年 6 月 18 日、震災に関連した「てつがくカフェ」を被災地ではじめて開催した際に、ある参加者から何気なく話しかけられたこの言葉が、なぜか、喉元に詰まった小骨のようにながらくわたしのうちにとどまり続けた。その参加者は、自身の働く職場（大学）で、津波によって命を落とした学生たちの合同追悼式を終えた後、言いようのない悲しさややり場のない思いをすべて引き摺りながら、なんとか喪服を着替え、「てつがくカフェ」の会場へと足を運んできたのだと教えてくれた。追悼式には、宮城県東松島市野蒜で津波に遭遇し亡くなったという看護学生も含まれていた。その年の 2 月に行われた看護師国家試験を無事終え、あとは合格発表を待つばかりという期待のさなかで、あの「黒い波」にのまれた。その後、この学生が看護師国家試験に見事合格していたことがわかり、特別に合格証が準備され、被災地視察に向かう厚生労働省の責任者から母親へとその証書が直接手渡された。母親も同じく、市内の病院で看護部長（当時）を務める看護師であった。当時、この経緯について書かれた産経新聞の記事（「天国の娘　生きた証し」〜合格していた看護師試験…母に証書）には、「私と同じ道に立ってくれた」、「成長した娘が同じ看護師として、いまでも自分のすぐそばにいてくれていると信じている」などといった言葉とともに、娘の「生きた証」をずっと後代へと伝え続けたいと願う、母親としての、あるいは先輩看護師としての強い思いや気概が綴られていた。もしかするとそれらの言葉は、自身の揺らぐ気持ちをあえて奮い立たせるために、む

しろ自分自身に言って聞かせる御守りのようなものだったのかもしれない。

「いろんな意味でやり切れない」。その参加者も、そう述べながら自身のうちで疼く多くの思い悩みや割り切れなさに揺らいでいるように見受けられた。もちろん、喪服を着替え、震災に関連した哲学対話の場に足を運んでみたところで、あてどなく彷徨うそれらの思いや悲しみに確かな行き着く先をあたえ、その輪郭を明確に描ききってみせることなどそう簡単にできるものでないことは、その参加者自身が一番感じとっていたのではないか。しかしながら、その方の表情には、そのやり切れなさを単なる思い悩みのままに留め置くこともまたできずに、それらをあえて他者へとひらき、多くの言葉や思考に経由させることでその面構えをあぶり出し、これからもこの場所で生き続ける自分自身の日々の生活のうちになんとか落とし込んでいかざるを得ないといった、ある種の覚悟のようなものが同時に見てとれた。被災者は、容易には噛み砕けそうもないさまざまの思いを深く自らのうちに抱え込みながら、その場所で生活を営み、生き続けなければならない。

あたりまえの話だが、原発事故による帰還困難区域は別として、被災地では震災以降もその場所でそれぞれの人生や生活が営まれ続ける。被災の地は、そこに住まうものにとっては被災の場所であると同時に、生活の場所でもある。つまりそれは、震災をある期間に起こった特別な「事件」として自分たちの生活の外へと追い遣り、それを過去のものとしてやり過ごしてしまうことなど根本的に不可能なことと言える。

このことについて、2008年のリーマン・ショックの影響で派遣切りにあった生活困窮者たちのために、東京都千代田区にある日比谷公園内に「年越し派遣村」を開設して自身も「村長」を務めていたことで知られる社会活動家の湯浅誠が、「被災地には生活が続いてい

る ── 『復興』への視点」という文章のなかで次のような興味深い
言葉を書き残している。

　あたりまえのことだが、被災地には人々の「生活」があり、
それは今回の大災害にもかかわらず、連綿と流れ続けている。
生業・介護・子育て等の日々の悩みは、地震・津波・原発で大
きく膨れ上がったとはいえ、その内容は被災地外の人々と本質
的には変わらない。日々の生活をいかにやりやすくするか、と
いうことだ。
　ところが被災地外から来ると、そのあたりまえのことが、自
分の中で了解されていなかったことに気づく。津波ですべてが
流される映像を繰り返し見ているうちに、「事件」による切断の
印象に脳裏が占拠され、生き延びた人々によって営まれている
「生活」、大災害で多くの切断を受けながらも、大災害前を引き
継ぎながらそこにある「生活」がどこか意外に感じられ、そう
感じている自分に気づき、「事件」で「生活」が見えなくなって
いたことに思い至る。
　被災者にとって、被災地は「生活」の場だが、それ以外の者
にとって、被災地は「事件」の場だ。「事件」の現場と思って赴
くと、そこには「生活」がある。あたりまえのことに不意を衝
かれる感覚。阪神・淡路大震災という事件が、地下鉄サリンと
いう新たな事件に取って代わられたように、「事件」はつぎの新
たな「事件」に取って代わられる。被災地外は「事件」から「事
件」へと飛び移るが、被災者は、どれだけ物理的に移動しても、
それぞれの生活から離れることはできない。被災地と被災地外
とのさまざまなギャップは、ここに起因する。[1]

1)　湯浅誠「被災地には生活が続いている ── 『復興』への視点」、内橋克人編『大
　　地震のなかで　私たちは何をなすべきか』、岩波書店、2011 年、213-214 頁。ちな

「『事件』はつぎの新たな『事件』に取って代わられる」。東日本大震災もまた、「被災地外」では、それ以降のさまざまな「事件」や災害によって、たとえば2014年8月に起きた「広島土砂災害」や2016年4月の「熊本地震」などに取って代わられ、さらには途切れることなく続く数々の悲惨なニュースなどによって何度も上書きされ続けていくのかもしれない。しかしながら、あらためて言うまでもなく、どの災害や事件も、直接的な被害を被ったものをはじめ、それに関わるすべてのものにとっては単なる「事件」に終わらせることのできない、その後も一生自分たちの「生活」に深くくい込み続ける棘となる。それらを強引に引き抜くことも、あるいは逆に、いつまでも悲しみに明け暮れ、その棘もろとも自身の「生活」を滞らせ続けることも、さらには、それらを最初からなかったかのように忘れ去ろうとする振る舞いも、どれもみな、被災を抱えて「生活」を営むものにとってのふさわしい身の処し方とは言えない。棘を、みずからの「生活」のうちでどう抱え込んでいくのか。それは、自身のなかでそれが可能だと感じられたときに、それぞれのタイミングで喪服を着替え、その棘が自分自身のうちにどう刺しこまれ、疼いているのかを、まさに「生活」のただなかで捉え返していくことをおいて他にはない。

東日本大震災の発災から10年以上が経過した。いずれ、震災から15年目、20年目、25年目といったかたちで、ある種そういった〈区切り〉をきっかけにしなければそのことについて考えるためのギアがあがらなくなってしまうのではないかと危惧している。そういった〈節目〉という切り口に寄り添いたくなる感覚にのみこまれることなく、これからも、多くの人々とともに、震災がそのつどわたし

みに、このような被災地での「生活」が続くことに被災地外の者がいかに無頓着であるかについて、漫画家のしりあがり寿も「地球防衛家のヒトビト　出動中」（2011年5月20日の朝日新聞夕刊）のなかで取り上げており、興味深い。

たちに投げかける問いや課題に対話という営みをとおしてしっかり
と臨み続け、震災以降の「生活」を丁寧に育んでいくことができれ
ばと思う。そのためにも、直接的な災害を被った者が〈被災を伝え
る〉といった一方向的な関わり方からは距離をとり、どこまでも〈と
もに考え続ける〉ことを後押ししてくれる質の良い哲学的な問いを
探り当て、「生活」のただなかで、他者との粘り強い対話をとおして
震災に臨み続けていく必要がある。「震災に臨む」。そう考えてみる
と、本書のタイトルにと何気なく据えてみたこの言葉のうちには、
震災以降を生きるものそれぞれの「生活」に、臨床哲学という営み
をとおしてしっかりと関わり続けていきたいという思いが、自分で
も気がつかないうちに最初から込められていたのかもしれない。

　本書を書き終えるにあたって、一つだけ思い起されることがある。
それは、被災地で行ってきた震災に関連した哲学対話の試みを、当
初は一冊の本として世に出すことなどさらさら考えてはいなかった、
ということである。もともと、自分自身が〈書く〉という営みにほ
とんど関心がなかったということもその要因としてあったのかもし
れないが、それとは別に、「てつがくカフェ」は、そもそもその場に
自身の身を寄せ、まさにそこに居合わせたものどうしによって編み
上げられる、一回性の、その場に集う顔ぶれによって対話の流れが
大きく異なっていくライブ感を大事にする営みだからこそ意味があ
る、とナイーブにも信じ込んでいたからなのかもしれない。同じテー
マについて対話の場をひらいたとしても、その場に集う参加者の顔
ぶれが変われば、そのつど対話の流れや強度、さらには問いの入射
角にもさまざまな違いが出てくる。正直、「てつがくカフェ」は、そ
こに身を寄せるものたちによって、その場で立ちあがる言葉遣いや
思考の流れにのみ信頼を寄せながら進む営みなのであって、それだ
からこそ、その対話の場ですべてが完結するべきものだとさえ考え

ていた。そういった自身の思い込みも手伝ってか、一回生のライブ
感を大事にする「てつがくカフェ」での対話の様子を、あえて〈記
録〉といったかたちで、それこそそこに居合わせない人たちに向け
て一つの読み物として差し出し、この場を押しひろげていくことに
どれほどの意味があるのか、恥ずかしながら、当初はそのようにす
ら感じていた。

　そんななか、あえて震災に関連した哲学対話の記録を一冊の本と
してまとめ、その場に集ったものたちの言葉や言い淀み、割り切れ
なさやいらだちも含めて、そこで交わされた対話のうねりすべてを
可能な限り多くの人たちの目に触れるようにしなければとわたしの
考えを逆方向へと向かわせてくれたのが、震災以前から「てつがく
カフェ＠せんだい」のスタッフとして参加してくれていた東北福祉
大学教員（当時）の近田真美子さん[2]　から投げかけられた次のよう
な言葉であった。

　　わたしは、今回の震災が少し落ち着きはじめたころから、あの
　阪神・淡路大震災のときに実際に被災を余儀なくされていた方々
　がその苦しみのさなかで何を思い、考え、またどのような言葉
　をつかって自分たちの目の前で起こっている〈出来事〉にたど
　り着こうと語り出されていたのか、それを知りたくて、時間を
　見つけてはこの状況のなかでも手に入りそうな本を探して読み
　漁っていました。でも、なぜずっとそうし続けてきたのか、い
　まだに自分でもその理由についてはよくわからずにいるのです
　が、おそらく、震災に関する研究者や知識人のそれっぽい解釈
　などではなくて、まさにあのとき、あの場所に生きておられた
　方々が、何を考え、またそれぞれの思考をどのような言葉遣い

---

2)　現在は、福井県にある福井医療大学保健医療学部看護学科教員。近田真美子さ
　んについては、本書第3章のなかの註3においてすでに詳しく紹介している。

のもとに交わらせようとしていたのか、もしあのときに交わされた生の言葉遣いや思考に直に触れることができれば、きっとこれから先、東日本大震災がわたしたちにさらに突きつけてくるに違いない数えきれないほどの問題や課題を読み解いていく際の重要なヒントになるのではないか、もしかしたら、どこかでそう感じとっていたのかもしれません。でも、いざ探しはじめてみると、意外にそういった生の声を伝えてくれるような本や記録がなかった。もちろん、被災者個々人の想いが後からまとめられた手記のようなものはたくさん目にします。でも、その被災のただなかで、まさにそこに住まう人たちがあのときどういった言葉や表現をもとに被災の事実を捉え返そうとしていたのか、それを詳細に、しかもありありと伝えてくれるような本にはなかなかたどり着けなかった。だから、そういった震災直後からのわたし自身の不全感のようなものが余計にそう思わせるのかもしれませんが、こうして今、予期せぬかたちで被災のただなかに投げ出されているわたしたちが、この被災の場所で何を思い、対話し、考えてきたのかを一つの〈記録〉として後の世代に残すことは、これからずっと後に生じるかもしれないさらなる大災害に不意に投げ出された人たちのために、何か、とてつもなく大きな意味をもつように思うんです。

　なるほど、と率直に思った。たしかに、被災地で行ってきた哲学対話の様子を、仮にそれが荒削りなものになろうと、可能な限り一つの記録として残すことが、今後ふたたび生じるかもしれないさらなる被災の場で生きる人たちの思考を支える何らかの手助けになるのではないか。それ以前に、まずはここでの記録が、このたびの東日本大震災について、被災地内外にかかわらず、自身の関心からそれぞれの考えをさらに問い直し、吟味しようとする人たちのための

思考の補助線として機能するものになりはしないか。いつしかわた
しは、心の底からそう思うようになった。それ以降、わたしはそう
いった後の被災に生きる人たちのことを想いながら、あるいは、自
身の関心に基づいて被災をあらたに捉え返そうとする人たちのこと
を宛先に、どんなに小さなことでも書き記そうと決意する。そして、
この決意を別の方向からさらに後押ししてくれたのが、本書の第7
章でも紹介した写真家の畠山直哉さんの言葉――「震災という、そ
の出来事の大きな意味を、自分ひとりだけのものにしないで、写真
をほかの人と話し合いをするときの資料のようなものとして残すこ
とができないか」、というあの言葉であった。畠山さんが「写真」と
いう営みに託した思いと同様に、本書もまた、これからも粘り強く
震災について「考えるための資料」として多くの人の手に届き、さ
らにそれをきっかけに、さまざまな場所とタイミングで、またそれ
ぞれの関心から震災に関連した新たな対話が拓かれ続けていくこと
を願わずにはおれない。

　これまで、被災地でどれほどの人たちの声に触れ、考えを聴き、
ときにはその言い澱みに息をのんできたのか、思い起こしただけで
も相当な数にのぼるに違いない。被災地・仙台を中心に開催してき
た震災に関連した「てつがくカフェ」は、あらためて言うまでもな
く数えきれない人たちの協力によって支えられてきた。2010年から
協働事業としてわたしたちとともに「てつがくカフェ」という試み
を走らせ続けてきてくれた「せんだいメディアテーク（smt）」の多
くのスタッフや関係者の皆さんには本当にお世話になった。ずいぶ
んとわがままを言って皆さんを困らせてきたのではないかと、いま
さらながら心配になる。本書のために「距離と世間」という文書を
寄せてくれたアーティスティック・ディレクターの甲斐賢治さんを

はじめ、smt学芸員の清水建人さん[3]、そして、「てつがくカフェ」の担当者としてわたしたち以上に熱心にこの活動を軌道に乗せてくれたsmt学芸員（当時）の清水チナツさん[4]らの的確なアドバイスがなかったら、間違いなく被災地での「てつがくカフェ」がここまで息の長い活動になることはなかったのではないか、いまでも、率直にそう感じている。もちろんこの思いは、わたしたち「てつがくカフェ＠せんだい」のスタッフに対しても同様である。実際に被災したものも多く、被災のただなかで自分自身もほんとうに辛いと感じるときが何度もあったにちがいない。そんななかにあっても、被災地における哲学対話の必要性を感じとり、場を設え続けてきてくれたことに心からお礼を述べたい。そして、被災地でのこの活動が仙台にいるスタッフたちに引き継がれ、今も対話の場がひらかれ続けていることをほんとうに誇りに思う。対話の場が、今後さらにその姿や役割を変えながらも、しっかりと育っていくことを期待してやまない。

　本書を編む際の道標のような役割を果たしてくれた存在として、先ほど、写真家の畠山直哉さんのことを紹介した。実は、それぞれにアプローチは違えども、ともに被災の場に立ち続けた数々のアーティストからもそのつど多くの示唆を受けてきた。名前をあげれば

---

3) 2001年より、せんだいメディアテーク（smt）学芸員として活動を開始。担当した主な企画展は「高嶺格　大きな休息　明日のためのガーデニング1095㎡」（2008年）、「志賀理江子　螺旋海岸」（2012年）、「記録と想起　イメージの家を歩く」（2014年）、「青野文昭　もの，ねむり，越路山，こえ」など、多数。いくつかの展覧会では、関連企画として「てつがくカフェ」も協働で開催した。

4) 2011年から2018年まで、せんだいメディアテークの学芸員として、「みやぎ民話の会」や「てつがくカフェ」などのいくつもの協働プロジェクトを担当。現在はインディペンデント・キュレーターとして活動するかたわら、2019年に写真家の志賀理江子や、仙台の老舗ロックカフェ「ピーターパン（rock cafe PETER PAN）」の後継であり映像技術者でもある長崎由伸らとともに、仙台を拠点に作品制作および編集、キュレーションなどを幅広く手がけるPUMPQUAKESという団体を立ち上げている。PUMPQUAKESのサイト（https://www.pumpquakes.info/）

枚挙にいとまがないが、畠山さんをはじめ、smt での展示会等でご一緒させていただいた写真家の志賀理江子さん[5]、1996 年から一貫して「なおす」をテーマに表現活動をおこなっている仙台市在住の美術作家・青野文昭さん[6] らからは、その作品や展示のコンセプトの段階から多くの影響を受けた。なかでも、写真家の志賀理江子さんが、2011 年 6 月 11 日から翌年の 3 月まで、のべ 10 回にわたって「せんだいメディアテーク　考えるテーブル」の企画のなかで行っていた一連のレクチャー[7] には、船出したばかりで目指すべき方向性すら定まらず、迷いのなかでいたずらにもがくばかりだったわたしたちの活動を、背後からしっかりと後押ししてくれる数多くの頼もしい言葉や問いがちりばめられていた。とくに、「言葉を通して、目の前に起きている〈わからなさ〉を共有することの大切さ」という言葉は、当時のわたしたちの迷いに一筋の光や進むべき道筋を ―― もちろんその道筋は相当に険しく、いっそう問いの深みへと分け入っていくような難儀な道ではあったが ―― 明確に指し示してくれ、いまも忘れることができない。その後、志賀さんとは、2019 年 3 月から 5 月にかけて東京都写真美術館で開催された「志賀理江子　ヒュー

---

5)　志賀さんについては、本書の第 1 章でも触れている。詳細については、第 1 章註 15 を参照のこと。

6)　1968 年、宮城県仙台市生まれ。宮城教育大学大学院美術教育科修了。「なおす」をテーマに、廃棄物や拾得物を用いた表現活動を行う。近年の主な個展には、「パランプセスト 記憶の重ね書き vol.7」（2015 年、gallery αM）、「青野文昭個展」（2016 年、ギャラリーターンアラウンド）などがある。2019 年 11 月から 2020 年 1 月にかけて、せんだいメディアテークにて、個展「青野文昭 ものの，ねむり，越路山，こえ」が開催され、震災以降を生きるわたしたちに向けて、「なおす」という営みを切り口に被災への一つの向き合い方を指し示している。この展示では、宮城県を拠点に全国的に活動する映像作家の小森はるかが青野文昭の活動を追って作成した新作ドキュメンタリー映像を鑑賞後、「てつがくカフェ」を開催している。詳細は、せんだいメディアテークの本展覧会概要サイトに記載されている。https://www.smt.jp/projects/aono_ten/2019/07/post-4.html

7)　せんだいメディアテーク「考えるテーブル　志賀理江子レクチャー」。詳細は、以下のサイトから確認できる。http://table.smt.jp/?p=4095

マン・スプリング」展[8] においても、「てつがくカフェ」というかたちを通して、「言葉を通して目の前に起きている〈わからなさ〉を共有する」作業を再度ともにする機会があり、望外の喜びであった。震災に限らず、わたしたちの「目の前に起きている〈わからなさ〉」や割り切れなさは容易には解消されない。その割り切れなさが残り続ける限り、志賀さんや畠山さんとは、いずれまたどこかで活動をともにするような気がしてならない。ちなみに畠山さんには、本書を覆うカバーに、震災前の 2002 年、陸前高田市にある気仙中学校の生徒さんによる合唱練習の様子を写した写真をご提供いただいた。そこでとらえられた風景は、震災以降を生きるわたしたちにとってどのようなものとして映るのか。この写真もまた、その内側に容易には噛み砕けそうもない困難な問いをずっしりと抱え込んでいそうである。

あの人ならこの状況をどう読み解くのだろうか。本書を書き続けているあいだ、つねにその考えを尋ねてみたくなる人物が二人、ずっとわたしの頭の中にあった。その人物とは、わたしが大阪大学倫理学・臨床哲学研究室の門を叩いたときから、これまで、長きにわたって「臨床哲学」の何たるかを感じさせ続けてくれた鷲田清一先生と中岡成文先生である。本書を書くにあたって、現在、せんだいメディアテーク館長も務めておられる鷲田先生からはさまざまなアドバイスを頂いた。自分自身の生まれもっての性格の歪みもあってか、本当にお世話になったと心底感じてきたにもかかわらず、それを今の今まで言葉に出して直接伝えることができずにいた。これを機会に、お二方には心からお礼を申し上げたい。また、紆余曲折を繰り返し、遅々として進まないわたしの仕事ぶりをつねに遠くから見守り、い

---

8) 志賀理江子「ヒューマン・スプリング」展の詳細については、東京都写真美術館のサイトより確認できる。https://topmuseum.jp/contents/exhibition/index-3100.html

つも絶妙なタイミングで「執筆、どんな感じですか」と声をかけ続けてくれた大阪大学出版会の川上展代さんにも、心から感謝したい。川上さんは、震災に関連した本ということもあってか、ときにわたしがまったく書けなくなった時期も含めて、わたしの書くペースをいつも一番に大切に考えてくれた。川上さんの支えや心配り、粘り強さがなければ、けっしてここまでたどりつくことはできなかった。

　そして最後に、なによりお礼を言わなければならないのが、これまで被災地で開催し続けてきた「てつがくカフェ」に、それぞれの関心から参加してくれた数多くの人たちである。それぞれの人たちの声が、顔が、そしてあのときのからだの強張りが、いまもありありと思い起こされる。参加者それぞれの「生活」も、あれから大きな変化をたどってきたに違いない。もちろん、その変化のすべてがよい結果を導いてきたなどと言うつもりはない。時間の経過が、さらにさまざまの〈割り切れなさ〉や〈わからなさ〉を押し広げ、わたしたちの歩みをいっそう滞らせる事態へと向かわせることもまた大いにありうる。だからこそ、これから先もずっと、「言葉を通して、目の前に起きている〈わからなさ〉を共有する」というあの営みにいっそう敏感であり続けたい。そして、「てつがくカフェ」もまた、震災という〈出来事〉を前に、その〈わからなさ〉や〈割り切れなさ〉のうちで苦悩する多くの人たちのたどたどしい足取りとつねに歩調を合わせながら、哲学なりの〈支援〉のスピード感のもとでゆっくりとその歩みを続けていきたい。

2023 年 2 月

西村高宏

距離と世間

甲斐　賢治
（せんだいメディアテーク　アーティスティック・ディレクター）

　市庁舎の委員会室は、灯油ストーブが持ち込まれているおかげで
じゅうぶん暖かく、百にはとどかないほどの人々が、それぞれの持
ち物をそばに椅子や床に座り、あるいは横たわっていた。どの部屋
にもラジオが一つ置かれ、ずっとニュースが流れている。ほとんど
の人が静かに耳をそばだてているように見える。時折、というより
ももう少し頻繁に、部屋中の携帯電話から警告音が鳴り出し、まも
なくして地響きとともに余震がやってくる。少し向こうで、初老の
男たちが時化た宴会を始めている。夜が明けてまもなく、「アルファ
化米」と表示された透明のプラ容器に入ったほんのり暖かい白米が、
市職員によってひとりずつに手渡しで配られる。この人もちゃんと
食べたのだろうか、家族はどうしているんだろうか、そんな考えが
頭をよぎる。号外が届けられ、あちこちのため息が重なってどよめ
きのように聞こえる。
　発災の当日から３度の夜を一部避難所として開放された仙台市庁
舎の部屋で過ごした。日中は、徒歩10分ほどにある職場のせんだい
メディアテークに詰め、復旧作業にあたった。当然のことながら、
施設の運営を担う職員にはそれぞれに担当する業務がある。数枚割
れたガラスのことやそもそも構造に損傷はないのかなど、主にハー
ドウェアにまつわる実に多くの課題についての報告にときおり同席
しながらも、自身が担当する事業運営について考えようとする頭が
ずっと止まらない。ふと、また携帯からの警告音と地響きがやって

くる。念のため、公用車にガソリンを入れておこうと職員とふたりで近場のガソリンスタンドの列に2時間ほど並んではみたものの、あと2台のところでシャットアウトとなった。ニュースでは、放射能からの避難の話が流れていた。職員の多くは平静を保ちながらも内実、神経は逆立っているようで、実際、僕はそうだった。なんともいえない緊張と興奮が頭を覚醒し続け、「なにをすべきか」と自分に問い詰めることをやめようとしない。

　そんな、3度目の夜だったように思う。その日は、委員会室を出た外の廊下を寝床に定めた。廊下の先にある壁のコンセントにはたこ足を繰り返しながら無数のコンセントが繋がっていて、まるで木の根っこのように携帯電話とそのケーブルが群がっている。僕もリュックから2個口のタップを取り出し、根っこの隙間に割り込み、電源を確保する。毎夜、さまざまな知人のメールアドレスを束ねてリストにし、勝手に状況報告を行っていた。遠方の人々に仙台のまちなかの様子を知ってもらった方が良いだろうとなぜだか思った。メールを書き終え、家をからずっと持ち歩いている毛布に包まり、水筒に忍び込ませてあった酒を舐めながら考えた。（いや、決してその一晩ですべてを考えたわけではないのだけれど。）

　それは、「距離」についてだった。メディアテークが位置する市街地から車でほんの30分ほどで太平洋の外海にたどり着く仙台のまちは、大阪で育った僕にはとてもうらやましかった。でも震災後、市街地と沿岸部がその物理的な距離を超えて、果てしなく広がっていって遠くなってしまうように感じられた。まちなかもきっと半年も経てば（実際はもっと早かった）、日常も戻ってくるだろうと思った。しかし、そうはいかないところがある。きっと市街地でも被害の大きい人々は多くいたことだろう。ただ、僕は恐ろしい体験ではあったけれど特に失ったものはなにもない。そんな人間と、仕事や財産、そして家族を失った人々。その間に被った災いの層は無数にあり、

広がっている。道でばったり知人にあって、「大丈夫だった？」と声をかけたその瞬間に感じる自責の念。もしかするとその人は身内を亡くしたかもしれない、家を失ったのかも知れない。なのに、そのような想像が当初働かず、相手の無事な姿を見て、間抜けにもただうれしくなり思わず声をかけてしまう。その後、誰に会ってもそのような声がけはもうしなくなった。そんな状況を「距離」としてとらえた。のちに、メディアテーク館長として迎え入れることとなる鷲田清一氏が、「隔たり」と名指してくれて腑に落ちた。でも当初、考え始めたころは「距離（distance）」としてイメージしていた。

また、同様の物理的な「距離」を超えた状況は、首都圏や西日本と被災地の間にもあったように思う。いわゆる非被災地と被災地の、あるいは非当事者と当事者の間にある溝だ。いや、溝どころではなく、深くて暗い谷だったのかも知れない。SNSに膨大な情報があふれ、錯綜しており、谷の深さと暗さがさらに際立っていく。後々、「メディア被災」という言葉を聞いたが、多くの人がテレビやインターネット内の情報に辟易し、混乱したのだ。メディアによってその谷にかけられる安易な言葉の「橋」によって、さらに距離は増していく。

これらの「距離」に、まちがいなくより適切な鷲田氏の言葉を借りるなら、この「隔たり」には「回路」が必要だと考えた。あちら側とこちら側を行き来することのできる道の必要性。「わたし」が、なんらかの回路を通して、「あなた」を、少し知ることで、「わたし」はまた考える事ができる、のではないか。そういう「回路」をつくるということならば、生涯学習施設であるメディアテークの事業の趣旨にすることはできるのではないか。そう考え始めた。

ここで、ようやく「てつがくカフェ」のことにたどり着く。4月のある日だったと思う。仙台のまちなかのアーケードを歩いていると、ふと前から西村氏が歩いてきた。震災があって初めて顔を見た。

ほぼなんの準備もしていなかったけど歩み寄り、いくつかの理由を
口走り「てつがくカフェ、またやりませんか」と投げかけた。人と
人の間にできた「隔たり」に足がかり、手がかりとなる「回路」を
おきたい。ひとりでこの事態を理解しようとするのではなく、寄り
合ってともに少しずつ時間をかけてひもときたい。原子力発電所事
故以降、なんとも胡散臭くなった「価値」という「値に価する」と
いう意味の強い言葉に変わる、もう少し身の丈にあう「尺度」をあ
らためて取り戻したい。いや、獲得したい。当事者と非当事者がな
い交ぜとなるテーブルを囲み、立場の反転がくりかえされるような
機会をつくりたい。こう、いまだから少しは整理して言えるけれど、
それでも、たしかにそんな心持ちだった。

その後、幾度となく開催されたてつがくカフェは、僕にとっては
夢のような時間だった。秩序と混乱が入り乱れ、蠢き、緊張ととも
に寛容がある３時間ほどの、まるでどう猛な生物のようなうねりの
ある時間であり、空間だった。あきらかにそれは参加する者たちに
よって、集団によって、つくられていた。そしてそこは、とても救
いを感じる場でもあった。愚かなたとえかもしれないけれど、テレ
ビ番組の連続にぼんやり「社会」を見ることはあっても、「世間」を
感じることができない僕にとって、てつがくカフェこそが、さまざ
まな人々の生活における実感や思いが交差する「世間」だった。メ
ディアや情報を介した「社会」だとどこか遠すぎてよそよそしい。
「世間」とは、もっと僕らの実生活と地続きにある身近なものである
はずだ。それぞれの顔や姿も見える３時間、目の前に真摯で寛容に
満ちた場がたち現れる。それが値に価するのではなく、信頼に価し
た。てつがくカフェの現場に立つとき、「世界は捨てたものではな
い」とそう具体的に心から思うことができた。この経験は、人の孤
独を際立たせるものの孤立から救う、とそう感じた。

著者紹介

西村高宏（にしむら・たかひろ）

1969 年（昭和 44 年）山口県生まれ。大阪大学大学院文学研究科博士後期課程修了（文学博士）。東北文化学園大学医療福祉学部准教授、教授などをへて、現在、福井大学医学部准教授。専門は臨床哲学。2011 年 3 月 11 日以降（東日本大震災以降）は、仙台市にある公共施設「せんだいメディアテーク」などと連携しながら、多くの被災者らとともに、震災という出来事を〈対話〉という営みをとおして自分たちのことばで語り直すための場（てつがくカフェ）を拓いている。現在は、医療専門職者や患者、ご家族、さらには一般市民らとともに、「医療とケア」に軸足を置いた哲学的な対話実践の場（てつがくカフェ「医療とケアを問い直す」）の構築にも取り組んでいる。

西田敏行「あの街に生まれて」　JASRAC 出 2208301-201

シリーズ臨床哲学　第 6 巻

震災に臨む　被災地での〈哲学対話〉の記録

発　行　日	2023 年 3 月 31 日　初版第 1 刷	〔検印廃止〕
著　　　者	西村　高宏	
シリーズ臨床哲学 監 修 委 員	堀江剛・ほんまなほ・小西真理子	
カバー写真	畠山　直哉《気仙川》より 「2002 年 10 月 27 日　陸前高田市気仙町川口 気仙中学校」	
表 紙 写 真	せんだいメディアテーク	
発　行　所	大阪大学出版会 代表者　三成　賢次 〒 565-0871 大阪府吹田市山田丘 2-7　大阪大学ウエストフロント 電話　06-6877-1614　FAX　06-6877-1617 URL　https://www.osaka-up.or.jp	
印刷・製本	株式会社 遊文舎	

ⓒTakahiro Nishimura 2023　　　　　　　　Printed in Japan
ISBN 978-4-87259-768-4 C3010

シリーズ臨床哲学 四六判並製本.

１巻 ドキュメント臨床哲学

鷲田清一 監修 本間直樹・中岡成文 編 定価（本体 2200 円＋税）310 頁
2010 年 9 月刊行

大阪大学に発足した日本初の専門分野「臨床哲学」。医療・看護・介護・教育に携わる
人々、学生、一般市民と共に展開する新しい哲学とはどのような活動で、どのような変
遷をとげてきたのか。発足 10 年を過ぎて、ついに「臨床哲学とはなにか」という問い
に応える。

２巻 哲学カフェのつくりかた

鷲田清一 監修 カフェフィロ（CAFÉ PHILO）編 定価（本体 2400 円＋税）344 頁
2014 年 5 月刊行

その日のテーマについてその場にいる人たちが進行役とともに話して、聴いて、考える。
臨床哲学研究室での活動から生まれ、社会のなかで生きる哲学を探究する団体カフェフ
ィロが、各地での哲学カフェの実践を振り返り、社会のなかで互いに自分の言葉を交わ
すこと、ともに考えることの意味を見つめ、対話の場をひらくことの可能性を展望する。

３巻 こどものてつがく ケアと幸せのための対話

鷲田清一 監修 高橋綾・本間直樹／ほんまなほ 著 定価（本体 2500 円＋税）392 頁
2018 年 4 月刊行

こどもの哲学は、思考や議論の訓練ではなく、ケア的な哲学対話である。自分で表現す
ることを学び、他人と語り合い、ともに考えるという経験から、自己や他者についての
信頼、言葉やコミュニティへの信頼を育み、直面する困難や挫折を他人とともに乗り越
える力をつける。筆者らが見出した「方法論」ではないこどもの哲学、臨床哲学や哲学
の本来の姿を「こどもとは何か？」「哲学する、対話するとはどういうことか？」「教育
とは何をすることなのか？」「学校制度にどう向かい合うべきか？」などの問いについ
ての考察から提示する。

4巻　ソクラティク・ダイアローグ　対話の哲学に向けて

中岡成文　監修　堀江剛　著　定価（本体1900円＋税）250頁　2017年12月刊行

臨床哲学研究室が日本に初めて紹介・導入した対話の方法、ソクラティク・ダイアローグ（SD）の実践マニュアルとともに、対話と哲学に関する考察を展開する。SDはグループで一つのテーマをめぐって丁寧かつ濃密な「対話」を行うワークショップの方法で、欧州では哲学教育や市民対話、企業研修などのツールとして用いられている。日本の企業や組織の活性化・効率化において対話をどのように活用していくか。ビジネスと哲学の交差点としての回答を示す。

5巻　哲学対話と教育

中岡成文　監修　寺田俊郎　編　定価（本体2300円＋税）336頁　2021年2月刊行

哲学対話は、未知の状況に対応できる力を身に着けるための「主体的・対話的で深い学び」を実現する。問いをめぐって自由に発言し、よく聴きあいながら共に考えていく経験こそ、すべての学びにつながる主体的・対話的な「構え」をつくる。哲学対話は学校や教育にどうかかわれるか。各地の学校、企業研修、地域づくりの場で実践されてきた哲学対話の記録とともにその意味と方法を考え直し、臨床哲学と哲学対話の未来を構想する。

以下続刊予定.